U0695708

外国教育 名家小传

《"四特"教育系列丛书》编委会　编著

吉林出版集团股份有限公司
全国百佳图书出版单位

图书在版编目 (CIP) 数据

外国教育名家小传/《"四特"教育系列丛书》编委会
编著 . —长春：吉林出版集团股份有限公司，2012.4
（"四特"教育系列丛书/庄文中等主编 . 在故事中升
华经典）
ISBN 978-7-5463-8672-0

I. ①外… II . ①四… III . ①教育家－列传－世界－通俗
读物 IV . ① K815.46-49

中国版本图书馆 CIP 数据核字（2012）第 044141 号

外国教育名家小传

WAIGUO JIAOYU MINGJIA XIAOZHUAN

出 版 人	吴 强	
责任编辑	朱子玉　杨 帆	
开　　本	690mm×960mm 1/16	
字　　数	250 千字	
印　　张	13	
版　　次	2012 年 4 月第 1 版	
印　　次	2023 年 2 月第 3 次印刷	
出　　版	吉林出版集团股份有限公司	
发　　行	吉林音像出版社有限责任公司	
地　　址	长春市南关区福祉大路 5788 号	
电　　话	0431-81629667	
印　　刷	三河市燕春印务有限公司	

ISBN 978-7-5463-8672-0　　　　　定价：39.80 元

前　言

　　学校教育是个人一生中所受教育最重要组成部分,个人在学校里接受计划性的指导,系统地学习文化知识、社会规范、道德准则和价值观念。学校教育从某种意义上讲,决定着个人社会化的水平和性质,是个体社会化的重要基地。知识经济时代要求社会尊师重教,学校教育越来越受重视,在社会中起到举足轻重的作用。

　　"四特教育系列丛书"以"特定对象、特别对待、特殊方法、特例分析"为宗旨,立足学校教育与管理,理论结合实践,集多位教育界专家、学者以及一线校长、老师们的教育成果与经验于一体,围绕困扰学校、领导、教师、学生的教育难题,集思广益,多方借鉴,力求全面彻底解决。

　　本辑为"四特教育系列丛书"之《在故事中升华经典》。

　　这是一部写给老师的书,因为故事中蕴含着慈爱、和谐、人性的教育方式;这也是一部写给学生的书,因为故事中洒满老师们对学生的温暖、感动、爱意、执着、顽强与刚毅……

　　教育是一门科学,也是一门艺术,是塑造人心智的高超艺术。对于教育人人都有自己的看法,而这本书中的观点能给人以许多启示。本书还汇集了众多著名教育学家、知名教师的经典教育文论,共同领略著名专家学术研究风范,引领我们进入教改理论与实践前沿,分享最新研究成果,把握创新教学理念脉搏,感悟前瞻性的教学思想。

　　教育,润物无声,是一种智慧、一种境界、一种追求。教育的这种智慧,这种境界,这种追求,虽然无声无形,但却有踪迹可寻。在教育实践中,那一个个平凡却并不平淡的片段,或呈现出教师解决问题的教育智慧;或记录着教师走出困惑的教学经历;或展现出教师奉献爱心的热忱。回顾那一个又一个生动的教育实践,既是一个沉淀的过程,也是一个升华的过程。

　　本辑共20分册,具体内容如下:

　　1.《师生情难忘》

　　如果我们的人生有一段华美的乐章,那一定来自老师教给我们的7个音符!一天天,一年年,我们在校园里茁壮成长。从懵懂孩童到青春飞扬,然后进入社会大舞台搏击人生。老师谆谆教诲的深情,是我们前行的灯火,给我们温暖、力量和信念……本书选录了100篇发生在师生之间的真情故事。这些平凡而真切的故事,让我们感动,让我们沉思,让我们回忆,让我们心怀敬意和感激……

　　2.《记忆深处》

　　翩翩红叶,徐徐飘落,总不忘留给土地柔软与肥沃;涓涓泉水,潺潺流淌,总不忘带给岸边甘甜与欢歌。享受"师生"情,奉献真诚心!让我们把握这份情,让心灵浸润在肥沃的土壤,开出绚烂的花朵;让我们紧守这份爱,让生命谱写圣洁的乐曲,唱出青春的赞歌。

在坎坷的人生道路上，是谁为我们点燃了一盏最明亮的灯;在荆棘的人生旅途中，是谁甘做引路人为我们指明前进的方向……是您，老师，把雨露洒遍大地，把幼苗辛勤哺育! 无论记忆多么久远，每当想起老师，依然激情难耐;每当面对熟悉的老师，那一瞬间，那一件小事……总是激起我们对老师久蓄于心的感激……

3.《成长足迹》

这是发生在校园里的平凡而又感人至深的师生故事。因为爱，所以在教育的天空下，才会发生这么多感人的故事，这些也是对教育生命的审问、感怀和确认。这是一部写给老师的书，因为故事中蕴含着慈爱、和谐、人性的教育方式;这也是一部写给学生的书，因为故事中洒满老师们对学生的温暖、感动、爱意、执着、顽强与刚毅……

4.《悸动的心灵》

追忆往事并不是轻而易举的事情，在漫长的教育生涯中发现自己最难忘的某一个瞬间，其实也就像重新获得一种生存的意义一样美妙。这些教育故事也许并不是教育的解决之道，但却是对教育生命的审问、感怀和确认。也许我们更应该在教育中活出自己，也许我们既活在未来更活在无限的过去，在这些纷繁复杂却又素朴平凡的场景中，有最乐意的付出，有泪水和智慧，更有日日夜夜用心抒写因而温润无比的爱。

5.《春暖花开》

教育是一门科学，更是一门艺术。执著并献身于教育，不仅需要大步向前，也需要回头反思。回顾那一个又一个生动的教育实践，既是一个沉淀的过程，也是一个升华的过程。走进本书，这里全是暖暖的爱。

6.《孩子的微笑》

教育，润物无声，是一种智慧、一种境界、一种追求。教育的这种智慧，这种境界，这种追求，虽然无声无形，但却有踪迹可寻。在教育实践中，那一个个平凡却并不平淡的片段，或呈现出教师解决问题的教育智慧;或记录着教师走出困惑的教学经历;或展现出教师奉献爱心的热忱。

7.《故事里的教育智慧》

本书主要关注家庭教育、学校教育及社会教育中家长与孩子、教师与孩子、孩子与孩子之间的故事，它的特色是小故事蕴含大道理。其宗旨是:讲述真实的教育故事，研究深切的教育问题，创生新锐的教育思想，激活精彩的教育行动。其风格是:直面真实，创新为本和故事体裁。

8.《难忘的教育经典故事》

根据家长、教师和孩子的困惑，用各种形式的教育故事讲述一些很明白的道理，引导人用智慧的手段促进人的成长。这些故事或来自国外的或来自一线教学的实践，对于教育类人群均具有启发性。一个个使教师深思的小故事，一个个让学生向善的小故事，让我们教师真正领会生命教育的内涵。从现在开始关注生命的成长，关注人类的发展，关注社会的进步。

9.《中国教育名家印记》

在人类文明的进程中,数不清的教育大家,手擎着大旗,浓书着历史,描绘着蓝图,才有了今日教育的巨大进步。他们站在教育的殿堂里,发出的宏音,留下的足印,历史永远都不应该忘记,也不会忘记。

本书编者放眼中国教育进程,遴选出对教育产生重大影响的国内近百位教育名家,对其生平、教育思想、学术成果等进行介绍评说。

10.《外国教育名家小传》

在人类文明的进程中,数不清的教育大家,手擎着大旗,浓书着历史,描绘着蓝图,才有了今日教育的巨大进步。他们站在教育的殿堂里,发出的宏音,留下的足印,历史永远都不应该忘记,也不会忘记。

本书编者放眼人类教育进程,遴选出对教育产生重大影响的近百位世界教育名家,对其生平、教育思想、学术成果等进行介绍评说。

11.《随手写教育》

什么是良好的教育?教育是诗性的事业?性教育何去何从?是否应该把儿童世界还给儿童?假设陈景润晚生40年……本书汇聚了中国最佳教育随笔,对于和教育相关的各个方面问题都有所畅谈,对于教育者和被教育者来说都有所裨益。

12.《我心思教育》

本书涉及到了教育学众多的重要领域和主题,包括教育的真义、教育的价值、教育与社会、教育与生活、课程与教学、道德教育、师生关系、教师的学习与成长等等。它力图用感性的文字表达理性的思考,用诗意的语言描绘多彩的教育世界,以真挚的情感讴歌人类之爱,以满腔的热情高扬教育的理想与信念。

13.《教育新思维》

本书站在教育思想的前沿,以既解放思想又科学审慎的态度,兼用独特的视角,论述了近年的教育理论新说,涉及"教育呼唤'以人为本'"、"公民教育"、"素质教育新解读"、"教育公平与政府责任"、"创新人才培养"、"文化传承与创新"、"教育家办学"等热门话题。这些文章,不避偏,不畏难,遵循教育发展规律和中小学生身心发展规律,引领教育理念和教育实践,反思教育行为误区,无不闪烁着思想和智慧的光芒。对于渴望提升自身理论素养的教育工作者来说,这本书值得一读。

14.《名家名师谈教育》

本书使读者在学习和掌握教育理论的同时,领略到文章的理趣、情趣和文趣,既有助于深厚教师的文化底蕴,又有助于帮助广大教师确立对于教育的理想与信念;既有助于培养和激发广大实践工作者的理论兴趣,又能帮助教师生成教育的智慧和提升广大读者对于生活的热爱与柔情。

15.《世界眼光看教育》

本书荟萃了多位世界级教育思想巨擘的主要思想。从皮亚杰的发生认识论、维果茨基的文化—历史理论、布鲁纳的结构主义,加德纳的多元智能一直到诺丁斯的关怀教育思想等等,现当代世界教育思想的发展脉络清晰、准确而完整。

本书既有思想评介,又有论著摘录,无论教育研究人员还是一线教育工作者,均可非常便捷而精准地从中获得思想大师们的生动启迪,加深对当代教育发展特质的深切理解,是教育、教研、教学工作者不可多得的必备工具书。

16.《大师眼中的教育》

这不是一本以教育专家的身份、眼光、学养来谈教育的书。本书各篇文章提供了许多新史实、新观点,为我国教育史和教育理论工作者长期以来对某些历史人物评价的思维定势提供了新的清醒剂。

17.《教育箴言》

名人名言是前人留给我们的精神财富和智慧结晶。阅读它,不仅能丰富知识,陶冶情操,更能为我们的人生之路指引方向。该书着重论述三方面的内容:教育——造福人类的千秋伟业;教师——人类灵魂工程师、育人的典范;师德——塑造教师灵魂的法宝。

18.《百家教育讲坛》

这是一本兼具思想性、可读性和经典价值的教育智慧读本。书中介绍了孔子、卢梭、爱因斯坦、康德、梁启超、杜威、蔡元培、叶圣陶等几十位古今中外思想家、科学家、教育家关于教育的精彩论述,集中回答了教育的本质、教学的艺术、知识之美、教师的职业生活、儿童的成长等问题。探幽析微,居高声远,让我们直窥教育本原之堂奥。归真返璞,正本清源,你会发现,教育,原来可以如此朴素而美好。

19.《名师真经》

本书从专家心理学研究出发,以新教师到专家教师这一成长过程为线索,剖析了教师在专业化发展中出现的主要问题与阶段性特征,动态性是展现了教师成长的内在原因与实质,并有针对性地提出了促进新教师成为专家教师的系列化教学理念、观点与方法,这有助于教育研究者与实践工作者深入理解教师专业发展的规律,有利于在观念层面上树立科学的教师人才观,以制定行之有效的教师培养方法与措施。

20.《师道尊严》

本书意在激励教师以站着的方式获得成功。全书讲述了站着成长的精神、站着成长的思想、站着成长的基础、站着成长的学问和站着成长的行动。全书力求字字诉说教师成长之心声,篇篇探寻教师优秀之根本,章章开启教师幸福之道路。

由于时间、经验的关系,本书在编写等方面,必定存在不足和错误之处,衷心希望各界读者、一线教师及教育界人士批评指正。

编者

目录
CONTENTS

柏拉图

生平简介

柏拉图(约公元前 427 年—前 347 年),古希腊哲学家,也是全部西方哲学乃至整个西方文化最伟大的哲学家和思想家之一,他和老师苏格拉底、学生亚里士多德并称为古希腊三大哲学家。

柏拉图原名阿里斯托勒斯,却又何以改称"柏拉图"?溯其源,阿里斯托勒斯自幼身体强壮,胸宽肩阔。因此体育老师就替他取了"柏拉图"一名,"柏拉图"希腊语意为"宽阔"。后来,柏拉图的名字被延用下来,流行至今。

柏拉图出身于雅典贵族,青年时从师苏格拉底。苏氏死后,他游历四方,曾到埃及、小亚细亚和意大利南部从事政治活动,企图实现他的贵族政治理想。公元前 387 年活动失败后逃回雅典,在一所称为阿卡德米(Academy)的体育馆附近设立了一所学园,此后执教 40 年,直至逝世。他一生著述颇丰,其教学思想主要集中在《理想国》(The Republic)和《法律篇》中。

一般推测柏拉图出生的年份应该是在公元前 427 年或前 428 年的 5 月或 12 月(如同其他早期的西方哲学家,他的出生日期也依然未知)。柏拉图生于一个较为富裕的贵族家庭,他的父亲是阿里斯通(Ariston)、母亲是克里提俄涅(Perictione),他在家中排行老四。他的家庭宣称是古雅典国王的后代,他也是当时雅典知名的政治家柯里西亚斯(Critias)的侄子,不过两人之间的关系也仍有争议。依据后来第欧根尼·拉尔修的说法,柏拉图的原名为亚里斯多克勒斯(Aristok Ies),后来因为他强壮的身躯而被称为柏拉图(在希腊语中,Platus 一词是"平坦、宽阔"等意思)。但第欧根尼也提起了其他的说法,柏拉图这个名字也可能是来自他流畅宽广(platutês)的口才、或因为他拥有宽广的前额。由于柏拉图出色的学习能力和其他才华,古希腊人还称赞他为阿波罗之子,并称在柏拉图还是婴儿的时候曾有蜜蜂停留在他的嘴唇上,才会使他口才如此甜蜜流畅。

公元前 399 年,苏格拉底受审并被判死刑,柏拉图对现存的政体完全失望,于是开始游遍意大利、西西里岛、埃及、昔兰尼等地以寻求知识。在四十岁时（约公元前387年）他结束旅行返回雅典，并在雅典城外西北郊的圣城阿卡德米创立了自己的学校——阿卡德米学园（Academy），学院成为西方文明最早的有完整组织的高等学府之一，后世的高等学术机构也因此而得名，也是中世纪时在西方发展起来的大学的前身。阿卡德米坐落于一处曾为希腊传奇英雄阿卡得摩斯（Academus）住所的土地上，因而以此命名。学院存在了900多年，直到公元529年被查士丁尼大帝关闭为止。学院受到毕达哥拉斯的影响很大，课程设置类似于毕达哥拉斯学派的传统课题，包括了算术、几何学、天文学以及声学。据说，柏拉图在学园门口立了块碑："不懂几何者不准入内"。学院培养出了许多知识分子，其中最杰出的是亚里士多德。

除了荷马之外，柏拉图也受到许多那之前的作家和思想家的影响，包括了毕达哥拉斯所提出的"和谐"概念，以及阿那克萨哥拉教导苏格拉底应该将心灵或理性作为判断任何事情的根据；巴门尼德提出的连结所有事物的理论也可能影响了柏拉图对于灵魂的概念。

一、成长时期28年

公元前427年柏拉图出生（奥林匹克88届第一年），家世显赫，此年即伯罗奔尼撒战争爆发后4年，伯里克利死后第二年，苏格拉底42岁（是年西西里莱翁蒂尼（Leontini）邦人高尔吉亚来雅典求援，告叙拉古入侵其邦）。

公元前423年4岁，阿里斯托芬《云》上演，苏格拉底在场观赏，当场现身示众，态度自若。

公元前421年6岁，据说是《理想国》发生时间（或所托时间）。

公元前420年7岁，进狄奥尼索斯学校，识字，听荷马等诗作。

公元前411年16岁，普罗塔哥拉被400人大会中人指控使人不信神，逃出雅典，在往西西里途中遇难（前此哲学家受迫害或驱逐、处死、或自愿放逐的还有阿那克萨哥拉，毕达哥拉斯、赫拉克利特）。

公元前409—404年，估计到过骑兵执勤，据说参加过3次战役。

公元前408年高尔吉亚在第93届奥林匹亚运动会上发表演说，呼吁雅典和斯巴达团结起来对付波斯。

公元前407年20岁，跟随苏格拉底学习，此前曾向克拉底鲁学习赫拉克利特哲学；向赫莫根尼学习巴门尼德哲学。据说曾想写戏剧，给苏格拉底看，被否定。

公元前405年，叙拉古狄奥尼索斯推翻民主，建立僭主政权。

公元前404年23岁，伯罗奔尼撒战争结束，雅典30僭主，柏拉图一度想从政，后失望。

公元前399年28岁，苏格拉底受审（柏拉图在场）并被处死。

二、游学12年

公元前398年，柏拉图与其他苏格拉底的弟子纷纷离开雅典到外地避风，到过西西里、意大利、埃及。

公元前392年35岁，在这前后，撰写早期对话:《申辩》、《克力同》、《游叙弗伦》、《拉齐斯》、《吕西斯》、《查米迪斯篇》。

伊索克拉底在雅典办学园，教演讲术。

公元前390年，出访毕达哥拉斯学派掌握的政权等。

公元前388年，访叙拉古狄奥尼索斯一世，结识其小舅子（女婿）狄翁（时狄翁20岁），成为至交（此其间据说曾得罪僭主被卖做奴隶，由安尼舍里斯赎身）。

三、讲学20年

公元前387年40岁，回到雅典，开始个人讲学，或说此年建立学园，此前后撰写对话:《普罗塔哥拉》、《美诺》、《尤息德谟斯篇》。

中期著作:《理想国》、《会饮》、《斐得若》、《费多》等最具戏剧性的对话。

公元前385年（见陈表:苏格拉底案的平反:控告人的死，立苏格拉底雕像，但不一定真实。又陶行知1938到雅典参观石牢，坐5分钟以示敬仰，又写诗"这位老人家，为何也坐牢？欢喜说真话，假人都烦恼"，杜汝辑、叶秀山文章谈及此）。

公元前384年43岁，亚里士多德生、德谟斯提尼生。

公元前380年（大约在这一年），在雅典西北郊外的陶器区建立学园。"不懂几何学者勿入此门"。

公元前376年，高尔吉亚死。

公元前371年底比斯军在伊巴密浓达指挥下，大败斯巴达。

公元前370年，德谟克利特死，据说柏拉图曾想购其书付之一炬。

四、晚年最后的政治尝试及讲学、著述

公元前367年60岁，将学园交欧多克索主持，自己带弟子和友人第二次往叙拉古，当年老狄奥尼索斯死，狄翁摄政，此时柏拉图已声名远播。亚里士多德来雅典学习。

公元前366年，狄奥尼索斯二世继位，狄翁逃离，柏拉图怅然离开叙拉古。

公元前363年64岁，第三次往叙拉古，被扣留，被逐。

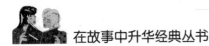

公元前357年70岁,放弃政治活动,全力著述,晚期著作有:智者、政治家、斐里布、蒂迈欧篇。

公元前356年亚历山大大帝出生。

公元前348年,晚年最后的著作是:法律篇,伊壁诺米篇续篇,刚开篇即去世。

公元前347年春季去世,遗嘱对用于校舍的房产,不许出售、转让。留下四家奴,释放一奴隶,财产很少。

公元前344—343年,狄奥尼索斯二世最后被推翻,亚里士多德任亚历山大教师。

柏拉图与他的学生亚里士多德比起来,在西方得到更多的尊重和注意。因为他的作品是西方文化的奠基文献。在西方哲学的各个学派中,很难找到没有吸收过他的著作的学派。在后世哲学家和基督教神学中,柏拉图的思想保持着巨大的辐射力。有的哲学史家认为,直到近代,西方哲学才逐渐摆脱了柏拉图思想的控制。

公元12世纪以前,亚里士多德的学说一直被教廷排斥,甚至欧洲已经不再流传亚里士多德的著作。当时,柏拉图的学说占统治地位,因为圣奥古斯丁借用和改造了柏拉图的思想,以服务神学教义。直到13世纪,托马斯·阿奎那利用亚里士多德的学说解释宗教教义,建立了烦琐和庞大的经院哲学。亚里士多德才重新被重视。

柏拉图的理论,被1949年后的中华人民共和国官方认为是唯心主义的。但他对西方哲学的启蒙作用被普遍认可,也因为他卓越的人格而备受尊重。

教育思想

在柏拉图的《理想国》中,有一个著名的洞穴比喻来解释理念论:有一群囚犯在一个洞穴中,他们手脚都被捆绑,身体也无法转身,只能背对着洞口。他们面前有一堵白墙,他们身后燃烧着一堆火。在那面白墙上他们看到了自己以及身后到火堆之间事物的影子,由于他们看不到任何其他东西,这群囚犯会以为影子就是真实的东西。最后,一个人挣脱了枷锁,并且摸索出了洞口。他第一次看到了真实的事物。他返回洞穴并试图向其他人解释,那些影子其实只是虚幻的事物,并向他们指明光明的道路。但是对于那些囚犯来说,那个人似乎比他逃出去之前更加愚蠢,并向他宣称,除了墙上的影子之外,世界上没有其他东西了。

柏拉图利用这个故事来告诉我们,"形式"其实就是那阳光照耀下的实物,而我们的感官世界所能感受到的不过是那白墙上的影子而已。我们的大自然比起鲜明的理性世界来说,是黑暗而单调的。不懂哲学的人能看到的只是那些影子,而哲学家则在真理的阳光下看到外部事物。

柏拉图的《理想国》还向我们描绘出了一幅理想的乌托邦的画面,柏拉图认为,国家应当由哲学家来统治。柏拉图的理想国中的公民划分为卫国者、士兵和普通人民三个阶级。卫国者是少部分管理国家的精英。他们可以被继承,但是其他阶级的优秀儿童也可以被培养成卫国者,而卫国者中的后代也有可能被降到普通人民的阶级。卫国者的任务是监督法典的制定和执行情况。为达到该目的柏拉图有一整套完整的理论。他的理想国要求每一个人在社会上都有其特殊功能,以满足社会的整体需要。但是在这个国家中,女人和男人有着同样的权利,存在着完全的性平等。政府可以在为了公众利益时撒谎。每一个人应该去做自己分内的事而不应该打扰到别人。在今天看来,柏拉图描绘的理想国是一个可怕的极权主义国家。但是"理想国其实是用正确的方式管理国家的科学家的观点",柏拉图本人并没有试图实现理想国中的国家机器。

教育观

柏拉图是西方客观唯心主义的创始人,其哲学体系博大精深,对其教学思想影响尤甚。柏拉图认为世界由"理念世界"和"现象世界"所组成。理念的世界是真实的存在,永恒不变,而人类感官所接触到的这个现实的世界,只不过是理念世界的微弱的影子,它由现象所组成,而每种现象是因时空等因素而表现出暂时变动等特征。由此出发,柏拉图提出了一种理念论和回忆说的认识论,并将它作为其教学理论的哲学基础。

柏拉图认为人的一切知识都是由天赋而来,它以潜在的方式存在于人的灵魂之中。因此认识不是对世界物质的感受,而是对理念世界的回忆。教学目的是为了恢复人的固有知识。教学过程即是"回忆"理念的过程。在教学中,柏拉图重视对普遍、一般的认识,特别重视学生思维能力的培养,认为概念、真理是纯思维的产物。同时他又认为学生是通过理念世界在现象世界的影子中才得以回忆起理念世界的,承认感觉在认识中的刺激作用。他特别强调早期教育和环境对儿童的作用。认为在幼年时期儿童所接触到的事物对他有着永久的影响,教学过程要通过具体事物的感性启发,引起学生的回忆,经过反省和思维,再现出灵魂中固有的理念知识。就此而言,柏拉图的教学认识是一种先验论。

柏拉图的教学体系是金字塔形。为了发展理性,他设立了全面而丰富的课程体系,他以学生的心理特点为依据,划分了几个年龄阶段,并分别授以不同的教学科目。0~3岁的幼儿在育儿所里受到照顾。3~6岁的儿童在游乐场内进行故事、游戏、唱歌等活动。6岁以后,儿童进入初等学校接受初级课程。在教学内容上,柏拉图接受了雅典以体操锻炼身体,以音乐陶冶心灵的和谐发展的教育思想,为儿童安排了简单的读、写、算、唱歌,同时还十分重视体操等体育训练项目。17~20岁的青年升入国立的"埃弗比"接受军事教育,并结合军事需要学习文化科目,主要有算术、几何、天文、音乐。20~30岁,经过严格挑选,进行10年科学教育,着重发展青年的思维能力,继续学习"四科",懂得自然科学间的联系。30岁以后,经过进一步挑选,学习5年,主要研究哲学等。至此形成了柏拉图相对完整的金字塔形的教学体系。

根据其教学目的,柏氏吸收和发展了智者的"三艺"及斯巴达的军事体育课程,也总结了雅典的教学实践经验,在教育史上第一次提出了"四科"(算术、几何、天文、音乐),其后便成了古希腊课程体系的主干和导源,支配了欧洲的中等与高等教育达1500年之久。

柏拉图认为,每门学科均有其独特的功能,凡有所学,皆会促成性格的发展。在17岁之前,广泛而全面的学科内容是为了培养公民的一般素养,而对于未来的哲学家来讲,前面所述的各门学科都是学习辩证法必不可少的知识准备。文法和修辞是研究哲学的基础;算术是为了锻炼人的分析与思考能力;学习几何、天文,对于航海、行军作战、观测气候、探索宇宙十分重要;学习音乐则是为了培养军人的勇敢和高尚的道德情操。同时,他还很重视选择和净化各种教材,如语言、故事、神话、史诗等,使其符合道德要求,以促进儿童心智之发展。

就教学方法而言,柏拉图师承苏格拉底的问答法,把回忆已有知识的过程视为一种教学和启发的过程。他反对用强制性手段灌输知识,提倡通过问答形式,提出问题,揭露矛盾,然后进行分析、归纳、综合、判断,最后得出结论。

理性的训练是柏拉图教学思想的主要特色。在教学过程中,柏拉图始终是以发展学生的思维能力为最终目标的。在《理想国》中,他多次使用了"反思"(reflection)和"沉思"(contemplation)两词,认为关于理性的知识唯有凭借反思、沉思才能真正融会贯通,达到举一反三。感觉的作用只限于现象的理解,并不能成为获得理念的工具。因此,教师必须引导学生心思凝聚,学思结合,从一个理念到达另一个理念,并最终归结为理念。教师要善于点悟、启发、诱导学生进入这种境界,使他们在"苦思冥想"后"顿开茅塞",喜获"理性之乐"。这与苏格拉底的助产术有异曲同工之妙。

柏拉图的教学思想几乎涉及到教学领域中的所有重要方法。他第一个确定了心理学的基本划分,并使之与教学密切联系起来。他继承并发展了斯巴达的依据年龄特征划分教学阶段的教学理论,在教学的具体内容、形式、方法和手段上则更多地总结与采用了雅典的经验,提出了全面、和谐发展的课程体系。他十分注重在教学中发展学生的思维能力,强调探讨事物的本质,这些都给了后世教育家们以巨大的影响和启迪。

但是,柏拉图夸大了理性发展在教学中的意义。他主张的通过回忆和沉思冥想以致知的教学过程。反映了其对掌握知识理解中的唯心主义倾向。特别是他把理性绝对化、孤立化,使感觉和理性之间对立起来的思想,以致成了中世纪经院派教条主义教学方法的理论基础。

柏拉图还是西方教育史上第一个提出完整的学前教育思想并建立了完整的教育体系的人。柏拉图中年开始从事教育研究活动。他从理念先于物质而存在的哲学思想出发,在其教育体系中强调理性的锻炼。他要求 3～6 岁的儿童都要受到保姆的监护,会集在村庄的神庙里,进行游戏、听故事和童话。柏拉图认为这些都具有很大的教育意义。7 岁以后,儿童就要开始学习军人所需的各种知识和技能,包括读、写、算、骑马、投枪、射箭等等。从 20～30 岁,那些对抽象思维表现特殊兴趣的学生就要继续深造,学习算术、几何、天文学与和声学等学科,以锻炼他的思考能力,使他开始探索宇宙的奥妙。柏拉图指出了每门学科对于发展抽象思维的意义。他主张未来的统治者在 30 岁以后,要进一步学习辩证法,以洞察理念世界。经过 5 年后,他就可以成为统治国家的哲学王了。

在他的奴隶主教育学体系中,体育占有重要的地位。柏拉图对妇女体育也很重视。他认为:"做女孩的应该练习各种跳舞和角力;结婚以后,便要参加战斗演习、行营布阵和使用武器……因为一旦当所有的军队出动去打敌人的时候,她们就能保卫儿童和城市"(《柏拉图论教育》)。在柏拉图的论述中,几乎涉及到当时体育的各个方面。他认为,体育应包括教育手段和健康术。他对当时雅典出现的竞技主义和竞技职业化倾向曾给予猛烈的抨击,同时也批评市民轻视体育的思想和态度。他主张心身和谐发展,强调"用体育锻炼身体,用音乐陶冶心灵"。柏拉图丰富的体育思想对后世体育的发展有深远的影响。

爱情观

柏拉图和亚里士多德是古希腊哲学家中最有影响的人,而在他们两个人中间,柏拉图对于后代所起的影响尤其来得大。柏拉图著书以他的老师苏格拉底之口表述说,当心灵摒绝肉体而向往着真理的时候,这时的思想才是最好的。而当灵魂被肉体的罪恶所感染时,人们追求真理的愿望就不会得到满足。

在欧洲,很早就有被我们中国人称之为"精神恋爱"的柏拉图式的爱,这种爱认为肉体的结合是不纯洁的是肮脏的,认为爱情和情欲是互相对立的两种状态,因此,当一个人确实在爱着的时候,他完全不可能想到要在肉体上同他所爱的对象结合。

在今天的人们看来,柏拉图的爱情观让人不可思议。而有一位美国学者却对今人所理解的这种柏拉图的爱情观,提出了新的见解。美国东西部社会学会主席——《美国家庭体制》一书的作者伊拉·瑞斯(Ira·reiss)经研究后认为,柏拉图推崇的精神恋爱,实际上指的是同性之间的一种爱,也就是"同性恋"。古希腊人认为,同性恋的过程更多地是灵交、神交,而非形交。而在女性很少受教育的古希腊社会,男人很难从女人中找到精神对手。这就是柏拉图偏重男性之间的爱情的原因。柏拉图坚信"真正"的爱情是一种持之以恒的情感,而惟有时间才是爱情的试金石,惟有超凡脱俗的爱,才能经得起时间的考验。

而美国的社会学者对"柏拉图式的爱情"是只有神交的"纯爱情",还是虽有形交却偏重神交的高雅爱情,也众说纷纭。但有一点是可以肯定的,即柏拉图认为爱情能够让人得到升华。他说,对活得高尚的男人来说,指导他行为的不是血缘,不是荣誉,不是财富,而是爱情。世上再也没有一种情感像爱情那样深植人心。一个处在热恋中的人假如作出了不光彩的行为,被他的父亲、朋友或别的什么人看见,都不会像被自己的恋人看见那样,使他顿时苍白失色,失去一切的一切,无力面对自己爱的人和爱自己的人。

地位影响

柏拉图在西方的地位

柏拉图与他的学生亚里士多德比起来,在西方得到更多的尊重和注意。因为他的作品是西方文化的奠基文献。在西方哲学的各个学派中,很难找到没有吸收过他的著作的学派。在后世哲学家和基督教神学中,柏拉图的思想保持着巨大的辐射力。有的哲学史家认为,直到近代,西方哲学才逐渐摆脱了柏拉图思想的控制。

公元 12 世纪以前,亚里士多德的学说一直被教廷排斥,甚至欧洲已经不再流传亚里士多德的著作。当时,柏拉图的学说占统治地位,因为圣奥古斯丁借用和改造了柏拉图的思想,以服务神学教义。直到 13 世纪,托马斯·阿奎那利用亚里士多德的学说解释宗教教义,建立了烦琐和庞大的经院哲学。亚里士多德才重新被重视。

柏拉图在中国

柏拉图的理念论,被 1949 年后的中华人民共和国官方认为是唯心主义的。但他对西方哲学的启蒙作用被普遍认可,也因为他卓越的人格而备受尊重。

亚里士多德

生平简介

亚里士多德(前384—前322年),古希腊斯塔吉拉人,是世界古代史上最伟大的哲学家、科学家和教育家之一。

亚里士多德是柏拉图的学生,亚历山大的老师。公元前335年,他在雅典办了一所叫吕克昂的学校,被称为逍遥学派。马克思曾称亚里士多德是古希腊哲学家中最博学的人物,恩格斯称他是古代的黑格尔。

亚里士多德师承柏拉图,主张教育是国家的职能,学校应由国家管理。他首先提出儿童身心发展阶段的思想;赞成雅典健美体格、和谐发展的教育,主张把天然素质,养成习惯、发展理性看作道德教育的三个源泉,但他反对女子教育,主张"文雅"教育,使教育服务于闲暇。

亚里士多德一生勤奋治学,从事的学术研究涉及到逻辑学、修辞学、物理学、生物学、教育学、心理学、政治学、经济学、美学等,写下了大量的著作,他的著作是古代的百科全书,据说有四百到一千部,主要有《工具论》、《形而上学》、《物理学》、《伦理学》、《政治学》、《诗学》等。他的思想对人类产生了深远的影响。他创立了形式逻辑学,丰富和发展了哲学的各个分支学科,对科学作出了巨大的贡献。

亚里士多德出生于色雷斯的斯塔吉拉,父亲是马其顿王的御医。公元前

366年亚里士多德被送到雅典的柏拉图学园学习,此后20年间亚里士多德一直住在学园,直至老师柏拉图去世。柏拉图去世后,由于学园的新首脑比较同情柏拉图哲学中的数学倾向,令亚里士多德无法忍受,便离开雅典。

离开学园后,亚里士多德先是接受了先前的学友赫米阿斯的邀请访问小亚细亚。赫米阿斯当时是小亚细亚沿岸的密细亚的统治者。亚里士多德在那里还娶了赫米阿斯的侄女为妻。但是在公元前344年,赫米阿斯在一次暴动中被谋杀,亚里士多德不得不离开小亚细亚,和家人一起到了米提利尼。

3年后,亚里士多德又被马其顿的国王腓力浦二世召回故乡,成为当时年仅13岁的亚历山大大帝的老师。根据古希腊著名传记作家普鲁塔克的记载,亚里士多德对这位未来的世界领袖灌输了道德、政治以及哲学的教育。我们也有理由相信,亚里士多德也运用了自己的影响力,对亚历山大大帝的思想形成起了重要的作用。正是在亚里士多德的影响下,亚历山大大帝始终对科学事业十分关心,对知识十分尊重。但是,亚里士多德和亚历山大大帝的政治观点或许并不是完全相同的。前者的政治观是建筑在即将衰亡的希腊城邦的基础上的,而亚历山大大帝后来建立的中央集权帝国对希腊人来说无异是野蛮人的发明。

尽管自己的学生已经是贵为国王,亚里士多德并没有一直留在国王身边,他决定回到雅典,建立自己的学园,教授哲学。亚里士多德得非常重视教学方法,他反对刻板的教学方式,于是他经常带着学生在花园林荫大道上一边散步一边讨论哲理,因此后人把亚里士多德学派称作"逍遥学派"。

公元前335年腓力浦去世,亚里士多德又回到雅典,并在那里建立了自己的学校。学园的名字(Lyceum)以阿波罗神殿附近的杀狼者(吕刻俄斯)来命名。在此期间,亚里士多德边讲课边撰写了多部哲学著作。亚里士多德讲课时有一个习惯,即边讲课边漫步于走廊和花园,正是因为如此,学园的哲学被称为"逍遥的哲学"或者"漫步的哲学"。亚里士多德的著作在这一期间也有很多,主要是关于自然和物理方面的自然科学和哲学,而使用的语言也要比柏拉图的《对话录》晦涩许多。他的作品很多都是以讲课的笔记为基础,有些甚至是他学生的课堂笔记。因此有人将亚里士多德看作是西方第一个教科书的作者。亚历山大死后,雅典人开始奋起反对马其顿的统治。由于和亚历山大的关系,亚里士多德不得不因为被指控不敬神而逃到加而西斯避难。他的学园则交给了狄奥弗拉斯图掌管。一年之后,公元前322年,亚里士多德去世,去世的原因是一种多年积累的疾病所造成的。关于他被毒死,或者由于无法解释潮汐现象而跳海自杀的传言是完全没有史实根据的。

亚里士多德的父亲是马其顿国王腓力二世的宫廷侍医。从他的家庭情况看,他属于奴隶主阶级中的中产阶层。他于公元前367年迁居到雅典,曾经学过医学,还在雅典柏拉图学院学习过很多年,成为了柏拉图学院的积极参加者。

从18岁到38岁在雅典跟柏拉图学习哲学的20年,对亚里士多德来说是个很重要的阶段,这一时期的学习和生活对他一生产生了决定性的影响。苏格拉底是柏拉图的老师,亚里士多德又受教于柏拉图,这三代师徒都是哲学史上赫赫有名的人物。在雅典的柏拉图学园中,亚里士多德表现的很出色,柏拉图称他是"学园之灵"。但亚里士多德可不是个只崇拜权威,在学术上唯唯诺诺而没有自己的想法的人。他同大谈玄理的老师不同,他努力的收集各种图书资料,勤奋钻研,甚至为自己建立了一个图书室。有记载说,柏拉图曾讽刺他是一个书呆子。在学院期间,亚里士多德就在思想上跟老师有了分歧。他曾经隐喻的说过,智慧不会随柏拉图一起死亡。当柏拉图到了晚年,他们师生间的分歧更大了,经常发生争吵。

公元前347年,柏拉图去世,亚里士多德在雅典继续呆了两年。此后,他开始游历各地。公元前343年,他受马其顿国王腓力二世的聘请,担任起太子亚历山大的老师。当时,亚历山大13岁,亚里士多德42岁。公元前338年,马其顿国王腓力二世打败了雅典、底比斯等国组成的反马其顿的联军,从此称霸希腊。次年,腓力召开全希腊会议,会议约定希腊各邦停止战争,建立永久同盟,由马其顿担任盟主。在会议上,腓力宣布,他将统帅希腊各邦联军,远征波斯。至此,马其顿实际上掌握了全希腊的军政大权,希腊各邦已经名存实亡,成为马其顿的附庸。

腓力于公元前336年被刺身亡。他的儿子、年仅20岁的亚历山大即位为王。公元前334年,亚历山大率领马其顿军和希腊各邦的联军出征波斯。在不到十年的时间里,他打垮了号称百万的波斯大军,接着摧毁了古老的波斯帝国。一个空前庞大的亚历山大帝国——其领土西起希腊,东到印度河,南包埃及,北抵中亚建立起来了。公元前323年,亚历山大病故。这个凭着武力征服建立起来的大帝国,经过混战,分裂成几个独立的王国。

就在这个时局动荡的年代里,亚里士多德重返雅典,在那里一住就是20年,即从亚历山大出发远征的前一年到亚历山大去世的那一年。在这段时间里,虽然马其顿在军事和政治上控制了雅典,但那里的反马其顿的潜力还是很大的。亚里士多德来到雅典,可能肩负有说服雅典人服从马其顿的政治使命。亚里士多德在雅典受到了很多的优待,除了在政治上的显赫地位以外,他还得到了亚历山大和各级马其顿官僚大量的金钱、物资和土地资助。他所创办的吕克昂学园,占有阿波罗吕克昂神庙附近广大的运动场和园林地区。在学园里,有当时第一流的图书馆和动植物园等。他在这里创立了自己的学派,这个学派的老师和学生们习惯在花园中边散步边讨论问题,因而得名为"逍遥派"。据说,亚历山大为他的老师提供的研究费用,为八百金塔兰(每塔兰重合黄金60磅)。亚历山大还为他的老师提供了大量的人力。他命令他的部下为亚里士多德收集动植物标本和其他资料。

事实上,亚里士多德浩瀚的著作,实非一人之力所能完成。譬如,他曾对158种政治制度作了概述和分析,这项工作所需要涉及的大量搜集整理工作,如果没有一批助手的协助,是不可能做完的。当亚历山大去世的消息传到雅典时,那里立刻掀起了反马其顿的狂潮,雅典人攻击亚里士多德,并判他为不敬神罪,当年苏格拉底就是因不敬神罪而被判处死刑的。但亚里士多德最终逃出了雅典,第二年,他就去世了,终年63岁。

教育思想

教育思想

亚里士多德认为理性的发展是教育的最终目的,主张国家应对奴隶主子弟进行公共教育。使他们的身体、德行和智慧得以和谐地发展。在教学方法上,亚里士多德重视练习与实践的作用。如在音乐教学中,他经常安排儿童登台演奏,现场体验,熟练技术,提高水平。在师生关系上,亚里士多德不是对导师一味言听计从,唯唯诺诺,而是在继承的基础上敢于思考、坚持真理、勇于挑战。他那"吾爱吾师,吾尤爱真理"的品格,鼓舞着他把柏拉图建立起来的教学理论推进到了一个更高的水平。

亚里士多德的教学思想是建立在他的人性论、认识论及其对于儿童身心发展考察的基础之上的。他把人的灵魂分为两个部分:一是非理性灵魂,其功能是本能、感觉、欲望等,二是理性灵魂,其功能是思维、理解、认识等。他认为在人的认识过程中,灵魂的主要功能是感觉和思考。灵魂借助于感觉器官而感知外界事物,那被感觉的东西是不以人的意志为转移的,从而承认感觉在认识过程中的地位和作用。但是,他又认为感觉在这里只起到一种诱发的作用,真理和知识只有通过理性的思考才能获得。因此,亚里士多德的教学目的是发展灵魂高级部分的理性。

亚里士多德为其哲学学校设立了"百科全书"式的课程。他主张学生在德、智、体、美等方面全面发展,且在不同时期各有所侧重。幼儿期以身体发展(体育)为主;少年期以音乐教育为核心、以德、智、美为主要内容;高年级要学习文法、修辞、诗歌、文学、哲学、伦理学、政治学以及算术、几何、天文、音乐等学科。但不管怎样,重心都应放在发展学生的智力上。他特别强调音乐在培养儿童一般修养上的作用。认为音乐具有娱乐、陶冶性情、涵养理性三种功能,它能使人解疲乏、炼心智、塑造性格、激荡心灵,进而通过沉思进入理性的、高尚的道德境界。在体育教学中,他不同意教师只让学生进行严酷甚至痛苦的训练,要教"简便的体操"和"轻巧的武艺",着重于让儿童身体正常发展。

政治方面

《政治学》是古希腊思想家最重要的政治学论著。成书于公元前326年。中译本由吴颂皋、吴旭初据英国B·乔维特英译本(1921年修订版)译出,商务印书馆于1934年出版。1965年8月商务印书馆出版吴寿彭译本。全书在对100多个城邦政制分析比较的基础上,从人是天然的政治动物这一前提出发,系统论述了什么是对公民最好的国家。全书共8卷103章,按内容可分4部分。①第1.3卷,探讨城邦、政体等基本理论。认为城邦是至高而广涵的一种社会团体,追求最高最广的善业。人类是天生的政治动物,经家庭、村坊而组成城邦。政体按其宗旨及最高统治权执行者的人数,分为正宗与变态两大类。前者为君主、贵族、共和3种,后者为僭主、寡头、平民3种。②第2卷,批驳取消私有财产和家庭的主张,评析当时的各种政制。③第4.5.6卷,论述现实中的平民、寡头、共和等政体的具体形态、变革原因及其防范措施,提出以中产阶级为主体的共和政体是最稳定的政体。④第7.8卷,论述理想城邦中的道德、人口、疆域、民族性和教育等问题。《政治学》被公认为西方传统政治学的开创之作。它所建立的体系和一系列政治观点,对西方政治思想的发展产生过深远影响。

地位影响

作为一位最伟大的、百科全书式的科学家,亚里士多德对世界的贡献无人可比。但他的成就远不止于此。他还是一位真正哲学家,对哲学的几乎每个学科都作出了贡献。他的写作涉及德、形而上学、心理学、经济学、神学、政治学、修辞学、教育学、诗歌、风俗,以及雅典宪法。他的研究课题之一搜集各国的宪法,并依此进行比较研究。

在哲学方面,亚里士多德的思想对西方文化根本倾向以至内容产生了深刻的影响。在上古及中古时期,他的著作被译成拉丁文、叙利亚文、阿拉伯文、意大利文、希伯来文、德语和英语。以后的希腊学者研究及推崇他的著作,拜占庭的学者也是如此。他的思想是中世纪基督教思想和伊斯兰经院派哲学的支柱。伊斯兰世界最重要的思想家阿威罗伊,将伊斯兰的传统学说与亚里士多德的理性主义融合成自身的思想体系。最有影响的犹太教思想家迈蒙尼德,用理性主义解释犹太教义,在调和科学、哲学和宗教方面取得了重大成就。

亚里士多德显示了希腊科学的一个转折点。在他以前,科学家和哲学家都力求提出一个完整的世界体系来解释自然现象。他是最后一个提出完整世界体系的人。在他以后,许多科学家放弃提出完整体系的企图,转入研究具体问题。

但是如果以现在的标准衡量,亚里士多德的某些思想显得有些极端。例如,他赞同奴隶制及女性所受的不平等待遇,认为这是自然界的安排(当然,这些思想是他所处时代的写照)。

随着亚里士多德作品的不断被发现,中世纪出现了一个研究亚里士多德主义的新时代,学者们以此作为求得各方面真知识的基础。亚里士多德在研究方法上,习惯于对过去和同时代的理论持批判态度,提出并探讨理论上的盲点,使用演绎法推理,用三段论的形式论证。

亚里士多德集中古代知识于一身,在他死后几百年中,没有一个人像他那样对知识有过系统的考察和全面掌握。他的著作是古代的百科全书,他的思想曾经统治过全欧洲。恩格斯称他是"最博学的人"。

夸美纽斯

生平简介

扬·阿姆斯·夸美纽斯(1592～1670年)是17世纪捷克教育家,是人类教育史上里程碑式的人物。他一生致力于民族独立、消除宗教压迫以及教育改革事业,曾担任捷克兄弟会牧师及兄弟会学校校长。

1592 年 3 月 28 日,夸美纽斯出生于拉摩维亚一个属于"捷克兄弟会"的磨坊主的家庭里,早年就失去父母,成为孤儿,16 岁起由"兄弟会"担负其学费,受完中等教育(在普利洛夫拉丁学校上学)和高等教育(在德国的赫尔朋大学、海得堡大学上学),受到新教教派思想和爱国主义思想的熏陶。1616 年大学毕业后,被选为兄弟会的牧师,并主持兄弟会的学校且被推为普利洛夫学校的校长。1618 年,欧洲爆发了三十年战争,当时夸美纽斯积极参加了反对德国贵族和天主教会残酷镇压捷克人民和迫害新教徒的斗争。战争爆发后,他和兄弟会的其他会员同时遭受反动势力的迫害,有几个月被迫躲居于崇山森林之中。战火中,夸美纽斯失去了他多年的心血——全部书稿和珍贵藏书,瘟疫又夺去了他妻儿的生命,在祖国与家庭连遭不幸的日子里,他怀着悲愤的心情写下了社会政治性学术著作——《世界的迷宫与心的天堂》,揭露了贵族的贪婪、教会的黑暗、侵略的罪恶和人世间的不平。

1627 年,德国皇帝下达了迫害新教徒的法令,为坚持新教信仰,兄弟会 3 万户居民于 1628 离开祖国,赴波兰的黎撒城。当他们离开捷克时,曾在边境的山顶上面向祖国跪下,失声痛哭。1628 年,在捷克兄弟会迁居于波兰时,在黎撒城,夸美纽斯又主持已改为古典中学的兄弟会学校,长达 13 年之久。在此期间,夸美纽斯由于所写的几本有关教育的著作的出版而享有世界声誉。这些著作是:《语言和科学入门》、《母育学校》、《大教学论》、《物理学概论》、《泛智先声》等。

1641 年,英国国会邀请他研究所谓"泛智"问题。他到英国后,由于英国发生内战,使他的关于泛智的研究工作中断了。1642 年,夸美纽斯因希望当时的瑞典政府能够帮助捷克人民取得独立,便应邀到了瑞典,他在瑞典几年的工作期间,受该国政府的委托,编辑教科书和语言教学法。

可是他希望从瑞典得到对祖国援助的希望未能实现,便于 1648 年再度回到黎撒城。这时,"捷克兄弟会"有很大一部分人住在匈牙利,夸美纽斯便接受匈牙利一位大公的邀请,担任匈牙利常年学校顾问,并撰写了《论天赋才能的培养》、《泛智学校》、《组织良好的学校准则》和《世界图解》,其中《世界图解》是一本运用直观性原则编写的教科书,书中对每一事物都用图来说明。是西方第一本图文并茂的儿童启蒙读物,被译成了多种文学,在欧洲流行 200 余年。

此后,1656 年,瑞典和波兰发生战争。与瑞典交战的波兰执政者疑心捷克兄弟会成员同情瑞典人,便把兄弟会的最后避难所——黎撒城放火烧毁了,夸美纽斯又一次失去了自己几乎是全部的手稿。当时,文化教育较发达的荷兰拨款救援捷克流亡者,并欢迎夸美纽斯去荷兰工作和定居,夸美纽斯于是又辗转避难于荷兰的阿姆斯特丹。来到荷兰第二年,1657 年,阿姆斯特丹的元老院决议出版了他的《教育论著全集》《走出经院哲学的迷宫》等。在荷兰,他仍坚持不懈地致力于教育工作,于 1670 年 11 月 15 日去世,终年 78 岁。

教育思想

论教育目的

夸美纽斯关于教育目的的学说,首先反映了他的世界观中的宗教观和世俗观之间的矛盾。他认为教育的最终目的是为人的永生作准备。他承袭《圣经》的观点,对人生的看法带有浓厚的宗教色彩,认为人的现实生活并非最终的目的,人生的最终目的,是趋向一个更高阶段,即是永生。他确认"现世的人生,也只是永生的一种预备,它存在的目的是使灵魂利用身体作中介,去为未来的生活预备各种有用的事项",同时他又认为教育有其现世目的,人应该过好现世生活。夸美纽斯对现世生活所持的观点,与天主教僧侣们所持的观点相反,他不以消极和禁欲来对待现世人生,也不把现世生活当成黑暗与罪恶的根源,而是以积极乐观的精神来理解现世生活。他认为现世生活的目的就是为了创造一个美满的生活。因此,人们的现实生活就应以其服务与享乐为其主要内容。所谓服务,就是为社会、国家和别人服务。所谓享乐,主要是指心灵的快乐。为了使生活美满,心灵得到快乐,能为社会国家服务,人应该成为理性的动物和万物的主宰。也就是说,人应该具有万物的知识,并能利用万物为人类服务。总之教育的培养目标应该把人类培养成具有广博知识以及终身为祖国服务的人;教育的目的就是给人以知识、德行和虔信,使人能理解万物和利用万物。

论教育作用

夸美纽斯对教育作用作了高度的估价。首先他认为教育对人的发展具有重大作用。夸美纽斯接受了文艺复兴时代人文主义思想的影响,把人看作最优美、最完善的创造物,因而教育能对人施展重大的作用。他指出人之所以成为人,只是由于在最适当的年龄,即在儿童时期受到了所应当获得的那种教育。他确信,"每一个人都是可以成为一个人的。"他认为,人都有接受知识的智力,智力低到不能接受教育地步的,"在一千个人里面难找到一个,即使对于这种智力极低的人,教育还是可以发挥一定作用的。"其次,他认为教育对社会发展具有促进作用。夸美纽斯说:"教育是人类得救"的主要手段,"有教养的民族能利用的宝藏,""它能使社会减少黑暗、困恼和倾轧"等。

再次,他重视儿童的差异和后天教育。夸美纽斯在高度评价教育作用的同时,对于儿童天然素质或品质的差异也很重视。对于这些不同素质和性格的儿童,教师应该"用合适的训练,使他们变为有德行",他认为这是我们力所能及的。夸美纽斯还认为:"一切人类生来都是渴于求知的",但实际上却有人缺乏爱好学习的倾向,这是由于"父母的溺爱,社会环境的引诱以及教师没有尽到责任所致。"他郑重提出:"一个做教师的人在传授学生知识以前,必须使学生渴于求得知识,能够接受教导,因而准备接受多方面的教育。"

论普及教育

夸美纽斯在 17 世纪 30 年代,继莫尔之后,又一次响亮地提出了普及教育的主张。他论述了普及教育的必要性,认为人应该成为理性的动物。他认为一切人,生来都有一个同一的目标:他们要成为人,要成为理性的动物……他们都应该达到一个境地,在合适地吸取了智慧、德行和虔信之后,能够有益地利用现世的人生,并且适当地预备未来的人生。

他论述了普及教育的可能性,认为一切人都能接受共同的教育。要求让一切儿童,不分贫富、贵贱、男女,不管住在城市或乡村,都能在国语学校里,接受共同的初等教育。他驳斥了有人认为天性鲁钝笨拙的人不能接受教育的意见,说:"世上找不出一个人的智力衰弱到不能用教化去改进的田地。"他也斥责了有人主张女性完全不能追求知识的谬论,指出:"她们具有同等敏锐的心理和求知能力(常常比男性还要强)",夸美纽斯还设想使有才能的儿童在兄弟会的帮助下受到更高深的教育。

他论述了普及教育的主要场所,应该设在公立的初等学校里,这是因为处理共同的事务,需要适当的制度;父母没有充分的能力和时间教导他们的儿童;儿童在大的班级里,可以起互相激励的作用;因此适应社会分工和人们职务专门化的,必须有学校这样的专门教育机关和教师这样专门的教育人员进行工作。

论班级授课制

夸美纽斯对近代教育学最大的贡献之一,就是他所确立的班级教学制度及其理论。直到 17 世纪,西欧各国仍普遍沿用历来采用的个别施教的教学制度,在全年内的不同时期都招收学生,学生虽然同坐在一个教室内,但是教师对学

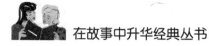

生个人而不是对学生集体地进行教学和安排作业。教师时而叫这个学生,时而叫那个学生,对他们每个人个别施教,这就必然造成教师和学生在教和学进程中精力、时间的浪费和不可避免地互相干扰。这种个别施教的教学制度,已不能适应当时社会生产日益发展,社会经济生活的日益扩大,以及文化科学的迅速进步的形势,因而亟须提高教学的效率。夸美纽斯适应了社会形势这样的迫切要求,并参照欧洲一些国家和教会(主要是耶稣会)已有的实行班级教学的实际经验,从理论上加以阐明,于是确立了班级教学制度。

夸美纽斯从理论上阐述了班级教学制度的优越性。首先,减轻教师的工作负担和有利于学生学习。他指出采用这种办法的结果是:从教师来说,"工作可以减轻","一个教师可以教导一百个学生,所费的劳力是和教几个学生一样小的"。从学生来说,"没有一个学生会被忽视",学生们会比以前更加注意;对于一个学生所说的话便会对于全体学生同等地有利;学生中不同的表达方式可以增进和加强学生对于教材的熟悉程度;等等,一个教师同时教很多的学生,为教师,为学生,这都是个最有利的方法,教师看到跟前的学生数目愈多,他对于工作的兴趣便愈大,教师愈是热忱,他的学生便愈会显得热心。同样在学生方面,他们可以互相激励,互相帮助。当然,夸美纽斯过分夸大了班级教学的效率,主张一个教师同时教很多的学生"甚至提出同时教几百个学生,这显然是不符合实际的。事实上,一个教师同时教几百个学生,无疑是有困难的。于是他不得不建议把全班学生分成若干小组,每组十人,每组由一个学生去管理,协助教师监督和检查小组成员的功课。由于夸美纽斯当时对这种崭新的教学制度,还缺乏经验的积累,他不知道班级人数过多,势必不能很好地完成教学任务;他也不知道教师用小组长协助教师进行教学,将不能很好地体现教师在教学中的主导作用。

在论述班级授课制优越性的基础上,夸美纽斯提出了班级教学制度的要求。

对于确立班级教学制度的要求,夸美纽斯提出了比较详细而正确的论述:

①应有一定的目标。学生每年、每月、每日所应达到的目标,都要作详细的规定,使教学按照计划进行。

②每个班级应有固定的课本。班级里所有学生都用同样的课本,它应当属于同一的版本,它们应当页页相同,行行相同。

③一切科目都用同一的方法去教导。即所有的科学、艺术与语文都应用一个自然的方法,也就是说教师应该根据他的学生的能力和他们在他所教的实际

科学、艺术上所获得的进展来施教。他认为,普遍地采用自然的方法,对于学生是一种巨大的利益,平坦的没有分歧的道路对于旅行者一样。

④全班的学生在同时做同样的功课。很明显地,假如全班的学生同时全作一样的功课,这是一种有用的安排,因为这样一来,教师的麻烦就会减少,学生的利益就会增大。只有到了人人的注意全都集中在同一个目标上面,人人都轮着去改正别人错误的时候,热烈的竞争才能发生。

⑤每种科目应该与相关的事项一道教授。例如,文字应当永远和事物一道教授,一道学习。他认为,文字的解释应当照顾到文字所指的事物;反之,学生也应当学会用语言去发表他们一切所见、所听、所弄或尝到的东西。"其次,阅读与写作的练习应当结合在一道。他说:"学生们初学习字母,他们就应当写那些字母。""他们在学读拉丁文、希腊文的时候……若去反复阅读、反复抄写各种名词变用和动词的适用法,直到因此彻底学会了阅读、书写、字义和尾位的形成为止。"再如,文体的练习应当和练习推理的能力联合在一道。这样,由于一次的努力,文体的观念就可以获得,推理的能力就可以增进。又如教与学可以联合一道。学生们是能把刚刚学过的科目教给别人的,这种方法不仅可以使他们懂得彻底,而且可以使他的进步来得更快。最后,严肃的工作应与娱乐结合在一道。这是指把"用来舒畅学生心理的娱乐运用到各科教学,使他们在消遣的时候也能够受到一种一定的印象,这是极有用处的。

⑥教学时应经常保持学生的注意。这是保持班级教学顺利进行的必要条件。夸美纽斯为教师订立了如何保持学生注意的规则:教师在教学时,肯不断地耐心介绍一些有趣的和有用的事物;在开始新课的时候,能把它用一种吸引人的方式放在学生的跟前,或者向他们发出问题,这样去激起学生的兴趣;教师站在讲台上面,眼光看得到所有的学生;教师在一切可能的时候都去利用感觉,尤其是视觉;在功课完毕以后,要让学生想要得到解释的不论是当时的功课,或是以往的功课,都有提问的机会;以及在教学中让学生复述教师所讲的材料,轮着提问学生,和向全班学生提问,等等。

夸美纽斯所确立的班级教学制度和他所提出的关于班级教学制度的要求,确实在近代教育学发展史上具有划时代的意义,并给教学法开辟了一条新的途径。

但因时代的局限,这一理论还存在不符合实际和形式化的种种缺陷,有待于后来的进一步完善。

论教学过程

在夸美纽斯的时代,经院主义的教学原理和方法,在学校中还占统治地位。经院主义教学的特征是脱离实际生活的教学内容和呆读死记的教学方法,学生在教学过程中的主要活动是死记硬背,任务只是记住教师的语言和背诵书中的教条。在教学中不许学生有独立思考,加之盛行体罚,致使整个教学过程缺乏生气。

夸美纽斯适应当时资本主义发展而提出培养人的多方面才智的要求,针对经院主义教学过程的死气沉沉的情景,提出从当时来说是崭新的富有生气的教学过程的理论。其教学过程的基本程序是:由对事物的直观到对事物的理解;再由对事物的理解到关于所理解事物的知识的记忆;最后是用语言或书面表达的练习把所记忆的知识表达出来。

夸美纽斯主张教学过程应先从对事物的感知入手,他认为经院主义教学一切从书本知识出发,违背教学过程本身的规律性、离开事物本身的做法是荒谬的。指出:一切知识都不应根据书本的权威去给予,而应实际指证给感官与心智,得到它们的认可。他甚至认为,"教导应该在可能的范围以内通过感官去进行。"其次是对事物的理解或领会,通过感官进行教学是为了彻底领会或理解所学习的材料。他认为只有彻底理解或领会了所学习的事项,才能让学生去记忆或去做那个事项。他指出,凡是没有经悟性彻底领会的事项,都不可用熟记的方法去学习,他又说,无论什么事情,除非已经把它的性质彻底解释给孩子们听了,又把进行的规则教给了他们,不可叫他们去做那件事情。再次是对所理解事物的知识的记忆,他强调指出:只有彻底地懂得,并且记忆了的东西,才能够看作心理的财产。因此他认为"每种科目既被悟性彻底领悟之后,就应该记住。最后是练习。他把练习看作是使教学达到彻底的必要手段,他说,所教的科目若不常有适当的反复的练习,教育便不能达到彻底的境地。而练习的进行应该在理解与记忆之后,他这样指出,学生首先应当学会理解事物,然后再去记忆它们,要在这两点已经经过训练之后,方才可以着重言语与笔墨的运用。

夸美纽斯关于教学过程的理论,在反对经院主义教学死记硬背不切实际的教条的死知识方面,的确起了非常重要的作用,但他这种理论显然还存在着不足或错误之处:(1)把对事物的感知看作一切教学的起点,是犯了片面性的错误;(2)按照他的教学过程理论,对事物的理解只限于事物的现象上,不可能上升到对事物本质的理解;(3)由于时代的局限,他还不可能懂得教学与社会实践的关系;(4)他正确地指出教师在教学中的主导作用,但却不适当地把教学中的责任完全放在教师身上。

论教学原则

夸美纽斯详尽地论述了各个重要的教学原则,其中包括自然适应性原则、直观性原则、自觉性和积极性原则、系统性原则、巩固性原则、量力性原则和因材施教原则。

1.自然适应性原则

这一原则贯穿于夸美纽斯的整个教学思想之中,尤其是教学方法之中。《大教学论》第十四章就讲道:"教学的恰切秩序应该从自然去借来,不能受到任何的障碍"。其基本含意是:自然界存在着一种起支配作用的普遍法则,即"秩序"或"规律"。这些秩序或规律,无论在动、植物以及人的活动中都发挥着作用。人是自然界的一部分,必须服从于自然的最主要和最普遍的法则。以培养人为主要任务的教育工作,也必须遵循自然法则,才会合理可靠,并发挥出应有的效力。他举例说,树木在春天发芽长叶,鸟儿在春天孵化小鸟;所以人类应在人的童年期开始施教,而一天则应在早晨学习为好。

夸美纽斯确信,人生具有渴求知识的美德和不可遏止的一些意向。他认为教育应当研究人生的这些意向,积极地予以培养。自然适应性原则体现在教育上,则要依据人的自然本性,即儿童的天性和年龄特征,按学生的能力顺序进行教学。比如先感知后理解;先记忆后练习等。

夸美纽斯依据其自然适应性原则,类比和论证了教育上的其他原则。他的论证顺序是:(1)自然法则;(2)自然界中遵循自然法则的实例;(3)现实教育中违背自然的错误作法;(4)如何依照自然法则来改进教育工作。这种假物阐意、随物引申的类比的论证方法可以使人触类旁通,获取新的认识。但运用不好,则有牵强附会之弊。

2.直观性原则。在夸美纽斯的教学理论中,直观性原则居于首要的地位。他认为直观性的教学可以保证教学来得容易,迅速而彻底。他为教师们定下了一条教学上的"金科玉律",即:在可能的范围以内,一切事物都应该尽量地放到感觉的跟前。一切看得见的东西都应该放到视觉的跟前,一切听得见的东西都应该放到听觉的跟前。气味应该放到嗅官的跟前,尝得出和触得着的东西应当分别放到味官和触官的跟前。假如一件东西能够同时在几种感官上面留下印象,它便应当和几种感官接触。假如事物的本身不能得到,便可利用它们的代表物"范本或模型。"

夸美纽斯直观性原则的理论基础是感觉论。他提出以下的理由：第一，知识的开端永远是从感官得来的。第二，科学的真实性与准确性，其所赖于感官证明的证明者较之其他一切事项都要多。第三，感官是记忆的最可信托的仆役。所以假如这种感官的知觉方法能被普遍采用，它就可以使得知识一经获得之后，永远可以保住。

夸美纽斯最早给直观性原则赋予理论的性质，并且大大地充实了和具体化了它的内容。但是由于他所处的时代和当时哲学发展水平的限制，使他对于直观性原则作出了一些错误的论断，如过高地估计直观性原则在教学中的作用；对抽象思维和语言文字在教学中的作用和意义缺乏正确的认识。

3. 自觉性和积极性原则。夸美纽斯认为学习的首要条件是自觉地学习，是对于学习的热情和喜爱，是学习的不可抑制的欲望。因此他主张在教学过程中应首先把学生的学习热情和欲望激发起来。他认为，"孩子们求学的欲望，是由父母、出教师、由学校、由所教的科目、由教授的方法、由国家的权威激发出来的。

怎样才能激起学习的热情和欲望呢？夸美纽斯对此也提出了一些积极性的建议。首先，他认为，只有当所学习的事物对于儿童将来是有用的，他提出对于每门科目，都要提到它的实用问题，务使不学无用的东西。其次是对于所教授的事物的彻底解释，他指望教师们，对学生应学的科目应该彻底加以解释，使他们懂得，如同懂得他们的五个指头一样。再则是应该从事物的原因去教导，他指出，知识不是别的，只是我们精通了一件事物的原因，与对它的熟悉而已。

夸美纽斯针对经院主义强制性教学的错误做法而提出教学中的自觉性、积极性原则，有着很大的意义。但他没有也不可能提供如何激发学生学习自觉性与积极性的真正的途径。

4. 系统性与循序渐进性原则。夸美纽斯提出了教学的系统性和循序渐进性原则。他主张学生在学校中应该学习周全而有系统的知识，为了实现这个目的，应先从教学要有系统性的计划做起，他指出，一门功课的排列，应组成一个百科全书式的整体，其中一切部分全该来自一个共同的来源，各在各自正当的地位。要有系统地组合织教材，他提出了"关于事物的知识应该放在关于它们的组合的知识之前；例证应比规则先出现"之类的基本原理。

夸美纽斯还提出了一些关于教学循序渐进的规则如由易到难，由近及远，后教的以先教的为基础等的规则。他指出，假如能让新的语文的学习逐渐进行

（因为这是最容易的），然后再学写作（因为这里还有思索的时间），最后才学说话（这一点最困难，因为说话的步骤是很迅速的）。他指出，假如教材的排列能使学生先知道最靠近他们的心眼的事物，然后去知道不大靠近的，再后去知道相隔较远的，最后才去知道隔得很远的。他又指出，一切功课的排列都要使后学的功课能够依靠先学的功课，要使一切先学的功课能够靠后学的功课固定在心里。

5. 巩固性原则。夸美纽斯提出了巩固性教学原则，就是要求学生牢固地掌握所学习的教材。他也为实行这个原则拟定了一些规则；首先要把学习的基础打好。他指出，一切先学的功课都应该成为一切后学功课的基础，这种基础是绝对必需彻底地打定的。科目的概念应当彻底印入学生的脑际。在这种步骤没有小心地做到以前，关于艺术或语文的更详细的解释就不应当尝试。其次，要记住已领悟的教材。他说，每种科目既被悟性彻底领悟之后，就应该记住。他并且提出帮助记忆的方法，他指出，所教的一切事项都应得到良好理由的支持，以免轻易产生疑问，或者容易忘记。这种理由确是把一件东西巩固在记忆里面，使它不致忘却的钉子、钩子和夹子。还有，他认为练习是巩固性教学所必不可缺的因素。他指出，所教的科目，若不常有适当的反复与练习，教育便不能够达到彻底的境地。他因而提出教师应使学生经常做到以下三个方面：①为自己寻找并且获得心智的粮食；②吸收，并且消化他所找到的；③分配他所消化了的给别人去分享。这三个方面也就是在一对著名的拉丁偶句里面所提示的："去发现问题，去记住答案，去把自己所记住的教给别人，这三种东西就可以使得学生胜过他的先生"。这里第三个方面据他的说明也就是让学生一个一个地按照教师所讲的，"按照原来的次序，把刚才所说的重述一遍（好像是其余的人的老师一样），他的解释要用同样的字眼，要举同样的例证，如果他错了就要给他改正"。"一直到看得出人人都已明白了那堂功课，都能解释为止"。

6. 量力性和因材施教的原则。夸美纽斯正确地提出教学应根据学生的年龄及其能力来进行。教学的科目及其内容的排列应根据学生的年龄及其理解。他指出：一切应学的科目都应加以排列，使其适合学生的年龄，凡是超过了他们的理解的东西，就不要给他们去学习。其次，在教学中应该考虑到学生的接受能力而不使他们负担过重。他建议：(1)班级授课尽量加以缩减，即是减到四小时，自修的时间也相等。(2)尽量少要学生去记忆，这就是说，只记最重要的事项，对于其余的，他们只须领会大意就够了。(3)一切事情的安排全都适合学生的能力。这种能力自然会和学习与年龄同时增长的。

夸美纽斯要求教学应根据学生的年龄和能力的同时，还要求教学要适应各个学生的心理、学习的品质和能力。他指出："知识若是不合于这个或那个学生的心理，它就是不合适的。因为人们的心理的分别和各种植物、树木或动物的分别是一样巨大的；这个须得这样去对付，那个又必得那样去对付，同一个方法是不能够同样地施用于一切人们的。"这种"因材施教"的教学基本原理是应该肯定的。

论道德教育

夸美纽斯认为完全尽职的学校应该是"一个真正锻炼人的地方"，为了这个目的，学校的任务不单是去教导科学，还应该是教导道德，但是当时学校对于道德品质的培养并不重视，"所以在大多数情形之下，学校培养出来的，不是顺从的羔羊，而是凶狠的野驴和倔强的骡子，学校里培养不出合乎德行的品性，培养出的只是一种虚伪的道德装潢，一种令人生厌的、外来的文化表面，和一些专务世俗虚荣的手脚与眼光。那些在语文与艺术上已受到这种陶冶的人们，他们又有几个知道自己应该成为世上其余的人们实行节制、仁爱、谦逊、慈悲、严肃、忍耐与克制的榜样呢！"他认为学校里面除了科学和艺术的教导外，还有更为重要的工作，就是道德教育，他认为这是学校里的一种"真正的工作"。学校应该把一切德行都在青年身上培植起来，"因为在道德上面，没有一件事情是能够省略而不留下一道罅隙的。"

夸美纽斯主张主要的德行应当首先培植。这种德行是持重、节制、坚忍与正直。他扼要地叙述了这四种主要德行的内容及其意义：（1）持重。就是对于事实和问题的健全的判断，他认为"是一切德行的真正基础。他又说："健全的判断应该在幼年去练习，这样，它到成年时代就可以发展起来了。一个孩子应当追求正当的事情，避免无价值的事情，因为这样一来，正确判断的习惯就可以变成他的第二天性。"（2）节制。这是一种在各种生活行为方面不过度的品质，即在饮食、睡眠、工作、游戏、谈话等方面，在整个受教的期间以内，实行节制。他认为在这些行为上面应遵守一条"金科玉律"，就是一切不可过度。（3）坚忍。是要求孩子们习于用自己的理智去作一切事情，"因为人类是一种理性的动物。所以应当听从理智的领导，在动作之先应当仔细想想每种作为应该怎样去作，使他自己真能成为自己行为的主宰"。（4）正直。是对于别人抱着公正无私的态度，是不伤害别人，它是和自私自利、虚伪与欺骗相对立的。他指出，"我们应当用心把人生的真正目标灌输给青年，要使他们受到教导，知道我们生来不是单为我们自己的,而是为了我们的邻人,是为了人类。"

夸美纽斯提出的道德教育的方法,主要有:实行、榜样、教训与规则、避免不良社交和惩罚。他关于这些方法作了以下简括的阐述:(1)实行。他认为"德行是由常作正当的事情学来的"。因为我们是从学习知道我们应当学习什么,从行动知道我们应当怎样去行动的。孩子们容易从行走学会行走,从谈话学会谈话,从书写学会书写;同样,他们可以从服从学会服从,从节制学会节制,从说真话学会真实,从有恒学会有恒。(2)榜样。他主张父母、保姆、导师和同学的整饬的生活的榜样应当不断地放到儿童的跟前。因为孩子们善于模仿,所以易于接受榜样的影响。他所谓的榜样包括书本上取来的榜样和事实上活的榜样两种,他则认为事实上活的榜样更为重要,因为它们所产生的印象更加强烈。(3)训条与规则。他认为训条与规则是模仿的"补充与强化",在培养孩子们的道德行为时,应当有道德训条与规则的教导,使他们从道德理论上了解道德行为的意义。(4)避免不良的社交。他认为青年人应当小心地防备一切腐败的根源,如不良的社交,不良的谈话,没有价值的书籍之类。(5)惩罚。惩罚的适当运用。这在道德教育中也是不可缺少的力'法。惩罚之所以需要,就是使犯了过错的人应当受到惩罚。但是他们之所以应受惩罚,并非因为他们犯了过错,而是为了要使他们日后不去再犯。在施行惩罚的时候,教育者应该确知惩罚的目的和方法,不应盲目施用。他说:"教育青年的人最好能够使其知道它的目标,它的题材,和它的可以采用的各种方式,然后就可以知道有系统的严酷是为什么要施用,什么时候应当施用和怎样一个用法了。"在施用惩罚时,应当免去一切感情用事,应使受罚者感到你是公正的。他指出。"纪律应当免除人身的因素,如同忿怒或憎恶之类,应当以坦白的态度,持以诚恳的目的,使学生也能知道为的是他们的好处。"

夸美纽斯在道德教育上没有脱离宗教道德的规范,他还保留着宗教的道德观。在道德教育的内容和方法上,他所作的研究远不如他在教学理论上的深邃而丰富,但他也提出了一些较有价值的见解,如在培养主要德行方面注意到培养节制、坚忍的德行,在方法方面重视实行和榜样,这些思想都是比较具有积极意义的。

地位影响

夸美纽斯是西方教育史上起着承前启后作用的教育家,他对教育进行了完整的精辟的论述,尤其是其教育管理思想,对西方近现代教育管理理论的形成与发展起着重要作用。

他在吸收了文艺复兴运动人文主义教育思想、宗教改革运动中新教教育思想以及崇尚科学的唯实主义思潮等各种新思想的基础上,创立了一套完整的教育学体系,为现代系统的教育学奠定了理论基础。集中其教育思想的《大教学论》,是人类历史上第一部系统的、专门的教育理论著作,后被教育理论界看作是近代教育开始的标志。

夸美纽斯的教育思想是相当完整的,其中不仅包括反映新兴资产阶级利益的教育思想,如普及教育、女子教育、学前教育等,而且具体在学校教育教学与管理方面,他都提出了卓越的见解,这都反映出夸美纽斯教育思想的博大精深。在此,仅就其教育管理思想加以论述,以说明其在西方教育发展中的影响和作用。

夸美纽斯在长期的教育实践和理论研究中,总结了一套比较完整的、系统的、有独创性的教育管理思想,对欧美及世界教育都产生了重要影响。

一、教育由国家管理

反对教会对教育的控制,主张由国家管理教育,这是17世纪教育家们对教育管理思想的基本出发点。早在17世纪初,康帕内拉在《太阳城》中明确提出这一思想。夸美纽斯进一步发展了前人的思想,更为具体、详尽地探讨了国家管理教育这一问题。夸美纽斯认为教育对于改造社会、建设国家以及对人的发展都起着巨大的作用。他反复强调教育对于增进人类幸福和加强国家实力的意义。在《论天赋才能的培养》一文中,他指出,有教养的民族会很好地利用世界上自然力量和地下的矿藏,来造福他们;而缺少教养的民族没有征服大自然的本领,是不会利用自然资源和条件来造福人类的。既然教育对国家的建设和社会发展有这样大的作用,国家就应该重视教育,应该普遍设立学校。国家对学校具有不可推卸的责任,也有管理教育的最大权力,国家应将教育管理起来,而不是拱手让给教会和其他社会力量,这样才能保障教育事业的发展。

18世纪教育管理思想依然强调发展国民教育,反对教会对教育的控制,主张由国家担负管理、监督教育的职责,使教育成为国家的事业,为国家造就良好的公民,这是对17世纪夸美纽斯教育管理思想的继承和发展,而这一思想又对19世纪各国先后开展的国民教育运动产生了直接而深刻的影响。

二、义务教育

夸美纽斯在强调国家管理教育的同时,进一步提出普及教育的主张。他在《大教学论》的副标题中注明,《大教学论》将阐述"把一切事物教给一切人们的全部艺术"，他所指出的"一切人们"是社会上各个阶层的人。这一主张的提出，在夸美纽斯所处的那个时代是难能可贵的。他主张"不仅有钱有势的人子女应该进学校，而且一切城镇乡村的男女儿童，不论富贵贫贱，都应该进学校"。在他的普及教育思想中不仅强调贫富、贵贱问题，还特别提到性别问题，强调女子教育。他认为妇女具有同等敏锐的心理和求知的能力，常常比男性还要强，她们能够取得很高的成就。因此他说："在那些被排斥的人中，也许应有极优秀的才智之士，他们这样被糟蹋被扼杀，真是教会与国家的损失"。

另外，夸美纽斯主张普及教育应从少年时代抓起。他认为人在少年时期"欲望正在沸腾，思想正很迅捷，记忆正很牢固"，因此应强调普及教育从少年开始。在实施普及教育上，夸美纽斯寄希望于王者或国家的支持，不辞辛苦为普及教育呐喊呼吁，他希望人人齐心合力、用尽方法，促进普及教育的发展。夸美纽斯的普及义务教育思想是他对人类教育发展的一大贡献，为以后教育发展指明了方向。18 世纪、19 世纪的教育家们在此理论基础上进一步研究实施普及义务教育的途径和方法，如裴斯塔洛齐、费希特以及美国的"公立学校之父"贺拉斯·曼等都从不同角度来研究义务教育问题，推动了整个西方国家普及教育的发展和公民素质的提高。

三、建立全国统一学制的设想

从中世纪文艺复兴时期人文主义教育到宗教改革时期新教和旧教教育的学校教育制度上看，仍然没有完全统一的制度，虽然有些国家有了初等、中等、高等教育之分，但三者间相互独立，没有内在联系，没有将人的发展与教育的程度与级别联系起来。形成完整的学校教育制度。

首先，夸美纽斯在《泛智学校》中设想了一个完整的学校教育制度。他把一个人从诞生到成年分为四个时期，即婴儿期、儿童期、少年期和青年期。然后根据年龄分期设立相应的学校，婴儿期在母育学校，儿童期在国语学校，少年期在拉丁语学校，青年期在大学。这四种不同的学校不是要学生去研究不同的科目，而是要用不同的方法研究同样的科目，自始至终要按学生的年龄及其已有的知识循序渐进地进行教导。因此每学科的各部分间是连贯的，不能拆散的，这四种不同的学校间存在着内在联系，是统一的。"在前期的学校里面，一切事物都是用一种一般的、不确定的方式去教授，而在后期的学校里面，所授的知识就是细致的、确切的了"。

其次，夸美纽斯所设想的学制基本上是世俗的，《泛智学校》中，他明确把国语学校、拉丁语学校和大学称为"公立学校"。所以在这个意义上看，夸美纽斯

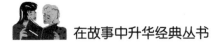
所设想的学制是世俗的、公立的、统一的学校教育制度,这对后世教育影响很大,以后世界各国的普及教育及公立学校制度正是在此基础上发展起来的。

四、学校教学管理制度化

1. 制定统一的学年制度。中世纪西欧各国学校工作的组织基本上处于混乱无序状况,学生一年中随时可以入学,这样不利于学校的教学管理。为了改变这种状况,夸美纽斯制定了统一的学年制度。《泛智学校》中提到,根据学年制度,各年级应在同一时间开学和放假;每年招生一次,学生同时入学,以便使全班学生学习速度一致,学年结束时,经过考试,同年级学生同时升级。他还强调学校工作要有计划,使每月、每周、每日、每时都按计划进行各项工作。例如,他建议国语学校每日有四小时上课,每一小时紧张学习后要休息半个小时;每天要保证八个小时睡眠;每周三、六的下午是学生自由活动时间;每年有四次较长的假日,每次八天,还有其他各种节日。由此可见,夸美纽斯制定的学年制度相当完整,从招生到升级,从入学到放假,从上课时间到课间休息等等都有了规定,形成了一整套制度,建立了一个教学计划的雏形,为以后各国教学计划提供了一个参考。

2. 系统论述了班级授课制度。16世纪宗教改革时期新教和旧教创办的学校中采取了一种新的教学组织形式,即班级授课形式。如德国约翰·斯图漠的古典文科中学就采用这一教学组织形式,根据学生的能力分成几个班级,每个班级按固定的课程和教科书进行教学。耶稣会教育也采用斯图漠学校的分级教学制度进行教学。但这个时期在教学组织形式上的改革只是一种初步的探索,并没有上升到理论高度。夸美纽斯总结了前人实践的经验,系统地论述了班级授课制度。首先,他确定班级是学校教育工作的基本单位,各班要同时开学,同时结业。例如,他把拉丁语学校六年的课程分配到六个班级中,这六个班级从低到高依次为:文法班、自然哲学班、数学班、伦理学班、辩证术班、修辞学班。每班各有一本手册,讨论历史的一个特殊部分。其次,他还具体说明了班级及教学的各项制度和方法。"一日四小时的课堂教学应该按照下列方式去安排:早晨的两小时应当完全用在成为该班的特殊学科的科学和艺术上面。午后两小时之中,头一小时应当用来学历史,在第二小时,学生应当按该班的要求练习文体、演说与手的运用"。他将分班上课制的发明比之于活版印刷术的发明,说如果能正确地组织这一新的教学方法,那么较少的教师可以教较多的学生,这样便能实现他的"教一切人"的理想。

正是由于夸美纽斯对班级授课制的系统论述,进一步完善了教育理论,推动了教育理论从中世纪向近代教育的转化,因此班级授课制理论的出现成为近代教育的一个重要标志。这也是夸美纽斯对世界教育发展做出的不朽贡献之一。

3.创建了完整的教育考试制度。夸美纽斯重视教育考试在实现教育目标中的地位和作用,认为建立和健全学校教育考试制度,既是推行教育思想的重要手段,也是实现教育革新的基本措施。他在论述教育考试制度时从两个方面进行:

首先,夸美纽斯在《创建纪律严明的学校的准则》中,就如何建立基础教育考试体系进行了系统的论述。(1)关于基础教育考试的功用的目的,他指出:"学校的各种考试……都是很重要的",通过考试可以检验教学双方的态度是否认真,教学双方的各项任务是否完成,"无论整体还是局部,是否都取得了应存在的成绩",学校考试的目的,夸美纽斯认为在于掌握教学进度,理解教学效果,敦促教师进取,促使教学目标实现。(2)夸美纽斯认为考试应贯穿教学的全过程,由不同教学阶段的考查和考试组成,构成一个考试体系。其中包括学时考查,学习考查,学周考查,学月考查,学季考查,学年考查,并详细制定了各阶段考试的检测内容和管理规程。(3)从考试的方法上看,夸美纽斯谈到四种,现场观察、口头质问、考核和比赛。

其次,在《大教学论》"论大学"一章中,夸美纽斯谈到关于高等教育考试制度的改革问题。(1)新生入学应进行公开考试,根据考试的结果决定谁应当进大学,谁应当从事其他职业。通过考试,"只允许勤劳努力,德行优良的学生进入大学,不实在的学生,只知道在安逸与奢侈中浪费他们的袭产与光阴,因而给别人以坏的榜样是不能宽容的"。(2)大学考试要每年进行,每年由国王或国家任命的委员们检查一次,这样教授与学生的努力程度就可以测验出来。(3)学位的授予应保证公平,所以不可以用辩论的方式获得,而应采取答辩法。"候选者应该坐在当中,应该由最有学问、最有经验的人去考问,他们应当尽力发现他在理论与实际两方面有什么进步"。通过这种考试才能授予博士或硕士学位。

以上我们可以看到夸美纽斯的考试思想是相当完善的,他不仅谈到基础教育考试体系的建立,而且还谈到高等教育考试改革问题,从中揭示了考试作为一种评价手段,其本质属性就是要兼顾公平性与公开性。另外,他还谈到教育考试与学校教育效率、效益的关系等理论性问题,为近代教育考试制度的创建和发展奠定了理论基础,并成为西方古代和近代教育考试制度的转折点。因此可以说,夸美纽斯是西方教育考试思想和教育考试制度的奠基者,其思想对西方国家影响较大。19 世纪 60 年代开始,英美等国家在研究夸美纽斯考试思想基础上,将学校教育考试制度的建立,加快人才培养进程作为治国的重要措施之一。通过教育考试督导学校教育,评价办学质量,并根据效果确定学生升留级、奖学金、就业及学校教育经费的划拨等,以此督促学校按社会需要培养人才,这在当时确实起到培养人才,推动社会发展的作用。

五、学校的人员管理与纪律夸美纽斯在《创建纪律严明的学校的准则》中把学校人员分成三部分:"一部分是那些学习知识的人,即学生和他们的十人长;一部分是传授知识的人,即学校的教师……还有一部分是管理学校工作的人,即副校长和主任"。这当中出现了校长、副校长、主任这些学校专门的管理人员,表明在当时的一些学校中,管理人员已从教学人员中分离出来,专门从事学校管理工作,有了真正意义上的学校管理。并且,夸美纽斯还对各类人员提出了不同的要求。校长,作为学校总的管理者,是全校的核心和支柱,其不但要了解教师的生活和教学工作情况,帮助和指导教师掌握教学的方法和策略,而且还要监督整个学校规章制度的执行情况,认真保存学校的档案材料等。对于教师,要求要笃信宗教,具有待人接物的美德和广博的科学知识。他认为旧时学校办不好的原因之一是"我们非常缺乏有方法,能够支持公立学校并能产生我们所希望的结果的教员",因此他十分重视师范教育,主张设立一个"学校之学校"来培养教师。至于学生,夸美纽斯从宗教、德行、智慧三个方面作出了规定,在宗教方面,要求学生行为符合宗教教义,调整个人与社会的关系;德行上要求学生持重、节制、坚忍和正直;智慧上要求学生不只是熟悉万物,将所学知识用于实际,而且还能用语言表达自己的知识和行动。夸美纽斯认为要想将学校组织成像一座有序运行的精良的"钟"一样,除了对学校各类人员进行严格管理外,还必须强调纪律。他认为纪律是"把整个学校联结起来的纽带"。"学校没有纪律犹如磨盘没有水"。他认为纪律要有三等:第一是不断地监视,因为不能相信学生们的勤勉与天真;第二是谴责,通过谴责唤回理性与服从的大道;最后就是惩罚,如果劝告没有效力就必须惩罚。关于惩罚他又谈到三种方法:合理的训斥;用树条赤身抽打;开除。他认为纪律不为别的,只是用来"使我们的学者变成真正的学者而已"。继夸美纽斯之后法国自然主义教育家卢梭提出"自然后果"的纪律,赫尔巴特对儿童管理的方法,蒙台梭利的以自由为基础的纪律以及马卡连柯的纪律教育思想,这些思想从不同角度论述了对学生进行管理的方法和措施,进一步完善了现代教育管理中学生管理理论。

纵观夸美纽斯的教育管理思想,可以看到他在继承人文主义教育思想、宗教改革时期教育思想基础上,又有了很大的发展和创新,提出了自己独到的见解,并为西方近现代教育管理理论的发展与创新奠定了基础,使西方教育管理朝着理论化、系统化、制度化和标准化方向发展。因此可以说夸美纽斯是西方教育管理思想的开创者。

洛 克

生平简介

约翰·洛克(1632~1704年)英国哲学家、经验主义的开创人,同时也是第一个全面阐述宪政民主思想的人,在哲学以及政治领域都有重要影响。

洛克于1632年出生于英国,从小受到严格的教育。清教徒的父亲在内战期间为议会军队而战。1646年洛克在威斯敏斯特学校接受了传统的古典文学基础训练。1652年克伦威尔主政期间,洛克到牛津大学学习,并在那儿居住了15年。1656年洛克获得学士学位,1658年获硕士学位。后来他还担任过牛津大学的希腊语和哲学老师。在牛津期间洛克对当时盛行于校园内的经院哲学不感兴趣,反而比较喜欢笛卡尔的哲学以及自然科学。他在36岁时曾被入选英国皇家学会。也正是由于洛克的哲学观点不受欢迎,他最后决定从事医学研究。这一时期洛克还结识了著名的化学家罗伯特·波义耳。

1666年洛克遇到了莎夫茨伯里伯爵,并成为伯爵的好友兼助手。在此期间洛克开始了其一生最重要的哲学著作《人类理解论》(Essay Concerning Human Understanding)的创作。1675年洛克离开英国到法国住了三年,结识很多重要的思想家,后来又回到伯爵身边担任秘书。1682年莎夫茨伯里伯爵因卷入一次失败的叛乱而逃往荷兰,洛克也随行。伯爵在翌年去世,而洛克则在荷兰一直呆到1688年的光荣革命。在荷兰期间洛克隐姓埋名,并且完成了包括《人类理解论》在内的多部重要著作。

1688年洛克返回伦敦,并在次年写了两篇十分重要的政治论文。他的《人类理解论》也在1690年发表。晚年的洛克大部分的精力都投注在《人类理解论》这部书上,不过此时也认识了包括牛顿在内的几位科学家。洛克终身未娶,在 1704 年溘然长逝。

教育思想

洛克出生在清教徒家庭,大学时代曾热衷于培根、笛卡尔、牛顿等人的新思想和物理、化学、医学等科学。他像培根一样反对流行的"天赋观念"论,认为人出生后心灵如同一块白板,"我们的一切知识都是建立在经验上的,而且最后是导源于经验的"。这一"白板论"表明了他是主张经验主义的认识论的。但他又认为"我们的心理活动是观念的另一个来源"。并且五官的感觉只能了解物质的部分性质,而内心的"自我反省"则可使人了解复杂的概念。这种不彻底的经验主义认识论,以及英国资产阶级革命后新的社会环境特别是社会上层对人才的需求,构成了洛克教育思想的出发点和主要思想基础。

教育的作用和目的

洛克高度评价教育在人的形成中的巨大作用,认为人之好坏,或有用或无用,"十分之九都是他们的教育所决定的"。教育的社会意义则在于它关系到国家的幸福与繁荣。不过洛克更注重的是教育对个人幸福、事业、前途的影响,显示出明显的功利主义和个人主义色彩。

洛克还认为教育发挥其正面作用的场所并不在学校。认为当时的学校是集合了形形色色被教育坏了的、满身毛病的一群学童的机关,教师也不可能认真顾及每一个儿童,所以只有在家庭中聘用优良的教师,才能避免"恶习熏染",并得到适合儿童个性的个别指导,因为每一个儿童的天性是不同的。

洛克认为一国之中绅士教育是最应该注意的。他说,一旦绅士受到教育,上了正轨,其他的人很快都上了正轨了。洛克所注重的是贵族子弟的教育,主张把他们培养成为身体强健、举止优雅,有德行、智慧和才干的事业家。这就是洛克的绅士教育的目的。

德育 体育 智育

洛克在《教育漫话》中把体育作为第一个问题加以论述。他说,我们要能工作、要有幸福,必须先有健康;我们要能忍耐劳苦,要在世界上做个人物,也必须先有健康的体格。洛克希望每个绅士的身体必须适应一个事业家在对外开拓活动中可能遇到的艰苦环境,而当时贵族家庭对子女大多是娇生惯养的,因此洛克关于体育的具体意见虽然论及如何保养和运动,但更多的是针对娇生惯养的风气,强调生活各方面的"忍耐劳苦",诸如饮食简单、衣履单薄、睡硬板床、少用药物,等等,他认为身体强健的主要标准是能忍耐劳苦,而学会忍耐劳苦的原则是要从小逐步养成习惯,不要间断。洛克关于体育的见解内容十分丰富,其新颖与系统,在西方教育史上没有先例。

洛克认为道德观念来自教育和生活环境,因而道德标准随时代、民族风俗的不同而有所差别,否认了天赋观念和神的启示。他认为"善行"就是能带来幸福和利益、能达到个人目的的行为。他把德行放在比知识更重要的地位。

洛克把听从理性的指导、克制自己的欲望看成是一切道德与价值的重要标准及其基础。儿童虽然因为幼小而无理性可言,但是教育者应当依据理性去约束儿童,不可放纵溺爱。克制儿童的欲望会给他带来感情上的痛苦,教育者就是要让儿童及早习惯于并逐渐自觉愉快地忍受这种"痛苦"而不感到是痛苦,恰如体育上的学会"忍耐劳苦"一样,学会忍受心理上的痛苦,还会培养出节制的美德和刚毅、勇敢的个性。所以洛克认为正确处理"克制"和"精神活泼自由"之间的关系是教育的真正秘诀。

洛克还具体论述了诚实、智慧、勇敢、仁爱等美德,但他尤其重视"礼仪"。讲究礼仪就是整个外表和举止要优雅有礼,并视社交对象与环境灵活自如地表现自己,从而博得朋友的好评,受到欢迎和重视,这样,门路就可以更宽,朋友就可以更多,在这个世界上的造诣就可以更高。洛克强调德育中的早期教育、行为习惯和良好的榜样,主张尽可能不使用体罚的手段。

洛克批评当时人们一谈到教育所想到的只有学问一件事的风气,好像一两种文字就是教育的全部任务。针对这种时弊,洛克在智育问题上尤其强调两点:德行重于学问;学问的内容必须是实际有用的广泛知识。这两点可为洛克的醒世之言。

除了学习有用的知识之外,洛克认为还应培养学生良好态度,提高他们的能力。教师的工作不是要把世界上可以知道的东西全部教给学生,而要使学生爱好知识,尊重知识,使学生采用正确的方法去求知。因此他认为让学生了解个学科的基础内容即可,不必过深过细,教学的目的只在于向学生启示一条门径,日后没有教员时,学生自己也可以前进。在方法上,洛克还重视兴趣、直观、循序渐进以及好奇心、注意力和记忆力的培养,等等。

洛克的"工作学校"

1697 年洛克为英国贸易和殖民地事务委员会拟写过一份《工作学校计

划》。洛克在计划中主张将没有工作而领取教区补助金的贫民家庭的 14 岁以下的子女组织起来劳动，以便安定社会秩序，减轻教会负担，创造更多的利润。工作学校中没有文化知识的学习，只有养成宗教意识的活动和从事纺织品制作等方面的手工业劳动，还允许雇主来校选取儿童当学徒。被选者直到 23 岁之前都是没有报酬地为雇主劳动。工作学校实际上就是贫穷儿童收容所、职业分配机关或童工工厂，与他的绅士教育主张形成鲜明的对照。

洛克的教育思想以其世俗化、功利性为显著特点。他比他之前的弥尔顿更少古典主义色彩，比夸美纽斯也更为彻底地破除了宗教的束缚。他的思想在实践中和理论上都对英国及西欧教育的现代化作出了贡献。但他的教育思想局限于绅士教育而缺乏夸美纽斯那样的民主性也是不言而喻的。

地位影响

从洛克时代以来到现代，在欧洲一向有两大类哲学，一类的学说与方法都是从洛克得来的，另一类先来自笛卡尔，后来自康德。康德自己以为他把来自笛卡尔的哲学和来自洛克的哲学综合起来了；但是，至少从历史观点看，这是不能承认的，因为康德的继承者们属于笛卡尔派传统，并不属于洛克派传统。继承洛克衣钵的，首先是贝克莱和休谟；其次是法国的 philosophes（哲人）中不属于卢梭派的那些人；第三是边沁和哲学上的激进主义者；第四是马克思及其信奉者，他们又取大陆哲学成分，作了一些重要的添补。

在洛克当时，他的主要哲学对手是笛卡尔主义者和莱布尼兹。说来全不合道理，洛克哲学在英国和法国的胜利大部分要归功于牛顿的威望。就哲学家的身份讲，笛卡尔的威信在当时由于他在数学和自然哲学方面的业绩而有所提高。但是他的漩涡说作为对太阳系的解释，断然比不上牛顿的引力定律。牛顿派宇宙演化论的胜利减低了大家对笛卡尔的尊崇，增高了他们对英国的尊崇。这两个原因都促使人心偏向洛克。

在 18 世纪的法国，知识分子正在反抗一种老朽、腐败、衰竭无力的君主专制，他们把英国看成是自由的故乡，所以洛克的政治学说就让他们对他的哲学先颇怀好感。在大革命临前的时代，洛克在法国的影响由于休谟的影响而更加增强，因为休谟一度在法国居住过，熟识不少第一流的 savants（学者）。

从现代观点看，洛克及其信奉者的重大政治缺点是财产崇拜。但是据这理由批评他们的人，却常常是为了比资本家更有害的阶级，例如君主、贵族和军阀的利益而作这种批评的。贵族地主按照远古传下来的惯例不费劳力坐享收入，他们并不认为自己是敛财鬼,而不从锦绣如画的外表下察看底细的人也不把他们这样看待。反之,实业家从事有意识的猎求财富,所以在他们的活动多少还有些新颖的时代,引起了一种对地主的绅士派勒索所感不到的愤懑不平。这就是说,中产阶级作家和读他们的作品的人情况如此;农民们并不是这样,就像法国大革命和俄国革命中所表现的。不过农民是不会说话的。

洛克学派的反对者大多赞赏战争,以为战争英勇壮烈而意味着蔑弃舒适和安逸。反之,采取功利主义伦理观的人往往把大多数战争看成是蠢事。至少在19世纪,这点又使他们和资本家连成一起,因为资本家由于战争妨害贸易,也厌恶战争。资本家的动机当然是纯粹自私自利,但是由此却产生比军阀及其文字帮手们的意见和公众利益较为一致的意见。是的,资本家对战争的态度向来也摇摆不定。十八世纪时英国打的仗除美国独立战争以外,总的讲是赚钱事,得到了实业家的支持;但是从十九世纪初一直到末年,实业家赞成和平。在现代,到处大企业和民族国家发生了密切的关系,以致形势大变。但是即便现在,无论在英国或在美国,大企业一般是厌恶战争的。

开明的自私自利当然不是最崇高的动机,但是那些贬斥它的人常常有意无意地另换上一些比它坏得多的动机,例如憎恨、妒忌、权力欲等等。总的讲,根源出于洛克的倡导开明自利的学派,同借英雄气质与自我牺牲的名目鄙视开明自利的那些学派比起来,对增加人类的幸福多作了贡献,对增加人类的苦难少起些作用。初期工业社会的那种种惨事我并没忘记,但是那到底在这制度内部减缓下来了。而且我再拿以下的事情同那些惨事来作个对比看:俄国农奴制、战争的祸害及战争的遗患——恐惧和憎恨、以及旧制度已丧失了活力时还企图维持旧制度的人必然有的蒙昧主义。

卢 梭

生平简介

卢梭(1712～1778年)是法国著名启蒙思想家、哲学家、教育家、文学家,是

18世纪法国大革命的思想先驱,启蒙运动最卓越的代表人物之一。他认为一切权利属于人民,政府和官吏是人民委任的,人民有权委任他们,也有权撤换他们,直至消灭奴役压迫人民的统治者。这就是人民主权思想。

卢梭1712年6月28日出生于瑞士日内瓦一个钟表匠的家庭。卢梭的祖父原是法国新教徒,因躲避宗教迫害于16世纪中期来到瑞士。父亲是钟表匠,技术精湛;母亲是牧师的女儿,颇为聪明,端庄贤淑。母亲因生他难产去世。他一出生就失去了母爱,他是由父亲和姑妈抚养大的。比他大7岁的哥哥离家出走,一去不返,始终没有音讯。这样,家里只剩下他一个孩子。

卢梭懂事时,知道自己是用母亲的生命换来的,他幼小的心灵十分悲伤,更加感到父亲的疼爱。他的父亲嗜好读书,这种嗜好无疑也遗传给了他。卢梭的母亲遗留下不少小说,父亲常常和他在晚饭后互相朗读。每读一卷,不一气读完是不肯罢休的,有时通宵达旦地读,父亲听到早晨的燕雀叫了,才很难为情地说:"我们去睡吧,我简直比你还孩子气呢。"在这种情况下,卢梭日复一日地读书,无形之中养成了读书的习惯,渐渐充实并滋养了他年幼的心灵。在父亲的鼓励下读了许多古希腊、古罗马文学中的名人传记。7岁的卢梭就将家里的书籍遍览无余。他还外出借书阅读,如勒苏厄尔的《教会与帝国历史》、包许埃的《世界通史讲话》、普鲁塔的《名人传》、那尼的《威尼斯历史》、莫里的几部剧本等等,他都阅读过。

由于这些历史人物的典范影响和他父亲的谆谆教诲,卢梭深深体会到了自由思想和民主精神的可贵。他既有父亲的爱国血统,又以这些伟人为榜样,甚至言行之间常把自己比作那些历史中的人物。有一天,他在桌旁叙说斯契瓦拉的事迹,在座的人全都很惊讶地看到卢梭走上前去,把手放在熊熊燃烧的炉火之上,来表演斯契瓦拉的英雄壮举。这种早熟早慧的表现,正是卢梭特有天资的最初显露。

卢梭快活的童年生活很快就结束了,在他13岁时,舅舅决定将他送往马斯隆先生那里,在他手下学当律师书记,希望他能赚点生活费用。但卢梭非常讨厌这种只为了赚钱而缺乏趣味的职业,每天琐碎的杂务使他头晕目眩,难以忍受。马斯隆先生似乎也不怎么喜欢卢梭,常常骂他懒惰愚蠢。卢梭无法忍受这种侮辱,便辞掉了工作。

不久,卢梭又换了一个职业,在一位雕刻匠手下当学徒。鉴于以前做书记时得到的不少教训,所以他对这个新工作依命而行,毫无怨言。卢梭本来很喜欢这种工作,因为他爱好绘画,挥动刻刀也觉得很有趣,而且镂刻零件,用不着多么高超的技术,所以他很希望在这方面取得卓越的成就。有一天,卢梭在空余时间为几位朋友刻骑士勋章,他的师傅发现后,以为他在制造假银币,便痛打了他一顿。其实,当时卢梭年纪很小,对于银币根本没有什么概念,他只是以古罗马时期的钱币形状,作为模型罢了。由于师傅的暴虐专横,使卢梭对本来喜爱的工作感到苦不堪言。卢梭在师傅家的生活非常不愉快,但这却使他恢复了时隔已久的读书习惯。这种兴趣受到当时环境的限制,不能顺利发展,但愈受限制,学习的兴趣反而愈浓。附近有一个女租书商,经营一家租书店,卢梭经常去那里,手不释卷地看书,有时甚至误了工作时间,受到师傅的责骂和体罚。不到一年功夫,卢梭把这家小店的书全读光了。在这些书的熏陶下,他纠正了许多幼稚的脾气和不良习惯。同时无形之中也在他内心里唤起了更高尚的感情。他觉得雕刻师傅这里的环境很不理想,一切都缺乏情趣,令人难以忍受。

16 岁时,他离城出走,他相信自己可以独立生活,自由地支配一切。崇尚自然卢梭离城出走后,经由一位朋友的介绍,结识了华伦夫人。他原以为华伦夫人是个老态龙钟的丑老婆子,不料她却是一位满脸和气、风韵十足的年轻女子。这使他大感惊讶和激动,正是这位夫人影响了他日后的生活。最后,她做了他的情妇和养母。卢梭听从华伦夫人的劝告,开始他的远途旅行。这也正适合他那已形成的漫游癖好,他觉得这样的年纪就有机会爬山越岭,登临阿尔卑斯山的高峰,真是件美事。一路上,卢梭心情十分愉快,没有什么可担心的。这次旅程虽短,但卢梭喜爱自然风光,沿途的美景尽收眼底,他将感情寄托于大自然,虽然身处漂泊之中,却没有精神空虚之感。凡是映入卢梭眼帘的东西,都令他内心感到一种醉人的享受。大自然的奇伟、多彩和实际的美,深深地影响了卢梭的人生观。以后他又经历了多次旅行,不论是旅途中的美景,还是乡村的田园生活,仍使他陶醉着迷。他热爱自然,崇尚自然。"他最伟大的教师,并不是任何一种书籍,他的教师是自然"。

从少年期起,卢梭便酷爱自然。这种热忱,他曾不厌其烦的摹写、表现于他的著作中。自然,渗透了他整个生命。他用华伦夫人的某些清醒而夺人心目的特质,表现了自身,并使他陷入剧烈的情绪,这在他较晚的生活中,显得特别明晰,且使他和东方的大神秘主义者,呈现出相似之点。涉足音乐卢梭在华伦夫人家居住的这段时期里,他感到非常满足和快活。华伦夫人的嗓子轻柔动人,还会弹琴,她常教卢梭唱歌,熏陶激发卢梭对音乐的兴趣。后来卢梭去神学院学习,华伦夫人送他音乐方面的书。卢梭在神学院除学习外,经常带着歌谱,练习歌唱。

华伦夫人认为卢梭对音乐感兴趣且有天赋,有意让他朝音乐方面发展。她经常在家里举办一些小型音乐会,并介绍卢梭与一些作曲家认识,使他的音乐水平不断提高,后来他不断地自学和研究,想出一种用数字代替音符的简易记谱法,即以数字 1234567 来代替 Do、Re、Mi、Fa、So、La、Si 音阶,并写出了具有独创性见解的著作《音乐记谱法》,希望借此革新音乐世界。同时还撰写了《现代音乐论文》一并带到巴黎,呈交给巴黎科学艺术院,想借此机会出名,这时的卢梭,灵感有如泉涌,他写了一部名为《新世界的发现》的歌剧,充分表现了他的创作才华。

后来卢梭带着修改好的稿子去科学院,当众宣读了他的论文,它那简洁的内容有力地吸引了委员们的注意力,博得了赞扬。他认为自己的记谱法是音乐史上的创新和改革,但委员们不赞成这种意见,经过几次讨论,他们得出一个结论,认为卢梭的记谱法可用于演唱,但不适合于演奏。为了安慰卢梭,艺术院给他颁发了一张奖状,措词中夸奖了他一番。

卢梭虽遭受了失败,但心里很不服气,他将自己的手稿重新整理之后,找到一个愿意接受这部手稿的出版商,以《现代音乐论》为书名出版。卢梭满怀希望,盼望这本音乐著作能引起较大的反响,然而销路很差,这使卢梭又一次遭受沉重的打击。

虽然他一心想在音乐方面有所创新,希望对音乐爱好者能有所启发,但效果却不佳,除了少数几个学者对他倍加赞誉外,并未产生什么大的反响。

卢梭自从离开华伦夫人以后,开始自谋生活,先后当过家庭教师、书记员、秘书等。同时也广交了各方面的人士,尤其是他结识了大哲学家狄德罗。由于有共同的兴趣,爱好和志向,他们之间建立了深厚的友谊。他们彼此都热心于学术工作,狄德罗和卢梭等人便着手合编《百科全书》,卢梭负责音乐部分,这项工作由于狄德罗被捕而中断了。卢梭四处向朋友求援,希望把狄德罗放出来,但收效甚微。卢梭经常前往狄德罗被关押的监狱探望他。

1749 年夏天,天气非常炎热。从巴黎到监狱之间有较长的路程,卢梭步行去看狄德罗,常带着一本书,走累了休息时可以看看书。有一天,他带了一本《法兰西信使》杂志,忽然看到第戎科学院的征文启事:《科学和艺术的进步对改良风尚是否有益》。卢梭看到这个题目时,好像被千道光芒刺射了一样,许多富有生气的思想不知不觉地从他心中涌现出来。他顿时感到窒息,仿佛看到另一个宇宙,自己变成了另一个人,脑子里不仅涌现出与第戎科学院的论文有关的思想,而且一连串的想法相继而起,就像大浪一样冲击着他。这次心灵的震荡,显示了他思想上真知灼见的潜力。

卢梭把这件事告诉了狄德罗。狄德罗鼓励卢梭继续发挥自己的思想，写出文章去应征。卢梭积极撰写了一篇论文，写成后又送狄德罗审阅，自己又反复修改了多次，以《论艺术和科学》为题寄出应征。1750 年，他这篇论文获得了头等奖。他在这篇文章中否定艺术和科学的价值，从反面进行了论证，表露了他对巴黎社会的不信任和憎恶，并反对这种社会中所隐藏着的欺诈。他斥责科学、文学和艺术，认为这些东西被权力主宰了。

1756 年，44 岁的卢梭接受朋友的馈赠——一座环境优美的乡村小房子，开始了他的隐居生活。卢梭的个性适合于在乡下居住，他在巴黎住了 15 年，早已厌倦了城市生活。隐居之后，他便决定不再回巴黎。这时的卢梭已有点名气，不用为生活费用发愁，他继续抄乐谱，虽然不能赚大钱，但是靠得住，自给有余。他的歌剧《乡村卜者》和其他作品的收入还剩下两千法郎，其他的著作也正在整理之中，这样，生活就不至于受穷了。他的文笔和天赋已使他成为知名的文人，只要他稍微愿意把作家的手腕和出好书的努力结合起来，他的作品就可以使他生活得很富裕。但是卢梭觉得为面包而写作，不久就会窒息他的天才，毁灭他的才华。他的才华不是在笔上，而是在心里，完全是由一种超逸而豪迈的思维方式而产生出来的。他始终认为作家的地位只有在它不是一个行业的时候才能保持；当一个人只为维持生计而思维的时候，他的思想就难以高尚；为了能够和敢于说出伟大的真理，就绝不能屈从于对成功的追求。

卢梭隐居 6 年之中，写了许多著名的著作，有政治学名著《社会契约论》（又译《民约论》），这是世界政治学史上著名的经典著作之一；他的政治观点，对后来的法国革命产生了很大影响。教育学论著《爱弥儿》，简述了他那独特而自由的教育思想，这是一部儿童教育的经典著作，虽然卢梭在世时，曾因此书而遭受攻击，但其独到的教育思想，不但对后来的教育学说产生了深远的影响，而且其民主自由的思想也成为法国大革命的动力。自传体小说《新爱洛绮丝》出版后，成为人人争看的畅销书，并被翻译成多种语言，风靡全欧。

教育思想

教育要顺应自然

卢梭认为，自然教育的核心是教育必须遵循自然，顺应人的自然本性。在《爱弥儿》开卷即写道，出自造物主的东西都是好的，而一到了人的手里，就全变坏了。如果你想永远按照正确的方向前进，你就要始终遵循的指引。因此，卢梭反对那种不顾儿童的特点，干涉并限制儿童自由发展，违背儿童天性的传统的古典教育，提出了教育要顺应自然的思想。

在卢梭看来，人所受的教育，来源不外 3 种，或受之于自然，或受之于人，或受之于事物。我们的才能和器官的内在发展，是自然的教育；别人教我们如何利用这种发展，是人的教育；我们对影响我们的事物获得良好的经验，是事物的教育。这三方面的教育是相互联系的。如果在一个人身上这三种不同的教育互相冲突的话，所受的教育就不好；如果这三方面的教育是一致的，都趋于同一目的，就能受到良好的教育，达到自己的目标，而且生活得很有意义。卢梭还进一步分析：在这三种不同的教育中，自然的教育完全是不能由我决定的；事物的教育中人在有些方面能够由我们决定；只有人的教育才是我们能够真正地加以控制的。因此，应该以自然的教育为中心，使事物的教育和人的教育服从于自然的教育，使这三方面教育相配合并趋于自然的目标，才能使儿童享受到良好的教育。

卢梭所说的自然是指人的才能和器官，也就是人的天性。因此，自然教育就是服从自然的法则，顺应儿童天性发展进程，促进儿童身心自然发展的教育。卢梭强调说：希望儿童在成人以前就要像儿童的样子。在看来，如果以成人的偏见加以干涉，剥夺儿童应有的权利，结果只会打乱自然的次序，破坏自然的法则，从根本上毁坏儿童。

卢梭认为顺应自然的教育必然也是自由的教育，因为人最重要的自然权利就是自由。卢梭声称：真正自由的人只想能够得到的东西，只做喜欢做的事情，这就是我的第一基本原理。只要把这个原理应用于儿童，就可源源得出各种教育原理。因此，要求要尊重儿童的自由，让儿童享有充分自由活动的可能和条件，并在教学过程中采取自然的、自由的教学方法以适应儿童的身心发育水平和个别差异。

教育要培养自然人

卢梭认为，自然教育的目的是培养自然人，即完全自由成长、身心调和发达、能自食其力、不受传统束缚、能够适应社会生活的一代新人。这种自然人，从小就被训练尽可能地自食其力，既没有永远求助于人的习惯，也没有向人夸耀的习惯；能够对事物进行观察、判断、独立的思考和分析；从小就以自然为师获得许多经验，而不以人为师；身体和头脑同时都得到锻炼，不仅身体健壮，而且头脑聪明，富有见识。这种自然人，是生活在社会中的自然人，是能够尽到社会职责的社会成员，而不是回到原始社会的没有文化的人，也不是脱离现实的野蛮人。

应该看到，卢梭所憧憬的"自然人具有以下特征：

第一，不受传统（等级、阶段、职业）的束缚，按本性发展；

第二，不依附于人，能够自食其力，具有独立性；

第三，具有社会适应性，能够承当社会责任；

第四，体脑发达，身心健康，具有独立思考能力。

教育要注意人的年龄特性，从教育要顺应自然的原则和教育要培养自然人的目的出发，卢梭强调指出，教育应该要注意儿童的年龄特性。根据年龄阶段的分期，卢梭提出，在不同时期所进行的教育是不同的。

1，在婴儿期，主要是进行体育。这一时期，教育的主要任务是促进儿童身体的健康发育。因为健康的体魄是智慧的基础，是儿童接受自然的教育的条件。卢梭主张应该让婴儿在乡村环境下自然地生长，注意婴儿对于食物的自然选择能力。反对用襁褓去束缚婴儿，更反对对婴儿娇生惯养，指出要锻炼他们的体格，使他们能够忍受酷烈的季节、气候和风雨，能够忍受饥渴和疲劳。

2. 在儿童期，主要是进行感觉教育。这一时期儿童的身体活动能力和语言能力都发展了，他们的感觉能力也发展了，但还不适宜进行抽象的概念和文字知识方面的教育。应该指导儿童锻炼及发展各种感觉器官，积累丰富的感觉经验，为下阶段的学习打下基础。在感觉教育上，卢梭指出首先是发展触觉，其次是发展视觉，最后是发展听觉。卢梭提出了感觉的具体方法，并把游戏、绘画、唱歌等活动看作是感觉教育的最好途径；此外，还提出应加强儿童的体育锻炼，以促进感觉能力的发展。

由于儿童的理智还处于睡眠状态，因此，不要强迫儿童去读书。卢梭认为，在儿童根本不喜欢读书的时候，读书对他们是无用的。宁愿让儿童一个字也不识，也不使他们为了学到一些学问而把其有用的东西都牺牲了。

在纪律教育方面，卢梭反对体罚，也不赞成口头说教。提出，当儿童犯了错误和过失后，不必直接去制止或处罚他们，而让儿童在同自然的接触中；体会到自己所犯的错误和过失带来的自然后果。这就是教育史上著名的人自然后果法。

3. 在少年期，主要是进行智育和劳动教育。由于儿童已经受到良好的体育和感觉教育，因而已经具备了进行智育和劳动教育的条件。

卢梭认为，智育的任务不在于传授系统的科学知识，而在于发展儿童获得知识的能力，激发们对所学知识的兴趣和热情。儿童不能学习一切东西，只需要学习应该学习的东西。他说："真正有益于我们的知识，为数是很少的，但是只有这样的知识才值得一个聪明的人去寻求，从而也才值得一个孩子去寻求，因为我们的目的就是要把他培养成那样的聪明人。总之，问题不在于学到的是什么样的知识，而在于所学的知识要有用处。"在智育的方法上，卢梭主张让儿童通过实地观察，在大自然中获得知识；强烈反对让儿童靠死记硬背去掌握书本知识，甚至提出以世界为惟一的书本，以事实为惟一的教材。还指出，成人对儿童的指导要少，不要教给儿童正确的答案，而应该让儿童自己去获得，引导儿童独立解决问题。

卢梭对劳动和劳动教育也非常重视。指出，劳动是每个自由人的社会义务，只有为劳动而生活的人，才是真正自由的人；劳动教育的任务是使儿童通过劳动学会适应各种工具以及相关技术，锻炼身体，发展人的心灵。卢梭最推崇手工劳动，认为它最自由，最近于自然状态，最独立，不受人束缚。总之，卢梭希望儿童能够像农民那样劳动，像哲学那样思想。

4. 在青年期，主要是进行道德教育。由于青年人处于激动和热情的阶段，需要用道德准绳的力量加以调节，指导他们处理好人与社会、人与人之间的关系。道德教育的主要内容是培养善良的情感、正确的判断和坚强的意志。卢梭指出，应该通过各种善行练习，即通过道德的实践来培养青年坚定的意志。同时指出，应把道德教育放在城市中进行。

地位影响

按照法国当时的习俗，一本书出版之前必须经过某些知名人士的传阅。《爱弥儿》经过外界传阅后，顿时成为大家争论的中心。令人奇怪的是，卢梭这本天真无邪、充满灵感和独具创见的教育学著作。反而被外界视为异端邪说。还被法国法庭列为禁书。起初，卢梭对外界的传闻并不在意，他想这本教育学著作是为了人类的幸福而写的，怎么会遭受知识分子、教会和国家的反对呢？怎么会将他看成邪恶之徒呢？在外界的压力下，出版社也劝卢梭不要用真实姓名发表这本书，但卢梭坚持要面对那些无谓的攻击。他想他一直服从国家的法律制度，努力做一个忠顺的公民，像其他法国人一样遵守国家法律，总不至于因热爱人类，追求人类幸福而遭受迫害吧。但是噩运偏偏降临到了他的头上，舆论界把卢梭看成了罪犯。一天晚上，卢梭正在床上阅读《圣经》，有人送信来，说法院明天就要派人逮捕他，最高法院判决将《爱弥儿》焚毁，并立即发出逮捕令，要将卢梭打入监牢。不得已卢梭只好告别朋友，离开法国去了瑞士。不久这个国家也命令他在一天之内离开瑞士领土，尔后卢梭又搬到普鲁士国管辖的地区。

与此同时，欧洲读者不断来信，女士、年轻人和年轻的哲学家纷纷来函，请求卢梭给予指导。这使他在精神上受到很大鼓舞。以后，卢梭又应英国哲学家休谟的邀请，去了英国，终因与休谟之间的分歧愈来愈大而离开英国。他不得已改名回到法国，重新过隐居的生活。流亡生涯、不安宁的岁月并未影响到卢梭的著述。

卢梭的《爱弥儿》为什么会遭到法国反动当局如此仇视呢？原因在于，卢梭以他的《爱弥儿》在教育上掀起的是一场哥白尼式的革命。教育从来是以成人的能力和需要为标准的，卢梭却大声疾呼，要打破这个传统。"出自造物主之手的东西，都是好的，则一到了人的手里就全变坏了……他不愿意事物天然的那个样子，甚至对人也是如此，必须把人像练马场的马那样加以训练；必须把人像花园中的树木那样，照他喜爱的样子弄得歪歪扭扭。"（《爱弥儿》上卷第5页）这是《爱弥儿》里开宗明义的一段话，表达了卢梭自然主义教育理论的基本观点。那就是人之生性善良，教育应"归于自然"。

卢梭的"性善论"虽然并不科学，但它在历史上是有积极的进步意义的。因为若把人像基督教那样视为先天罪犯，则必然诉之严酷惩戒，迫使人们盲目顺从而摧毁人权，不如强调人们向善发展的可能性，更有助于提高人的政治地位和保障人的社会权力。变抑制天性的教育为尊重天性的教育，是教育上的巨大变革。在这个历史转折点上，卢梭是关键性的人物。由"归于自然"的理论出发，卢梭主张教育要根据受教育者的年龄特征而实施。他说："处理儿童应因其年龄之不同而不同。"又说："在万物中，人类有人类的地位，在人生中，儿童期有儿童期的地位；所以必须把人当人看待，把儿童当儿童看待。"他批评封建教育不顾儿童的天性发展，抹杀了儿童与成人的区别，以致不根据儿童的特点施教，硬把对成人适用的教育强加于儿童。这种教育，在他看来，无异于使儿童成为教育的牺牲品。因此，他竭力主张根据受教育者不同阶段的身心特征来规定教育任务。卢梭"归于自然"的理论体现在教育目标上，要求培养自然人；而身心调和发达的自然人，既不同于贵族豪绅和王孙公子，也不同于空疏无用的书生士子。这比以往的和当时的教育理想跨越了一大步。而卢梭塑造的《爱弥儿》，既有哲学家的头脑，又有劳动者的身手，而且有改革家的品德。无疑，卢梭所憧憬的自然人，是资产阶级新人的形象。这正是他的思想比封建主义教育进步的地方，也是他横遭迫害的主要原因。知识教育在知识教育方面，卢梭主张学以致用，行以求知。在教学内容上，卢梭坚决反对书本诵习和空洞的文字说教，要求追求真正的有用的知识。他说：陷人于咬文嚼字的书本教育，是摧残心智的。儿童所需获得的是对于事物的真正理解，而书籍"只教我们谈论我们不懂得的事情。"

不过，卢梭对于12岁以后的理性开始发达的青年，则设想了许多门类的学科，要他们进行学习，粗略地划分起来，以知识教育为主的青年期应学习自然科学知识，以道德教育为主的青春期应学习社会科学知识。过去说寓言、历史、古典语文是不必学的，如今应该学了。因为学寓言，可以使人们从中获取教益；学历史可洞古知今，学古典语可理解语言艺术的规律。这就说明，卢梭虽然反对腐朽的古典主义的教学内容，却不反对学习古典的知识，两者并非等同。前者把青年引向故纸堆，使他们泥古而忽今，食古而不化；后者要求知晓古代文化，吸取其精华，借鉴其得失，从而博古通今和古为今用。在教学方法上，卢梭反对教条主义而着重行以求知。他劝说教师放弃冗长的讲述，使更多的教学渗透在师生的共同活动之中。他认为教学中最重要的是启发儿童、青年的自觉性，为此特别重视动机、兴趣和需要在学习中的作用。卢梭十分重视直观教学法，他认为唯有对事物有了直接的接触和观察，才能确实了解事物的主义和观念。他甚至认为，仪器、模型等设备扰乱儿童的学习，都该弃而不用，对实际事物直接观察才是最有效的方法。卢梭还十分强调学生的独立思考和独立判断，对填鸭式、命令式的教学方法则极为厌恶。另外，卢梭还告诫教师要根据儿童的理解水平来选择学习内容。"永远不要把儿童不能理解的东西向儿童讲述"。为了保持知识的正确性和巩固性，他主张要恰当安排儿童的学习速度，不急于求成，不贪多图快，不好高骛远，他这些改革知识教学的内容和方法的新见解，对于我们今天的教学改革也富有启示。

赫尔巴特

生平简介

赫尔巴特(1776～1841年)德国教育学家、哲学家、心理学家,有"教育学之父"的称谓。

生于德国奥尔登堡。他的幼年教育受益于母亲和家庭教师,以后入拉丁学校,于1794年进耶拿大学。在学校内他研究康德、费希特等人的哲学著作;当时刚发表的古希腊哲学家巴门尼德(Parmenides,约公元前六世纪)关于一切存在都是统一的和不变的学说,给他很大的影响。1797年初,他在修完大学课程之前,即去瑞士担任一贵族的家庭教师;他对教育的兴趣就是由这个职务引起的。他在1799年与裴斯泰洛齐相识,这一认识给他的印象很深,但是他并未接受裴氏观点中的民主主义倾向。1799年以后,他停居在友人家专攻哲学;1802年在哥丁根大学取得博士学位,随后即在该校任教。1809年他应哥尼斯堡大学的聘请,继康德之后,讲授哲学与教育学,并创立教育研究所,目的在于训练教师,应用他的教育原理。1833年,他重回哥丁根大学任教,于1841年逝世。

赫尔巴特祖父是医生,父亲先是律师,后来升为枢密院顾问官,母亲是一位美丽聪慧而且具有深厚文学修养的妇人。赫尔巴特是独生子,家庭温暖,使他感到无比幸福;但不幸有一天他不慎跌进沸水桶中,遭到灼伤,使得一辈子身材瘦小,无法健壮。赫尔巴特的求学和事业成就受他母亲的影响最深。在他从小念书的时候,他的母亲每天陪伴着他,督促他念书,连上课都在他身边,甚至陪伴他一起研究希腊文。

赫尔巴特最早受教于尤金(Ulzen)牧师,获益甚多。尤金的教育哲学认为:教育主要目的是培养思想的纯洁、果断和有恒,这种理论对他的教育思想,有深远的影响。赫尔巴特12岁到18岁进入一所德国中学读书,此时已显出其天才。学校对他的评语是:表现优异,守秩序,品德优良,对自己天赋才能已懂得力求发展和改进。他多才多艺,不但具有数学、语言和哲学的才能,而且是天才音乐家和文学家。他的思想成熟很早,11 岁就研究理则学,12 岁研究形而上学,14 岁写了一篇论文称为《意志自由》。16 岁就开始研究康德的思想,19 岁他就批评当时著名哲学家薛陵和菲希特的思想。他攻击菲希特所谓"自创自己世界"的观念,因为他认为学生本身不可能创造自己世界,而是依赖着教师教导和外在世界的影响,才能形成自己的世界。显然此时他的思想已能深悉自己心理过程;而且具有独特的见解。他的父亲送他到耶拿(Jena)去学习法律,但是他没有兴趣。18 岁到 21 岁进入耶拿大学,当时有许多著名哲学家和义学家都在这所大学。由于他母亲的帮助,他认识了哲学家施勒,奠定了他从事教育和研究哲学的基础。21 岁他接受母亲的建议,到瑞士恩得拉琴(Interlaken,Switz-erland)州长家担任其三个儿子的家庭教师。在教学 3 年中,每个月他要写给家长关于他教学的方法和成就的报告,这段教学经验深深地影响了他的教学理论。

1802 年,赫尔巴特到格廷根大学(University of Gottinger)教书,所写的作品主要是关于教育方面的。1809 年,他应聘到东普鲁士科隆堡大学(University of Konigsberg)哲学讲座。因哲学家康德曾以担任此讲座而成名,故当他受聘时,感到非常荣幸。他说:"我受聘这最荣誉的哲学讲座是非常的快乐,小时候当我研究这伟大的哲学家(康德)时,我就像梦中祈求似地向往着这一所大学。"他在这所大学一共任教 25 年,主要著作都是心理学方面的:1816 年写了一本《心理学》教科书(Text—Book in Psychology),1824 年写了《心理学是一种科学》(Psychology as a Science),此外还有其它一些有系统的哲学作品。

教育思想

教育目的

赫尔巴特认为教育科学第一步工作是先发现教育的最高目的,而后寻求达成这种教育目的的工具。他以所研究出的心理学、伦理学以及形而上学来指导其教育理论,并以伦理学为其教育目的的理论基础。他主张教育的目的是个人品格和社会道德。

赫尔巴特认为:"教育的最高目的"、教育的唯一的工作与全部工作可以总结在这一概念之中——道德;而这种道德是由五种永恒不变的观念,即内在自由的观念、完善的观念、善意的观念、法权的观念和正义的观念组成的。赫尔巴特还把儿童未来的目的分为两部分,即希望达到的目的和必要的目的。所谓希望达到的目的是一个人有时可以根据自由选择而给自己提出的目的,或者说与职业选择有关的目的。为达到这一目的,教育就必须发展人的多样的、各方面的感受性,培养人的多方面的兴趣。所谓必要的目的就是道德的目的,这是一个人在任何活动中都必须达到的目的。赫尔巴特认为教育的本质就是以各种观念来丰富儿童的心灵,把他们培养成具有完美的道德品格的人。他不赞成裴斯塔洛齐对教育目的的见解,裴氏认为教育的目的是培养儿童各种能力和官能(Faculty)调和的发展,但他则认为官能是不能分开多种的,心灵本身作用是统一的,用不着求其调和的发展。同时他又反对卢梭(Rousseau)对教育目的的见解,卢梭认为教育目的是促进儿童个人自然的发展,而他则认为教育目的应顾及社会的适应。赫尔巴特主张个人品格与社会道德,两者并重而不冲突,譬如善良意志、社会合作的行为、正义以及适当地服从权威等,都是他所谓品德的含义。

赫尔巴特以为品德是内在自由的观念,成为心灵持久的意识状态(The idea of inner freedom as a constant state of mind)。所谓内在自由观念,是一种自愿的意志。心灵持久的意识状态,是观念持久地存留在意识中,而且支配着心灵。品德具有自愿而持久的意志,可以控制个人的行为。因此教育最重要的任务是建设心灵,使品德的观念成为最强的观念,这种品德的观念,是靠着正确知识的判断和领悟而来的。他说,当意志和教育领悟相符合的时候,品德便得到了。换言之,品德是靠着后天的教育而得到的。固然未受教育的人,不是不能为善,但是其为善可能是由于习惯或模仿,缺乏正确知识的判断,与领悟观念的选择,无法如受教育者具有自愿而持久的善良意志。

教育内容

赫尔巴特教学理论是基于他的心理学,称之为"统觉联合论"。他认为心灵原始是一无所有,只是接受外界印象的受容器。我们内省了解的,只是一些感觉、愿望和观念。心灵作用首先靠与外界接触,而后产生种种统觉;各种统觉联合方成心灵作用的种种范畴,这些统觉的互相联合或排斥,有一定的机械性。他甚至用数学公式来说明心灵作用的现象,以奠定近代教育科学化的基础。

赫尔巴特认为,教育是建设心灵或培养品德的过程,而建设心灵的原料是教材与课程。他主张教材应包括两种知识:

第一种知识是与外界事物接触的知识,从物体本身、力量性质和自然法则推理而来的实证知识。第一种知识来自与事物接触的感官感觉,就像未进学校的儿童累积了许多感官得来的具体经验;但是这些经验进入学校后就会发现有许多错误,因为这些知识太偏狭,缺乏有系统的推理。教师要补救这种缺点,应运用两种方法:一是提示学生接触广泛事物,使得到完整而广泛的见识;二是教导学生从这些感官得来的具体经验,经思考和判断的推理,使得到实证的知识。

第二种知识是来自社会关系交互作用的体会。他认为比第一种知识更重要,因为这是所有智力和道德发展的基础。这是从个人与个人间的谅解和判断,扩大到对整个社会的广泛谅解,最后到个人和社会共同与神的交互关系。从历史、文学、语言、宗教以及艺术方面的教材可以获得这种知识;他特别强调历史和文学的重要,他主张和文化时代理论(Culture Epoch Theory)相配合。他认为人类经过不同文化的时代,一个时代比上一时代更进步而且更复杂。如果要使当代文化更成熟,必须先了解过去的经验。他说,历史是人类的老师。而且他认为当代成人社会和伦理关系、道德目的和其判断,往往太复杂,与学生生活实际经验脱节。因此他主张最好让学生阅读历史和过去的文学,比较更简明,而且更能引起学生的兴趣。阅读过去英雄生平的故事,其生活、行为、和思想都含有启发学生伦理领悟和培养品格的效果。他当家庭教师的时候,使用荷马的“奥得赛”(Homer's Odyssey)为教本,发现希腊原始英雄品格、简单生活以及道德情况,都很适合其学生的伦理水准。后来他的门徒依照其文化时代理论,设计一套教材,从神仙故事、呆鹅妈妈故事(Mother Goose Stories)、圣经旧约,到希腊文学和圣经新约,最后则为近代文学。

教学方法

赫尔巴特把整个教育过程分为管理、教学和道德的必不可少的条件。他说:“如果不坚强而温和地抓住管理的缰绳,任何功课的教学都是不可能的。”管理的方法,他认为第一是威吓;第二是监督以及与此相连的命令和禁止;第三是包括体罚在内的处罚。他还把威信和爱作为两种辅助的管理方法。

赫尔巴特强认为,不但建设心灵的原料(教材内容和课程组织)非常重要,而且建设心灵的程序和方法(教学方法)也同样重要。他批评“许多学生知识的获得是死记,对学生需要和经验毫无关联”的观点,认为这是错误的,他所设计的启发式教学法,是建立一个生动活泼的心灵,严格地配合着人类思考的基本原则。

赫尔巴特发展了前人关于教育性教学的观点,把教学作为教育的最主要和基本的手段。他认为,没有教学,就没有教育,所有教学都要发生教育作用。教学如果没有进行道德教育，只是一种没有目的的手段，道德教育如果没有教学，就是一种失去了手段的目的。他把人们的兴趣分为六类：经验的兴趣、思辨的兴趣、审美的兴趣、同情的兴趣、社会的兴趣、宗教的兴趣。为发展学生的兴趣，他认为首先必须培养学生的自动精神，因为"津津有味地学习的东西，能够很快地学会巩固地掌握"。他主张教学方法有两大基本原则：

第一原则是学生的兴趣。他认为教学必须先引起学生兴趣，所谓兴趣有其特别的意义，他解释兴趣是一种内心的愿望，要使所获得的观念能保留在意识中，而且将以前所得观念恢复到意识中。依照他的见解，心灵是如溪流似的意识状态，凡与外界接触所产生的观念进入心灵，并不是长久保留在意识中；不久前得到的观念，瞬间在意识中即消失，另有新观念出现；而旧观念并非永远忘记，只是移入非意识领域，一有机会仍然可以回复到意识中，心灵意识状态就是如此不断变动的现象。但是观念一旦存在意识中，就想长久保留下去；这种倾向往往因心理学的两项法则而增加：第一法则是常数法则（Law of Frequency），即一个观念愈常进入意识中，其虽已移入非意识领域，但仍愈易回到意识中，愈有更大力量控制心灵；第二法则是联想法则（Law of Association），即如果许多观念联合起来形成统觉团的组合力量，这力量可以决定何种观念可以进入意识中。因此兴趣是在心灵中的一种积极的力量，决定何种观念和经验会引起注意。如果学生缺乏自然的兴趣，教师应引导其产生自愿的兴趣。引导产生自愿的兴趣，不是用强制或人为的方法，如用分数、奖励或竞争等的方式，而是用联想的方式。譬如学生对算术和测量没有兴趣，教师要想办法让其了解算术和测量是其已具有兴趣的科学、设计、建筑或其它方面知识学习的基础，引起其产生自愿学习算术和测量的兴趣。因为所有知识有交互关系，形成观念圈（Ideaof eircle）。教师总可能找出一条路从已经知道的来引导，使不知道的与之发生关联，而产生自愿的兴趣。所以教师不但要引导学生从有关旧观念基础趋向特定新观念的兴趣，而且最好要建立组合已有观念的思想圈，足以控制学生一生中的兴趣。

第二原则是类化作用（Apperception）。类化作用是以旧经验为吸收新知识的基础。一种新观念的体会必须用旧有的其它观念来解释，譬如"海湾"这个词，是靠我们已有"水"、"颜色"和"声音"的旧观念来体会其含义。医生对于人类健康和疾病有研究的经验或知识，因此对病人发生的类似病况可以正确地加以诊断，而一般人便不懂诊断病情，因为缺乏专门知识。同样的，一个原始野蛮人看到日蚀，以为是黑暗的力量和魔鬼征服了日光、神和人生的现象；而科学家看到日蚀,却认为是天体运行之中的机械的现象。同一日蚀的现象,而所了解的不同,是因为其旧有知识与经验背景的不同。这些旧观念可能是许多观念的组合,成为统觉团(Apperceptivemass),其影响力更大。所以教师不但要利用学生的旧观念以吸收新教材,同时应该使新旧观念类化的结果,经过推理过程,获得有系统的原则或统觉团,足以影响未来的学习,甚至品德的形成。上述兴趣原则也可说是统觉团的功能,有吸收特定新观念的注意力。

赫尔巴特以统觉来阐明教学过程,提出了教学阶段的理论。这就是把教学过程分为明了、联想、系统和方法四个阶段。明了就是向学生明确地讲述新的教材;联想就是通过教师和学生谈话,使学生把新旧观念联合起来;系统就是学生在新旧观念联系的基础上,去寻找结论、定义和规律;方法就是把已学得的知识应用于实际,培养学生有逻辑地、创造性思维的技能。赫尔巴特所规定的这些阶段,由他的学生齐勒(Ziller)修改为预备、提示、比较、总括、应用五段,称五段教学法。

地位影响

赫尔巴特是近代资产阶级教育家中第一个企图把教育学建立为一门科学的人;他想在伦理学的基础上建立教育目的论,在心理学基础上建立教育方法论。由于他的唯心主义的、形而上学的哲学、心理学观点,他没有达到建立科学的教育学的目的。他用他的心理学论证了教育性教育原则,但是他在这里夸大了知识对于情感与意志的决定作用。从他的"多方面兴趣"学说出发,他为中小学规定了较为广泛的教学内容,但他的保守主义表现在他把宗教与古典人文学科列在首要地位。他分析了教学过程,企图在这基础上建立他的教学论体系。十九世纪中叶以后,他的教育学说开始在德国流行,并逐渐影响及欧美各国。这主要是由于他的保守的政治态度投合着1848年革命以后德国统治阶级的口胃;由于他的教育性教育思想以及他的道德教育体系符合于当时统治阶级加强对青年学生的思想控制的要求。其次的原因是:当时中学教育正在发展;过去的教育学面对小学,而赫尔巴特的教育学对中小学都适用。教师们从经过他的门徒炮制过的"五段教学法"中找到了处理日常教学工作的现成处方。这造成了严重的教学中的形式主义,但另一方面也促进了对课堂教学工作的方式、方法的研究。

《普通教育学》、《论世界的美的启示为教育的主要工作》、《教育学讲授纲要》等这些著作的内容集中反映了赫尔巴特关于教育目的、教育的心理学基础、多方面兴趣等观点。在这些著作中,赫尔巴特首次提出了教育学应以心理学为基础的观点,从而使教育学建立在科学的理论基础之上。他为了进一步揭示观念相互作用的规律,还提出了"意识阈"(conscious threshold)和"统觉团"(appercer－tiue mass)的概念。他以为一个观念若要由一个完全被抑制的状态进入一个现实观念的状态,便须跨过一道界线,这些界线便为"意识阈"。而任何观念要进入意识内,都必须与意识中原有观念的整体相和谐,否则就会被排斥。这个观念的整体叫做"统觉团"。他根据儿童心理活动规律,将课堂教学划分为明了、联想、系统、方法四个阶段,即著名的"形式阶段理论",从而为近代教学法的建立奠定了基础。这一理论后来被他的学生发展成"五段教学法"。他提出了多方面兴趣学说,认为人具有多方面的兴趣,教学的直接目的是培养多方丽的兴趣。与此相联系,他设计了一套内容广泛的课程体系。他首次提出"教育性教学"的概念,认为没有无教学的教育,也没有无教育的教学,从而阐明了教育与教学之间的辩证关系。此外,他还就德育、学校管理、各年龄阶段的教育、课程等提出了自己的见解。

赫尔巴特是近代教育科学的创始人,他在教学的心理学方面做出重要贡献。他作为"教师中心说的代表人"。他的理论对后世影响极大。但他过于强调教师及书本的作用,教学方法也有形式化倾向。随着现代科学的发展,他的教育理论已经完全不合时宜了。

赫尔巴特对黑格尔(Hegel)的思想非常崇敬。他曾感到不能亲自听到黑格尔的演说,是很大的遗憾。当黑格尔去世的时候,他希望能到柏林大学担任讲座,接任其位置,可惜没有成功。两年之后,他回到格廷根大学教书,一直到1841年去世,这时期作品比较少。他写了一本最实用的书称为《教育学纲要》(The Outline of Educa－toinal Doctrine)。

赫尔巴特是近代第一个试图把教育建立为一门科学的人。古代社会的柏拉图、亚里士多德,以及后来的夸美纽斯、洛克、卢梭、裴斯泰洛齐等人,都曾提出过自己的教育体系。但都没有形成科学规律的形式。赫尔巴特试图在伦理学的基础上建立教育目的论,在心理学基础上建立教育方法论;他不仅指明了教育学的研究对象,指出了它同其他学科的相互关系,而且提出了科学的术语、定义和分类。

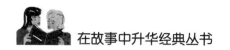

斯宾塞

生平简介

赫伯特·斯宾塞(1820～1903年),英国哲学家,出生于英国德比(Derby),是受尊敬的教育家乔治亚·斯宾塞之子。他为人所共知的就是"社会达尔文主义之父",所提出的学说把进化理论适者生存应用在社会学上尤其是教育及阶级斗争中。但是他的著作对很多课题都有贡献,包括规范、形而上学、宗教、政治、修辞、生物和心理学等等。在斯宾塞的时代存在许多著名哲学家和科学家,譬如约翰·斯图亚特·穆勒(John Stewart Mill)、汤马士·亨利·赫胥黎和查尔斯·达尔文都是当代知名的人物。他是社会进化论和社会有机体论的代表人物。

1820年4月27日出生于英国德比郡的教师家庭,1903年12月8日卒于苏塞克斯郡。幼时体弱辍学,由父亲施教,未受正规学校教育。1837～1848年担任铁路工程师。1848年任伦敦《经济学家》杂志助理编辑。1850年发表第一部著作《社会静力学》。1852年发表论文《进化的假说》,首次提出社会进化论思想。1853年他的教父去世给斯宾塞留下大笔遗产,从此潜心著书立说。

出身于教育家庭(祖父与叔父都是教育家),年幼的他被鼓励去学习。年纪很小的时候,他经常接触并对学术课本及他父亲的期刊发生兴趣。13岁时他被父亲送到巴斯(Bath)附近的小镇辛顿查特修(Hinton Charterhouse)。那里他叔父(Reverend ThomasSpencer)能够为他提供正规教育。最初因为他觉得很闷并抗拒拉丁语及希腊语的课程,所以他没有跟随叔父,甚至跑回家中。后来,从叔父身上学会并发展自己早期政治及经济理念来回应叔父的激进改革观点。1836年,叔父为他找到一份铁路的土木工程师的职位。斯宾塞在工作中的体验让他停止在行业上的追求,反而觉得上司使工人过分劳累。他更注意到他在这个时刻开始下定决心编写文章。在他22岁之后的数年不断拜访叔父,并把有关政治信件发给一些激进报纸,譬如《非规范人》(TheNoncon formist)。这是他正式开始参与传媒及社会政治纂稿。这些稿件被汇编为他的著作《政府的适当权力范围》(On The Proper Sphere of Government)。

这些早期著作显示自由主义者对工人权益及政府责任的观点,在斯宾塞的圈子内,他早已在自然定律上鼓励多些理性。1851年,他的这些观点在他的著作《社会静态学》变得越来越成熟。当中内容强调个体力量对社会的重要性,但社会无可置疑地践踏它。可是当中遗漏了他早期著作流行的对工人阶级的怜悯之心及神的伟大设计。这就是斯宾塞开始确立对文明的视角,不是人类的人为建造方式,而是自然界中人类的自然有机产物。他曾在伦敦财政报《经济学人》(The Economist)担任副编辑五年,直到1853年时才离职开始投入专业写作。及后数年,他的著作涵盖了教育、科学、铁路工业、人口爆炸及很多哲学和社会学的课题。

斯宾塞所处的时代背景,不仅是社会改革的思想浪潮逐渐形成发展的年代,而且是科学知识具体应用于人类生活方式而使之改变的一个时代。诸如1802年发明了汽船,1803年发明了火车的蒸汽机车,1837年发明了电报,1846年有了缝纫机,1876年的电话。使人类的生活面貌起了变化。这就难怪在斯宾塞的思想中,我们可以清晰地发现他对科学知识的极度偏爱。

性格独立,爱好思考,未受学校教育。无法进入高等学校求学。1837年铁路工程师。1841年回到家乡开始发表文章。1844年为了生计又回到铁路公司。1846年离开。1848年成为《经济学家》的编辑。高薪且又赋闲,广交社会名流。与赫胥黎等是终身的好友。1853年继承大笔遗产,辞职而专心著述。(英国的贵族学术传统)

1851年《社会静力学》,1852年《进化的假说》,早于达尔文的《物种起源》。1853年《心理学原理》,1867年《生物学原理》,其后几十年中《社会学原理》、《伦理学原理》、《人与国家》,生前享誉日隆。"维多利亚时代的亚理士多德"。多个博士院士头衔。1873年发表《社会学研究》,即为严复翻译的《群学肄言》。

斯宾塞的社会学理论的突出特点是将社会与生物有机体进行类比,他的社会进化论和社会有机体论都是从这种类比出发和展开的。他在达尔文《物种起源》(1859)发表前7年就提出了社会进化思想,认为进化是一个普遍规律,但仍受达尔文生物进化论的影响,并将生存竞争、自然选择的原则移植到社会理论中。认为社会的进化过程同生物进化过程一样,也是优胜劣败,适者生存。进而认为进化是一种自然过程,应遵循其自身的规律,而不应人为地干涉,反对社会福利和国家计划,也反对社会改良和社会革命。斯宾塞的社会有机体论集中反映在他的《社会学原理》第一卷中,他将社会与生物有机体进行了六项类比,得出了三个结论:①社会是一个体系,一个由相互联系的各个部分构成的紧密整体。②这个体系只能从其结构运转的意义上去理解。③体系要存在下去,它的需求就必须得到满足。这些观点开启了结构功能理论的先河。斯宾塞的思想对社会学、人类学、哲学的发展都产生了深远的影响。

1855年斯宾塞的《心理学原理》面世。它展示了思想理论是身体在生物学上的互补部分,而不是遥遥相对的部分。在这个模型中,人类智慧相对于身边环境缓慢地建立起来。这个对人类起源演变的立场疏远了保守的出版者,使斯宾塞的著作被搁置一旁。编写《心理学原理》的时候,斯宾塞曾往威尔士及法国旅游,途中他的健康转差到不能复元的地步。可能是因为长期劳累导致经常短暂睡眠,妨碍了他的漫长工作。当他责怪压力及肺功能不健全的时候,数年来的健康使他依赖吗啡及鸦片。

尽管疲倦不断增加,斯宾塞继续写作。1858年,他开始了一个涵盖他整个演变哲学和法律进展的大项目。他希望慢慢增加出版量以便能维护他长时期的生计,但他再也无法透过定期发表稿件来巩固任何出版者的关系。幸运的斯宾塞在这期间得到英国的知识分子的爱戴,并且得到了他理论著作的私人订购名单,资助了他的生活和工作上的开支。在众多知识分子当中,包括受人尊敬的英国哲学家汤马士·亨利·赫胥黎,他介绍斯宾塞加入"X会所",那是云集一些受人尊敬的思想家的晚膳会所,其中一些思想家后来成为皇家学会的主席。会员包括:哲学家约翰·道耳、银行家、考古学家约翰·鲁布克爵士、查尔斯·达尔文等等。透过这个组织,斯宾塞才能在科学家圈子中心出现,并保障他的评论得到了有力的听众。

1862年,斯宾塞出版《第一项原则》。它是现实中所有领域的根本准则的演变理论的展示。正是他早期理论的基础信念。根据他的定义,演变是个不断延续的过程,事物不断改进为复杂和连贯的形式。这是斯宾塞哲学的主要论点,是演变的一个已发展连贯架构的定义。在这一刻,他获得国际声誉及高度尊敬。他对人类立足于自然界的观点是非常有影响力并得到了广泛认同。特别要指出一点,当他对各个科学有兴趣的时候,他从未专注在一个领域内进行研究,并很少参加科学实验或调查。可能是因为他拥有丰富学识及很少专攻一科。这使他的观点及著作容易理解并受到欢迎。他在"X会所"里被称为"详尽的斯宾塞",是因为他对课题钻研深度的缘故。

60岁的斯宾塞健康非常差。1882年,他打破自己不去教堂的惯例出席了查尔斯·达尔文的丧礼。1902年,他被提名竞逐诺贝尔文学奖。他一生都投入写作。享年 83 岁。

教育思想

斯宾塞在他的《教育论》中提出了"为完满生活做准备"的教育目的。斯宾塞认为,生活应当是教育价值的核心,教育的目的应当围绕"完满生活"展开,他指出"如何经营完美的生活",乃是教育所应完成的功能。这里所说的"完满生活"不仅包括物质条件,还包括怎样对待自己的身体,怎样处理教育后代,怎样合理利用自然资源而增进人类幸福等广阔内容。斯宾塞把"完满生活"具体化,把"生活"理解为具体的实在的活动,使教育目的论从哲学的玄妙走向具体的生活。斯宾塞认为,传统的教育目的只是徒有其表的装饰,与实际生活脱离。学生所学的是华而不实的东西,"那些受人称赞的知识总放在第一位,而那些增进个人福利的知识倒放在第二位。"斯宾塞不无讽刺地指出这种"装饰先于实用"的教育"比起野蛮人在琢牙齿和涂指甲时所考虑的实在多不了多少"。反观我国当前的教育目的,我们所提倡全面发展和个性的自由发展依然还在面上,教师学生依然对教育幸福生活疲倦而茫然。

地位影响

他一生的著作吸引很多读者。1869 年他便可以依靠著作的收入维生。他的著作被翻译了多国语言的版本,譬如:德语、意大利语、西班牙语、法语、俄罗斯语、日语、中文,并在欧洲、北美等地获得了很多荣誉。他的哲学证明了对政治保守派是有用的,不单是对社会阶级架构的应用,也包括社会公义概念,当中强调对本性及行为的个体责任。斯宾塞支持"平等自由定律",这是自由意志论的基本的原则。在不侵犯别人的权利下,每个个体可以根据自己的选择而做事。很多美国高等法庭的裁判官面对政府劳资惯例出现限制的时候都根据这个原则来下定论。但是不只保守派利用斯宾塞的理论来宣扬自己的观点。很多社会学家都套用他的理论来解释阶级战争。无政府主义者把它应用在个体自主的信念上。

斯宾塞对文学及修辞学也有很大影响力。他的《式样哲学》(1852 年)开创了写作上形式主义的潮流。他高度关注英语句子的各个部分的正当排列,定立有效写作的指引。斯宾塞的目标是把散文从"阻力与惯性"释放出来。读者不因吃力研讨上文下理及句子的精确意义而缓慢下来。透过这种方式作家能够达到最高沟通效率,成为修辞学上形式主义者最权威的支持。

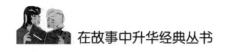

杜 威

生平简介

　　杜威(1859～1952年),近代美国教育思想家、实用主义哲学家,他对美国及世界教育思想与实施,有着深远的影响及无比的贡献。杜威不仅是二十世纪中的一位哲学家,教育家,心理学家,而且在美国国内,也是一位积极推动社会改革,倡言民主政治理想的所谓自由主义派人士,同时也是一位致力于民本主义教育思想的实践者。他的思想,不仅形成了美国继实用主义之后而兴起的实验主义(Experimentalism)哲学体系,而且也间接影响到新教育——所谓进步主义教育实施与理论的一位教育哲学家。由于他毕生从事著作、教学,受业学生分居世界各地,故其影响是他人所不能匹敌的。他的门徒胡适,是中国二十世纪上半叶的著名学者和新文化运动的一员健将。杜威出生于1859年10月20日。这一年也是英国进化论的提倡者达尔文发表其《物种起源》(Origin of Species)巨著的一年。杜威诞生在一个中产社会阶级的杂货商家中。由于杜威的家乡是新英格兰(New England)的维蒙特(Vermont)州的贝林顿(Burlington),人民生活习惯娴习于自治,崇尚自由,笃信民主制度,这些可以说是新英格兰殖民区的传统精神。

　　杜威小时候,就显得有点害羞,天资并不聪慧,但是却好学深思,手不释卷,喜爱阅读,是大家所公认的一位书虫。他十五岁从贝林顿当地的中学毕业,因为家离维蒙特大学很近,加以父母的鼓励,就进入维蒙特大学就读,在1879年完成学业。当时的维蒙特大学规模很小,那年跟杜威一起毕业的学生仅仅18人。

　　凡是在维蒙特大学就读的学生,都得研修古典语文。他们都要学习希腊文,而且每个学生都要跟维大的每一位教授学习,因为除了工科的教授之外,当时全校只有八位教授。杜威在大学的前两年修读希腊文及拉丁文,西洋古代史,解析几何及微积分。第三年开始涉猎自然科学的课程,包括地质学,动物学，进化理论；他尤其从当时英国生物学家赫胥黎的生理学教本中，获得不少的启示，特别是关于进化的理论、生物与环境的理论，使他有不少心智上的激动。在大学课程的第四年，他才更广泛地接触到人类智慧的领域；当时担任讲课的以哲学传授为主的泰锐（H. A. P. Torrey）教授，对杜威初期哲学思想的探究颇有帮助。

1879 年，杜威从维蒙特大学毕业后，极想谋得中学教职，以发展他的志趣。但因他年纪轻，加以毫无教学经验，到秋季各校已经上课，而他的职业尚毫无端倪。正在一筹莫展的时候，他接到一位在宾州南油城（South Oil City）担任中学校长的表兄来电报，请他前往任教，当时的月薪是美金 40 元；一年之后转往贝林顿自己家乡的一所乡村学校任教，并继续研读哲学史，这时他认识了哈锐士教授（W. T. Harris）。

1880 年以后，美国当时仅有的一本哲学杂志是《思辨哲学》（Speculative philosophy）哈锐士教授是该杂志的主编人。哈氏受德国哲学的影响颇深，是德国哲人黑格尔（Hegel 1770 ~ 1831）的信徒。在 1882 年，哈锐士接受了杜威第一篇哲学性的论文《唯物主义之形而上的假设》（The meta physical Assumpations of Materi - alism）。稍后，杜威又写了两篇论文，交由哈锐士发表。这三篇文章的组织及系统化的技巧很好，并不以内容见长；但是对一位青年哲学家而言，自己的论文能够刊登在全国唯一哲学学术论文的杂志上，是多么大的一种兴奋和鼓舞呢！

1882 年的秋天，杜威向约翰霍布金斯大学（The Johns Hopkins）申请教学奖助金，先后两次被拒，于是经由他大学时的泰锐教授以及哈锐士的鼓励，向他的姑姑借了 500 元美金，开始了以哲学为主的研习生涯。当时约翰霍布金斯大学校长吉尔曼（Gilman）聘请了不少哲学上卓有成就的学者；他本人对每一位研究生的学习都寄以关切，时时给予指导；而且上课时采取讨论的方法，富于思辨的气息，注重自由运思的精神，不受传统思想的约束，举行公开的辩论，凡此种种，使杜威有发展哲学见解的机会与环境。在杜威完成其博士学位后，吉尔曼曾亲自在办公室召见杜威，加以鼓励，并劝勉杜威不可过分手不释卷地孤独自处，并且给杜威留学欧洲的一笔补助费用。

此后，杜威在密西根大学（The University of Michigan）担任哲学讲师。在教学期间，有一位以前曾在约翰霍布金斯大学教过杜威半年的毛尔斯（G. S. Morris）教授让出房子给杜威夫妇居住。杜威为了感念这位恩师，把他后来所生第三个儿子取名为毛尔斯；这个孩子聪颖过人，是杜威六个子女之中最具天赋的一个,不幸却因病夭折。丧子之痛对杜威夫妇的打击很重。

1894 年,杜威出任芝加哥大学的哲学、心理学、教育系主任。在这里,他跟他的妻子创立了名闻遐迩的实验小学;并从心理发展的见地勾画出教育的各项理论。1904 年,因为实验学校的归并问题,杜威不表同意,遂辞职离去。他离开芝加哥大学时,不知何去何从。他写信给当时心理学界权威詹姆士(William James),叙述事情发生的经过,并希望获得一个教学的位置。经由詹姆士及杜威老友卡特尔(J. Mckeenl Cattel)在哥伦比亚大学的协助,为他在哥大师范学院谋得一职。

在哥伦比亚大学担任教职,是杜威的教学生涯中最长的一段时期,其间由于接触外籍学生的缘故,使他将教育的思想也能影响到世界其它各地。尾野教授是一位日本的留美学生,曾受教于杜威,获得博士学位后返回日本,担任东京帝大教授,促成了 1918 年杜威在日本东京帝大的讲学。我国学人蒋梦麟先生也曾在美国受教于杜威,就近邀请杜威于日本讲学完毕之后来华讲学。1919 年,杜威曾先后在北京、南京、杭州、上海、广州等地讲学,由胡适先生担任讲学的翻译,把民主与科学的思想直接播种在中国。1928 年,杜威曾经去了苏联;并到过土耳其,协助土国教育之改革;又到过南非、墨西哥等地。杜威在哥伦比亚大学任教 26 年才退休,退休之后仍从事著作,并热心于民本主义之阐扬。

杜威是一个比较倾向于自由派的教育家,不向权威低头。在他的鼓励下,美国大学教师于 1914 年组织了全美大学教授联合会(TheAmetican Association of University professors),四年之后又在纽约组织了纽约教师联合会(The New York Teachers U－nion),作为维护教师权益的一个有力组织,不仅维护了教师的权利,而且积极地争取教育专业化的实现。

杜威曾在 87 岁时再婚一次。他与人合作的《认知与所知》(Knowing and the Known)在他 90 岁的时候出版。他一生孜孜不倦的为学精神委实令人敬佩。他 93 岁时(公元 1952 年)因肺炎去世,当时身体并不羸弱,心智情况尚佳。

教育思想

教育理论

杜威的哲学思想,既然是以实验主义哲学为其基干,所以在教育的理论上,也就有了不同的看法。教育在本质上,就是社会维系其存在与发展的一种历程,但是,教育在形式上,却不应孤立于社会生存与发展的环境之外,这一基本的认识,可以概括了杜威整个教育与社会之间关系的确定。教育是跟社会一并发展的,是不能离开社会的情境的。而一个社会具体存在的特征,乃是显现在社会生活的历程上。社会的生活,是一种发展的历程,是一种绵延不绝的历程;在杜威的基本信念中,一个理想的社会,就是一个民主政治制度的社会;充分的思想自由,不加限制地沟通观念,公意的形成与确定,实是一个民主政治社会的基本精神所在。在《民本主义与教育》一书中,杜威虽然从教育的历程上,否定教育历程之外在的教育目的,但是民主社会却是杜威讨论其教育思想时,一个内涵的教育目的,也是他谈论教育思想的一个先决条件,这一点是不容置疑的。

教育是一个社会在其发展与存在之中所不可或缺的一种历程;教育自身就是一种历程,而不能把教育当作一种方式或把教育当作一种获得的成果。从存在于社会环境中的个人来讲,个人始终是与其所处的环境交互活动的一个有机体;个体经验的成长与发展,是不能离开社会环境的。不过就教育的定义来说,杜威还是偏重在个人方面,因为他认为教育是经验的重组过程,经由渐增的个人效能的媒介,而赋予更多的社会化价值。

杜威不给教育加上一些外在的目的,乃是确认教育所产生的经验情境是一个不确定的、变动的经验情境,由个体与环境连续不断交互作用的一种历程;外在、预定的目的,不一定就符合了现实经验情境的需求,也不一定就能贴切于当时的经验情境。所以杜威曾一度提出《教育无目的论》,他以为教育除了自身的情境是产生目的的必要条件之外,经验的成长本身或经验的重组本身,就是教育的目的。

杜威所诟病的传统教育,乃是错把教育的历程看成一种结果,误认为教育乃是为了准备未来的生活所需,使教育的意义、经验的成长成为越级的生长,对受教者的个人毫无切肤之感,于是教育的方式、内容、以及所谓的目的都是虚悬着的,教育成为生活之预备乃是极其自然而然的结果。不过,杜威在主张教育是经验的生长与重组时,并没有完全忽略经验发展的指导原则;如果没有原则加以指导,经验的生长是盲目的;如果没有指导经验发展的原则,则经验之发展是毫无实质的意义的。在后期杜威的教育著作中,都主张经验发展的道德原则及民主社会制度之规范原则。

教育是经验成长及重组的历程,此历程有两个基本的因素,一个是个人的心理因素,另一个是围绕在个人周遭的社会因素。从个人的心理因素来说:个体是经验生长与重组的主体,其心理的因素也就是个人的能力、兴趣、习惯,是了解与解释个人经验生长意义所不可缺少的。个人的兴趣、能力、习惯是在形

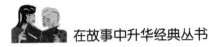

成与发展中随着经验的活动而变动的:尤其个体天赋而具有的一些对外界事物探求的兴趣,更是教育的心理基础。如儿童的谈话的兴趣(也就是观念的沟通),探究的兴趣(也就是发现事物的兴趣),制造事物以及艺术化表达的兴趣,都是教育上所能加以应用的个人基本心理能力的资源,为个人经验成长与重组所依赖者。教育绝不是完全忽略了儿童既有的能力或经验,而把一些外在的、不相干的经验,烙印在儿童心灵中;教育亦绝非是一种强制的,加诸于个人经验之外在的成长。教育完全是偏重在儿童既有能力——包括学习的应用,完全是从教育"为发展而非铸造"、"为引申而非堵塞"、"为随经验内在的成长为准,而非自外界强加条件以及依外在条件而生长"的一种历程;儿童心理的条件,是教育发展上必须顾及的一项基本因素。

从社会的因素来论,个体经验的生长是浸润在社会的环境之中。个体并不是孤立于社会之外;组成社会的个体并不都是各自孤立的实体存在,而是相互关联,形成相互结合的一个机体。学校在杜威看来,并不是专门去学习知识或技能的一个场所;学校自身就是社会的一类,也可以说就是社会生活的缩影。"学校即社会","教育即生活"是两个不可分离的杜威教育哲学中的警语。

杜威对于"学校即社会"的认识,乃是基于"教育即生活历程,而学校即社会生活的一种型式"而来。学校是助长儿童经验成长的场所;是把社会经验澄清而赋予价值观的一个场所;是儿童现实生活经验的地方。同时学校也是一个促进社会进步的机构。学校不仅仅在于维持文化传统,而且是缔造、创新文化的摇篮,更是促进社会进步的社会组织。这种观念,根据杜威的女儿,在为其父亲所写的传记中,曾言及杜威在中国五四运动时期,亲眼看到了青年学生对政治改革之深远的影响力,启发了杜威对教育之社会功效,而给予一个新的估量。

传统教育与进步教育

在杜威对教育哲学的诸项影响中,恐怕没有一项比对教育思潮上形成了所谓进步教育(Progressive Education)运动来得更大了。杜威的教育思想,是倾向于反传统教育(Traditional Education)的,特别对于传统教育中的形式主义的空泛、严格的特性加以攻击。传统教育与进步教育,如果依照杜威自己在他的《经验与教育》一书的内容来分析,传统教育似乎忽略了学习者原有的能力,同时以外在的、含有压制性的习惯取代学生内在而自然的禀赋。这种教育在方式上,是由外而形成(Formation from without),非由内而发展(Development from within)。杜威在教育思想上,并不完全赞同进步教育的过分放任政策;杜威也不是一位创设该派的标奇立异者。杜威不过是一位脱离传统教育的形式与枷锁,而对传统教育加以反省性的批判,另以个体心理及其社会环境为出发点的教育思想家而已。但是进步教育的鼓吹,以及形成一些有组织的团体来积极加以推展,并不能完全由杜威来负责的;杜威只是新教育的思想渊源,但过分的滥用教育的自由,其咎却非杜威所应担当:是故一切进步教育的弊病,以及对杜威教育思想的滥用与误用,是不能责怪杜威的。杜威的教育思想,在美国教育思想上,形成了所谓进步主义(Progressivism)之后,杜威于1938年就曾经提到:在推进教育改革上,最好是以教育本身来衡量教育,而不要以什么主义为之;而且他对进步教育之偏失也有直接的批评。

前面提过,传统教育的方式,认为教育是由外而形成,用外在的教育目的与原则去指导学生的学习及教师的教学,有外在的道德目标而有待于学生去形成;学习的材料,事先已经编制妥当,组织严密,过程井然,教育就是将有组织的知识,从上一代传授给下一代;教育完全是为了将来生活的预备,而罔顾学习者的兴趣、需要、欲望及目的;学习和教学的目的完全是为了将来,而非了现在。从教学和学习的方法上来论,传统教育是偏重在如何有效地把知识或技能传授给学生,而对于学生人格之发展以及理想与信仰之建立,就顾不到了;所以在整个学习上,知识的内容是比学习的方法为着重,学习的活动几乎都是学习活动之前就已决定的,学校在社会上是处于孤立、脱节的状况。

从进步教育的观点来看,教育是由内而外的一种发展,是顾及到学习主体的心理条件的,对于学习者的兴趣、能力、欲求是兼顾的,而不是把教育看成为社会要求而准备的一种过程。学习的活动;尽量给儿童创造、表现的机会,所以在课程上,儿童有其自创的活动;在学习上、方法就较内容为重要。传统教育偏重教学的内容或学习的成果,使知识成为学习的主要目的,复诵成为唯一的学习方法,教科书也就成为唯一具有权威知识的所在了。这些都是进步教育,以方法为学习的主要目的所不会有的缺点。其次,进步教育对于学校的估量,也不同于传统教育的思想:进步教育者认为学校应该培养学生不满于现实社会环境的态度,如此才能对未来的社会环境加以改进。

地位影响

美国近代教育思想家,到目前为止,可以说尚找不出一位比杜威对于美国及世界教育思想更具有影响力的人物。杜威从美国教育的极端形式主义与严格主义的影响下,在维蒙特州新英格兰的城镇,具有民主气息的环境之中,孕育了他对当时教育实施的批判能力;同时在日后接受生物学与心理学的洗礼后,而对教育上的种种弊端。发出了深沉的呼吁,创立了新的哲学思想,作为教育理论的基础,演成了1930年的所谓进步教育运动。

许多杜威常常提出的简洁而明白的标语都成为进步教育推行时的目标所在。诸如:"教育即生长","教育即生活","教育即经验之生长与重组","学校即社会","从做中学"等等,不仅成为美国国内提倡进步教育的口号,也成为宣扬杜威教育思想于世界的口头禅。杜威的民本主义教育思想,不仅是西方世界教育与政治理想的基本纲领,而且也逐渐的波及到采取他的教育思想的各个国家。

杜威的教育思想,从初等教育阶段来论,不难发现他的理论之深具价值,这也就说明了杜威对于初等、中等教育阶段之学校设施,是产生了不少的影响。教育目的、方法、课程内容、道德教育之方法等等的变迁,都是有鉴于传统教育实施上的缺陷,经由杜威的实验主义教育哲学之提倡与实行而成为事实;教育之成为社会基本效能的认识,又重新为人所重视,使教育不再误蹈过去偏重形式的覆辙。从教育上的教学实施之重视行的问题及实际生活问题的解决,不仅充实了教育的内容,而且也顾及到受教者的需求及其兴趣与能力,引导学生经验之成长,趋向于道德的需求,突破了传统的教育形态,可以说这是杜威对美国教育最伟大的贡献。

罗　素

生平简介

伯特兰·罗素(1872～1970年)英国哲学家、数学家、社会学家,也是上世纪西方最著名、影响最大的学者和社会活动家。父母是思想激进的自由主义者,积极参加社会革命活动。祖父罗素伯爵是辉格党(自由党前身)著名政治家,在维多利亚女王时代曾两次出任首相。罗素年幼时,父母相继去世,他是在祖母照管和教育下长大的。家庭的自由主义传统和祖母的独立不羁的性格对罗素思想的形成起了决定性作用。罗素的童年很孤寂,他经常在家中荒凉失修的大花园里独自散步冥思,是大自然、书本和数学把他从孤独和绝望中拯救出来,特别是对数学的迷恋,成为他的主要兴趣。罗素一生兼有学者和社会活动家的双重身份,以追求真理和正义为终生职志。作为哲学家,他的思想大致经历了绝对唯心主义、逻辑原子论、新实在论、中立一无论等几个阶段。他的主要贡献首先是在数理逻辑方面,他由数理逻辑出发,建立起来的逻辑原子论和新实在论,使他成为现代分析哲学的创始人之一。在对真理的求索中,罗素从无门户之见,善于向各方面学习,善于自我省察,不断修改自己的观点。但他又从来不是关在书斋里不问世事的学者。从青年时代起,他就积极参加社会、政治活动,追求自由、和平。

1872 年 5 月,罗素生于英国威尔士辉格党贵族世家。

1880 年进剑桥大学三一学院学习。

1890 年考入剑桥大学三一学院学数学,后在该学院讲逻辑和数学原理。大学前三年,他专攻数学,获数学荣誉学位考试的第七名。第四年转攻哲学,获伦理科学(当时的哲学)荣誉考试第一名。

1893 年获数学荣誉学士学位一级,接着改学哲学。

1894 年获道德哲学荣誉学士学位一级。毕业后曾游学德国学经济,受马克思主义影响,回国后在伦敦大学政治和经济学院任讲师。

1895 年曾两次访问德国,研究"德国社会主义运动",同倍倍尔、李卜克内西等人交谈过。

1903 年发表《数学原理》一书,并以论文《几何学基础》获三一学院研究员职位。

1908 年当选为皇家学会会员。

1910 年任剑桥大学讲师。

1914 年又任该校三一学院研究员。同年加入工党。

1916 年重新在三一学院任教。他是亚里士多德学会会员。

1920 年来华讲学,任北京大学客座教授,时间长达一年之久,其讲稿《罗素五大讲演》曾在中国出版。罗素回国后写了《中国的问题》一书,书中讨论了中国将在 20 世纪历史中发挥的作用。

1927 年,罗素和夫人布拉克在英国彼得斯费尔德市附近创办一所私立学校,名友前希尔学校,实验他的教育理论,是当时英国的进步主义学校之一。

1935 年离婚后,布拉克独自办到 1939 年。他一直主张"自由教育"和"爱的教育"。认为教育的基本目的是品格的发展,而"活力、勇气、敏感和智慧"是形成"理想品格"的基础;并深信通过对儿童的身体、感情和智力上的"恰当的处理",可以使这些品质得到普遍的培养。

1948年11月20日,在对威斯敏斯特学校学生的一篇演说中,罗素令人震惊地指出,美国应该先发制人,用核武器彻底摧毁苏联,因为这样的后果要比苏联研制出核武器后爆发核战争好得多。但是之后罗素改变了看法,认为核武器裁军是最好的解决办法,并从此致力于核裁军运动。

1949年成为英国皇家学会的荣誉研究员。其间,他多次去美国讲学、访问和演讲。

1954年4月,针对氢弹爆破成功,罗素进一步意识到核武器将可能给人类带来的灾难,于是发表了著名的《罗素—爱因斯坦宣言》,"号召世界各政府体会并公开宣布它们的目的不能发展成世界大战,而我们号召它们,因此在解决它们之间的任何争执应该用和平手段"。除了爱因斯坦在临终前签字外,约里奥·居里、汤川秀树和李诺·鲍林等多位科学家都在宣言上签字。

1950年因积极参加世界和平运动,反对核战争获诺贝尔文学奖(获奖作品《哲学—数学—文学》)。

1961年,89岁高龄的罗素参与一个核裁军的游行后被拘禁了7天。他反对越南战争,和萨特一起于1967年5月成立了一个民间法庭(后被称为"罗素法庭"),揭露美国的战争罪行。

1964年创立罗素和平基金会。

1966年他与萨特等人组织"国际战犯审判法庭"。

1968年发表声明抗议苏联入侵捷克。

1970年抗议以色列发动中东战争。

1970年2月2日卒于梅里奥尼斯郡彭林德拉耶斯。

教育思想

对传统教育的批判

罗素对当时的教育制度深感不满。他认为,传统教育的弊端主要表现在两个方面。

第一,教育成为维护现有秩序的工具。罗素写道:"现在政府、教会和其他为它们服务的大的机关团体所办的教育,并不是本着尊敬的精神。教育上几乎从来也没有考虑到男女儿童、男女青年,而差不多老是在研究怎样在某种形式之下,可以保持现在的秩序。"他还说,几乎一切教育都有一个政治的动机,被当时的政府、宗教团体或其他社会团体所利用,而当时许多国家和社会团体正热衷于战争和竞争,践踏和平和自由,实行的是"疯人院"的政治,教育沦为这种社会制度的政治武器的结果是可悲的,毫无防御的儿童受到歪曲、压制和暗示的教育。罗素还提到,在每一个国家里,历史教学总是在赞美祖国,儿童学习和相信他们的国家永远是对的,差不多一切伟大人物都是产生于他的国家里,而且在一切方面都比其他国家优越。这种虚伪的、有偏见的知识对儿童是有害的。"事实上,受教育最多的人,他们的思想和精神生活变为萎缩是极常见的事情"。

第二,传统教育制度不利于儿童个性的自由发展。这主要反映在如下几点。

1. 传统的教学目标是产生信仰而不是思维,是强迫青年对可疑的事情持有一定的意见,而不是使他们看到可疑之点,以鼓励他们独立思考。

2. 教育者不尊重儿童的权利,忽视儿童的心理特点。"他自以为有职责来把儿童'造成'一定的形状:在想象之中把自己比作陶工,儿童是他手中的陶土。""儿童或被命令去做他们所不喜欢的事情,或被命令不去做他所喜欢的事情。若不遵命,他们会遭到肉体的惩罚,严重时还会遭到单独拘禁,只给水和面包。"这样做的结果必然造成儿童不健康的心理。

3. 传统的教学方法是注入式的,教师单纯灌输纯粹的书本知识,学生被动地接受教师的智慧。学生"没有思想的时间,也没有时间使他们智能方面的爱好得以畅所欲为,从第一次进学校起一直到离开大学为止。从头到尾,没有别的,只有一个长时期的辛苦忙碌于考试的赏赐和课本上的事实"。学生的本性被歪曲了,自由思想的愿望被教师残忍地加以阻遏。

理想的人与理想的教育

罗素认为,人的品性可分为两个部分:一部分是一些人独有的,如艺术家、科学家、庄稼汉、磨坊主等拥有与自己职业有关的独特的品性;另一部分是人人应有的。后者是人们普遍关注的。他认为,理想的人的品性应该包括活泼、勇敢、敏感、理智,它们能使人们趋向完善,是理想的品格的根据。理想的人必然具备这种理想的品格。他说:"我坚信,只要我们在身体上、情感上和智力上适当地关心青年,所有这些资质均可形成。"

罗素认为,人生的真谛是享受美好生活中的乐趣。活泼的品性能使人们从生活中感受快乐,减少痛苦。他说,活泼有助于人们增加对外界的兴趣,培养吃苦耐劳的精神和防止忌妒等,这是人人都应具有的重要品性。

勇敢是与恐惧、暴怒相对立的情感。正确的勇敢既表现在行为上，也表现在感觉上。这种勇敢的培养主要依赖于两方面因素：一是健康、活泼和应付险情的经验和技术；二是自尊心和非个人的人生观的结合。他指出，对普遍的勇敢而言，后者是更基本的东西。有自尊心的人不依他人的意见和情感为行动的依据。他们自己制定目标，而不求诸他人，也不把自己的目标强加给别人。非个人的人生观是指超越自我，对个人自身以外的任何东西感兴趣。"完全的勇敢总是属于兴趣广泛的人，这种人不是通过藐视自身，而是通过重视自身以外的东西感到他的自我只是世界的一小部分……个人的死亡乃是微不足道的事情。"这种勇敢是积极的和本能的，是完美品性的主要成分之一。

敏感对单纯的勇敢有矫正作用，它可分为情感、认识、审美三个范畴。罗素所说的敏感主要指前者。他认为，当许多种刺激都使某人产生感情时，此人便是敏感的。可取的敏感是指许多事物都能正常地引起愉快或不愉快的感觉。它分为两个阶段，第一阶段是对食物和温暖的单纯快感与对赞扬的快感。第二阶段是同情。同情又分纯自然的和扩大的两种。第二种同情是更高形式的同情，它表现在："第一，即使当受害者不是特别亲近的客体时，也感到同情；第二，当所发生的痛苦仅为耳闻，并非目睹时，也感到同情。"

罗素认为，理智比人为规定的"道德"行为更有价值。他所说的理智是指实际的知识和对知识的理解力。按照他的观点这二者是密切相关的。一方面，一个人学得越多，就容易多学；另一方面，智力通过传授知识来培养。相形之下，他更重视学习能力的发展。在理智的培养上，他强调三点。第一，要有适当的好奇心。好奇心一死，活跃的智力也就终止了。第二，要有一定的求知方法，它包括观察的习惯、相信知识、耐心、勤奋、虚心等。第三，要有勇气，敢于发表不合众意的观点。

罗素指出，人类的恶习是由教育带来的，因此，只有教育才能使我们获得与之相反的美德。"一个因由教育而拥有高度活泼、勇敢、敏感和理智的男女所组成的社会，将与过去存在的一切社会截然不同。不愉快的人必定极少。"

教育原理与方法

(一)教育原理问题

1.教育与民主的关系

首先，罗素认为，理想的教育制度必定是民主的，应该使每个人或至少使每个有能力的人都受到教育。他说："我们所应追求的未来教育制度乃是一种能使每个儿童都获得最优机会的制度。"

其次，他反对绝对地平等，主张给一些具有特殊才能的儿童提供更好的教育机会。他指出，有些儿童聪颖过人，从更高的教育中可以获得更多的益处。倘若粗暴地实行民主的原则，其结果会导致科学和教育水平下降，谁也得不到最高等的教育。另外，他还主张富人不应放弃现行社会里那种不能人人拥有的教育机会。

2. 实用教育与古典教育

教育应该传授什么类型的知识？历史上存在着两种不同的意见，即实用学科与古典学科之争。罗素认为，这种争论是不切实际的。他说："教育是达到目的的手段，而不是目的本身，教育当然应该是实用的"。但是，在以前主张实用教育的人看来，"实用"就是有助于满足身体的欲望和要求。他们极力主张的是：教育的结果应当是实用的，如受过教育的人就是懂得如何制造机器的人。如果把它作为终极目的，那无疑是错误的。主张古典教育的人认为，古典教育能给人以一种精神财富，并且在某种意义上使人变得更为出色。罗素指出，狭义的装饰教育已不符合时代要求了。

罗素还进一步分析了主张实用教育的人与反对者之间的三种争论：第一种是贵族与民主主义者之间的争论；第二种是只关心物质利益的人与只注意精神愉快的人之间的争论；第三种是认为只有非实用的知识才有内在价值和认为任何有内在价值的知识都是无用的两种观点之间的争论。他指出，任何偏执一方的观点都是不正确的。

3. 自由与纪律的关系

在处理自由与纪律的关系上，罗素认为：首先，教师要给儿童充分的自由。他对传统学校压制儿童自由的做法进行了抨击，认为传统学校中许多纪律与约束都是有害的。"我们应该把目的放在保全独立和冲动上，来代替服从和纪律。"从而促使儿童情感、理智的发展。

其次，学校不能完全没有纪律。现代教育家并非简单地废除纪律，而是通过新的办法维护纪律。这种新的纪律便是自制。这种纪律是从一个人自己的意志里发生出来的，而不是从外界的权力来的。它"对于几乎一切的成就"是必要的。

因此，他主张把自由与纪律巧妙地结合起来。但是在皮肯希尔学校，他过于强调自由，甚至有放任自流的倾向。

(二)品性教育

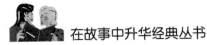

罗索认为,品性教育在6岁以前便能基本完成。6岁以后,学校不必花费很大时间和精力去考虑道德问题,只要在以前品性教育的基础上加以注意就可以了。前一阶段没涉及的其他一些美德应当在纯粹的智力教育中自然产生。品性教育主要包括以下内容:

1. 培养良好的习惯,他认为婴儿期养成的习惯很重要,因为这时养成的坏习惯会阻碍以后好习惯的养成。良好的习惯包括自娱活动。自制力和一些有规律性的生活常规等。

2. 消除恐惧心,恐惧有先天与后天的两种,教师要从小帮助儿童防止和克服恐惧心理。培养勇敢的品性。

3. 培养想象力,他认为儿童时期的本能冲动是权力欲。权力欲是儿童游戏的最主要源泉。在游戏中,权力欲表现为学习做事和想象。因此,必须重视儿童想象力的培养,他说:"扼杀儿童的幻想就是使他们成为现状的奴隶,成为拴在地上的动物,以致不能创造天堂。"

4. 发展建设本能,罗素认为人类的冲动分占有的和创造的两类。最好的生活大多数是建筑在创造的冲动上面,许多美德的萌芽是由于经历建设的快乐而产生的,根除残酷的最简单的方法是增加对建设和发展的兴趣。因此他主张充分发展儿童建设的本能,认为最好的办法是让儿童参加建设活动。儿童通过亲身体验,一方面能学会建设性的技能,另一方面知道珍惜劳动果实,不会随意破坏他人的成果。

5. 普及公平,罗素认为自私是人的本性,教育不能无视儿童的本性,因此,自我牺牲是不正确的训条。教育者应该向儿童灌输公平的观念,做到不偏不倚。

6. 养成诚实的习惯这是道德教育主要的目标之一。他认为诚实不仅表现在语言上,更应该体现在思想上。教育者一方面要以身作则,以诚待人,另一方面又不要一味责罚儿童。

7. 爱心与同情心的引导,罗素认为爱和知识是正确行为的两种主要因素。他反对教育者把爱作为一项义务强加给儿童,认为爱不能创造,只能任其自由发展。他说:"没有任何方法可以强迫孩子产生同情和爱心;唯一可靠的办法是观察自然产生这两种情况的条件,然后努力创造这些条件。"

8. 性教育,罗素主张破除对性的迷信和禁忌,在性教育中遵守两条原则:第一,要永远真实地回答问题;第二,要像对待其他知识一样对待性知识。

(三)智力教育

儿童 6 岁以后,校方应把主要精力放在纯属智力的进步上,并借此促成所需品性的进一步发展。他把 6 岁到 21～22 岁之间的教育分为三个时期。6～14 岁是普通教育时期,这一时期所设的课程是每个人都要学的,不能分专业。主要课程有:读、写、绘画、唱歌、跳舞、手工活动、文学、外语、数学、科学、古典学科等。从 14 岁开始,对中等智商以上的学生实行分专业学习。学校教育的主要课程有三类:第一类是古典学科;第二类是数学和科学;第三类是现代人文科学。18 岁以后,大部分人从事工作,少数特别有才能的人接受大学教育。在罗素教育思想中有可取的一面,也有不合理的一面。他充分肯定教育在社会改造中的作用;重视人的个性自由发展;对传统教育的弊端进行猛烈的抨击;提出了自由教育的理论、原则、方法等,有其进步性。但他在论述问题时有走向另一极端的倾向,如:过分重视教育的作用,肯定个人价值的同时忽视了社会的价值等。因此,我们应该一分为二地看待他的教育思想。

地位影响

罗素学识渊博,通晓的学科之多大概是 20 世纪学者们少有的。而且他在哲学、数学、教育学、社会学、政治学等许多领域都颇有建树。他的哲学观点多变,以善于吸取别人见解、勇于指出自己的错误和弱点而著称。早期是属于新实在主义的,晚年逐渐转向逻辑实证主义。

马卡连柯

生平简介

马卡连柯(1888～1939 年),苏联教育家,作家。是苏联早期著名的教育实践活动家和富于创新精神的教育理论家。出生于乌克兰共和国别洛波里城一个工人的家庭。17 岁开始当小学教师。十月革命胜利后,马卡连柯主要从事对流浪儿和少年违法者的教育改造工作。1905 年从小学师资训练班毕业后开始教育生涯。1905 年起担任小学教师和校长,在 15 年的教育实践中,积累了丰富的经验,奠定了他的教育思想的基础。1920 年,他被委派组织一所"少年违法者工学团"。马卡连柯大胆进行教育实践,积极探索新的教育规律,经过艰苦的工作,使数百名犯罪儿童成长为新人。1922 年,工学团改称"高尔基工学团"。1927 年,他离开了工学团,组织并领导了同一性质的"捷尔任斯基儿童劳动公社"。他进一步发展了工学团的经验,创造了在集体中把教学与现代工业生产相结合的教育形式。他在工学团的教育和公社的实践中,把三千多名走入歧途的青少年改造成为具有共产主义觉悟和一定知识技能的社会主义建设人才和先进人物,引起了国内外广泛的注意。1935 年以后,马卡连柯主要进行教育理论的总结、研究与宣传工作。其主要著作有《教育诗》、《塔上旗》、《父母必读》等。

集体主义教育是马卡连柯教育思想体系的重要方面。认为通过组织健全、合理的教育集体来教育学生,是培养社会主义新人的主要方法。指出教育任务是培养集体主义者,只有在集体中、通过集体和为了集体进行教育,才能完成培养集体主义者的任务。认为不可将学生看作受训练的材料,应视他们为社会的成员、社会活动的参加者和社会财富的创造者。指出前景教育在人的教育和儿童集体的形成与发展中具有重要作用。应不断向集体展示一个又一个前景,提出新任务,引导集体为实现新任务而努力,鼓舞集体在追求美好前景中不断前进。强调教育者对集体及集体中每个成员的教育和影响应是同时的、平行的,集体首先应成为教育工作的对象。在劳动教育问题上,他认为劳动是教育的根本因素之一,应成为集体生活的重要组成部分。提出了劳动与教育并行的原则。马卡连柯还提出了尊重和严格要求相统一的教育原则,认为对人的尊重和对人提出严格要求二者是统一的。

教育思想

论集体和集体教育原则

1. 论集体

马卡连柯认为,"教育任务就是要培养集体主义者。"而要完成这个任务,苏维埃教育所需要的第一个形式就是集体。因此,马卡连柯强调说:"公社的教育方针概括地说来就是建立合理的集体,建立集体对个人的合理影响。"

2. 论集体教育原则

(1)尊重与要求相结合原则。有人曾问马卡连柯他的教育经验的本质是什么,马卡连柯回答说,"要尽量多地要求一个人,也要尽可能地尊重一个人。"在他看来,要求与尊重是一回事。对此,他解释说:"我们对个人所提出的要求,表现了对个人的力量和可能性的尊重;而在我们的尊重里,同时也表现出我们对个人的要求。"马卡连柯认为,在集体教育过程中,要求是必须的,否则就不可能建立集体和集体纪律。他指出"要求"可以分为3个阶段:在第一个阶段,即在集体初建时期,领导者应当以"不许反对的方式"提出要求。当然领导者所提出的要求必须是合乎情理并能实现的。在第二个阶段,集体的领导者周围已出现了一批自觉维护纪律的积极分子,他们所组成的核心会用自己的要求支持教师的意见。在第三个阶段,集体本身能向其成员提出要求。这时,教师已无需要再提要求了,因为集体往往已向个人提出了过多的要求。在谈到"尊重"的时候,马卡连柯指出,"尊重并不是尊重外表的什么东西,并不是尊重脱离社会面独立存在的东西"。这是对那些参加我们的共同劳动、共同工作的同志的一种尊重,这是对活动家的一种尊重。

(2)平行教育影响原则。马卡连柯认为,集体教育过程应当遵循在集体中通过集体为集体的原则。在他看来,集体首先是教育的基础。他说:"只有当一个人长时间地参加了有合理组织的、有纪律的、坚忍不拔的和有自豪感的那种集体生活的时候,性格才能培养起来。"其次,集体是教育的手段。他强调说,"集体是个人的教师"。教师必须通过集体来教育个人。最后,集体是教育的目的和对象。马卡连柯认为,集体与个人两者关系密切,"在苏联不可能有置身集体以外的个人"。因此,教育个人和教育集体既可以同时作为教育目的,个人和集体又可以同时作为教育对象。他说:"每当我们给个人一种影响的时候,这影响必定同时应当是结集体的一种影响。相反地,每当我们涉及集体的时候,同时也应当成为对于组成集体的每一个个人的教育。"马卡连柯后来用平行教育影响来概括他的上述思想,强调教育个人与教育集体的活动应同时进行,每一项针对集体开展的教育活动应收到既教育集体又教育个人的效果。

(3)前景教育原则。马卡连柯认为,集体的生命活力在于不停滞地前进。他说,一个自由的人类集体的生活方式就是向前行进,它的死亡的方式就是停滞。因此,马卡连柯要求教师不断地向集体提出新的奋斗目标来刺激集体的活力。这种新的目标就是前景,是人们对美好前途的希望。他强调指出,培养人,就是培养他前途的希望。这个工作方法就是建立新的前途,运用已有的前途,逐渐代之以更有价值的前途。人的生活的真正刺激是明天的快乐。因此,前景教育原则又可称为"明日欢乐论"。在马卡连柯看来,前景教育可以分为3个步骤,即近景、中景和远景。近景主要是针对还没有能力安排自己未来长远的意向和兴趣的儿童,随着儿童年龄的增长,近景将逐渐让位给中景和远景。无论是近景、中景还是远景的实现,都应当起到激励学生努力学习和工作的作用,防止享乐主义情绪的产生。

论集体的作风和纪律

1 集体的作风

马卡连柯十分重视集体作风的培养。他说:"如果没有也不去培养一定的共同的作风,那么,这一切外部行为的准则就毫无意义了。"在马卡连柯看来,作风主要表现为5个特点:第一,集体应当朝气蓬勃。集体应当充满"强烈的快活情绪",其表现形式为朝气蓬勃和行动的决心。这也是集体成员对集体和自己的将来充满自信和自豪的表现。第二,集体成员之间应当团结和睦。在内部关系上,集体成员之间可以互相批评,甚至可以互相"压制",但在外人面前,集体成员应互相保护,不让同伴承受任何苦恼和羞辱。第三,集体成员应当具有坚定不移地主持正义的观念,在集体中恃强凌弱者应当受到处罚,弱者应当得到必要的保护。第四,集体成员要具有积极性,随时准备去从事有条有理的,讲究实效的活动或文化娱乐活动,克服空间与材料方面的困难,并且热爱这样的活动,热爱与困难作斗争。第五,集体成员应当养成"抑制的习惯","抑制的特殊形式就是礼貌"。

2. 集体的纪律

马卡连柯认为,纪律既是集体教育的结果,也是集体教育的手段。在他看来,社会主义社会的纪律与旧社会纪律的区别在于,社会主义社会的纪律"应当伴随着自觉",永远应该是自觉的纪律。马卡连柯强调说:"所谓有纪律,正是一个人能够愉快地去做自己不喜欢的事情。"

论教师集体和家庭中的集体教育

马卡连柯认为,没有一个良好的教师集体是培养不出良好的学生集体的。他说凡是教师没有集合成一个集体的地方,凡是集体没有统一的工作计划,没有一致的步调,没有一致的准确的对待儿童的方法的地方,那里就不会有任何的教育过程。

如果有5个能力较弱的教师团结在一个集体里,受着一种思想、一种原则、一种作风的鼓舞,能齐心一致地工作的话,那就要比10个随心所欲地单独工作的优秀教师要好得多。鉴于教师集体的重要性,马卡连柯研究了如何建设教师集体的问题。在他看来,建设教师集体应当注意4个方面,第一,教师集体应当是一个合理的组织,而不是偶然的集合体。在组织教师集体时,要注意教师的年龄和性别结构以及教师的性格和业务能力等因素。第二,教师集体应当有明确的教育目标和坚定的政治信念。第三,教师集体要团结,行动要一致。第四,教师集体和学生集体要建立密切的联系。教师集体和儿童集体并不是两个集体,而是一个集体,而且是一个教育集体。

家庭中的集体教育也是马卡连柯探讨的一个重要问题。为了家庭中进行集体教育,马卡连柯提了以下建议:第一,要尽早地让儿童知识父亲和母亲在什么地方工作,做什么工作,这种工作是如何的困难,需要付出多大的努力,取得了什么成就;第二,要让儿童及早明白家庭预算,知道父亲和母亲的工资,第三,要使富裕家庭的孩子明白家庭的富裕没有任何值得炫耀的地方,使经济困难家庭的孩子不羡慕其他家庭,并养成坚忍精神。此外,马卡连柯还要求家庭能够培养孩子的诚实、关心他人、节约、责任感等品质。

地位影响

马卡连柯的教育思想一体,脉络分明。他具有独创性的教育理论,是从他创造性的教育总结出来的。虽然教育对象具有明显的特殊性,但他所提炼的教育理论仍不失具有普遍的指导意义。

纵观马卡连柯的一生,他的"得意之作"莫过于把数以千计的流浪儿和违法青年少再教育成为真正的新人。这是一个前无古人的创举,在具有剥削制度的社会里是无法想象的,但在新生的苏维埃政权下却变成了现实。这项事业一方面促进了时局的稳定,并为国家输送了一批有用人才;另一方面他也从中提取了许多有价值的教育经验,极大地丰富了教育理论,特别是他有关集体教育、纪律教育和劳动教育的独到见解和主张,引起了多方人士的兴趣,受到了各方面的重视。

马卡连柯的教育著作多采用形象逼真的文学手法,可读性极强,吸引力极大,为后人所瞩目,这也是他的教育思想得以广泛流传的原因之一。

附录:教育的目的

本文最先是由《消息报》发表的(1937年8月28日),以后收入《马卡连柯全集》第五卷,但做了一些删节。马卡连柯在本文中着重论述了教育方法与目的的一致性;根据苏联社会性质,通过集体进行教育,将学生培养成"社会主义

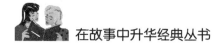

集体的成员"的必要性。

在教育学理论中,最可怪的是教育工作的目的几乎变成被遗忘了的范畴。在最近召开的全俄罗斯教育科学会议上,对于教育目的却一字不提。好像科学的教育学与这问题无关似的。

在专门的教育学论文里,不容许只谈论一些教育的理想,只有在哲学论文里这样做才是合适的。对教育学理论家的要求不是解决理想问题,而是解决达到这个理想的方法问题。这就是说,教育学应当研究教育目的和达到这个目的的方法,这是一个极为复杂的问题。

我们同样不可以只关心新生一代的职业教育。我们也应当考虑在工人阶级专政的时代,在建成没有阶级的社会的时期,如何来培养苏维埃国家所需要的那种类型的品行、性格和个人品质。

我们在这个问题上是怎样的情形呢?

革命初期,我们的教育界的著作家和演说家,在西欧教育的跳板上纵身一跳,跳得很高,而且很容易地就"抓住了"像"和谐的个性"这样的理想。后来他们又用"人——共产主义者"来代替和谐的个性,同时他们在灵魂深处却以"反正都是一样的"这种现实的想法来安慰自己。又过了一年,他们把理想扩大了,宣称我们应当培养"具有充分主动精神的战士"。

无论是宣传家、学生和旁观者,一开始就都懂得,这样抽象地提出"理想"问题,反正谁也无法依据这个来检查教育工作的,所以宣传这种理想是不会有什么危险的。

教育的活动场所越来越变成了儿童学的财富,到1936年,留给教育家的极狭小的"领域"只有分科教学法了。

儿童学几乎并不隐瞒它对于我们的目的漠不关心的态度。儿童学除了注定地追随生物学和遗传学的谬论以外,从"环境和遗传"中能得出什么目的呢?

儿童学者们在玩这一套手法的时候,巧妙地保持着江湖术士的神气,但我们竖起耳朵听他们说法,不由得使人惊奇:这些人为什么这么渊博啊?其实,不仅是使人惊奇,人们还模仿呢!A. C. 布勃诺夫在他那篇载于《共产主义教育》(1936年5~6期)的文章中提到这样一个情况:科学教育学的活动家加米涅夫和平克维奇曾在普通教育学的教学大纲说明书中写道:"教材排列的方法并不受个别抽象的'目的'、'题材'、'问题'……等的支配,而是受一定年龄儿童的教育和教学的支配。"

如果年龄是教育学惟一的指导性的原则的话，那么，目的这个名词自然可以加上含有讽刺意味的引号了。但我们有权来问：为什么在我国人们突然喜欢用年龄、生物学、心理学等观点来看待新一代的教育呢？为什么对目的性这个观念这样蔑视？

　　对于这个问题可能有各种不同的答案。也许，这些原因只不过是对我们的生活和我们的目的漠不关心。但是，很可能，问题在于故意糟蹋我们的教育工作，使这个工作变成只限于个人自身的能力范围之内的冷淡而空洞的个人训练：如果这个人有能力学会读书的话，那好极了，就让他去学吧；那个人有运动的嗜好——也不坏；如果一个人没有任何的爱好的话，那正合儿童学家的口味——这是"不堪造就"的人，可以随便怎样对待他都行。

　　儿童学给社会主义建设事业最重要的方面——青年的教育工作带来了难以估计的损害。这里所指的是理论的病症，并且甚至不是理论的病症，而是为儿童学所迷惑的，以致连看见理论的真实来源的能力都丧失了的那些理论家的病症。在这个意义上，这种病症是不能使人同情的，这种病症的本质，不仅在于保留到今天的儿童学原理的数量方面，不仅在于儿童学的权威所形成的某些空白，而在于我们思想的中毒。甚至在诚恳地批评儿童学的科学思想中仍然含有儿童学的遗毒。

　　这种毒害的传染是很深的。早在革命前在实验教育学的巢穴里就开始传染上了，实验教育学的特征就是对于儿童的研究与对他的培养之间的脱节。20世纪初期，资产阶级教育学分裂成许多学派和"革新派"，它们永远在极端个人主义和不固定的、非创造性的生物学观点之间摆来摆去；当时资产阶级教育学摆出革命的科学的面孔，因为它打着跟官办学校的军事化的教育以及官样文章的虚伪作斗争的旗帜。但是，对于头脑清醒的人来说，当时就已经有根据来极度怀疑这种没有真正科学基础的"科学"。在那个时候已经可以看出它那种非常可疑的生物学倾向，这些倾向本质上就显然企图修正马克思主义对人的看法。

　　每一个作为马克思主义者的教师，都非常厌恶实验教育学以及后来的儿童学的生物学的倾向。如果有人认为我们的教师都被儿童学弄糊涂了，这种想法是毫无根据的，谁被它弄糊涂，谁就不配当教师。

　　只有在一个条件之下，就是要坚决地改变对于我们国家和社会的政治目的的漠不关心态度，我们才能够执行党关于"恢复教育学和教师的权利"这一号召。

1937 年 4 月，在全俄罗斯教育科学会议上曾有过一次专题报告："教育工作方法的原则"。在这个报告中关于教育目的讲了些什么呢，如何根据这些目的找到教育的方法？

听了这个报告使人觉得，好像教育目的是报告人和听众早已熟悉了的，只要谈谈达到这些目的的方法和手段就够了。只是为了作一个与其余的叙述部分显然有别的郑重其事的总结，报告人才宣称：

"它们（诸项原则）的基础，就是共产主义方向性这一原则，这是具有普遍指导意义的辩证的教育原则，因为它能够决定整个教育工作的内容、方法和组织。"而在结尾说："这个原则要求教师在工作中具有党性、政治警惕性，对于教育目的、手段和条件的深刻了解。"

在以前的教育学论著中，所遇见的也正是这样的结论。对于教师永远要求他们具有高度完善的修养，理论家总是喜欢说"教师应当"这几个字。而理论家本身的义务是什么呢？他本身对于"目的、手段和条件"有"深刻的了解"吗？也许有的，但为什么在这样的情形之下他要把自己的财富秘而不宣呢？为什么他不把自己渊博的学问公诸听众呢？为什么他有时只在"快要落幕的时候"才朗诵似的说一些什么目的和条件呢？为什么报告的本身却使人看不见和觉不出这些目的呢？最后，究竟到什么时候，这种理论家才不说我们的教育应当是共产主义的教育这句人所共知的话来敷衍呢？

我在我所著的《教育诗篇》里，反对教育科学所存在的一些弱点，之后，四面八方都来责难我，说我不尊重理论，说我的教育方式是手工业方式，否认科学，轻视文化遗产。在我面前就有一份向专业科学会议提出的关于教育方法的报告。在报告里没有提到任何一个学者的名字，没有引证任何一种科学的原理，没有应用任何科学逻辑的企图。这篇报告实际上是普通的家常话，是从一些处世哲学和祝福中吸取来的东西。在报告的某些地方却露出著名的德国教育家赫尔巴特的狐狸尾巴。顺便说一下，沙皇官方教育学认为他是所谓教育性的教学的倡导者。

这个报告一开头说道，我们的教育虽然有所改进，但我们还有缺点。这些缺点是：

1. 在教师的教育工作组织中，没有可靠的制度和一贯性；
2. 教育工作做得不经常，多半是当学生犯了个别过错时才偶然进行几次；
3. 在教育工作的组织中，常有与教育脱节的现象；
4. 儿童的教育、教学与领导的脱节；

5. 有漠不关心的现象。

如果我们在这些缺点上再加上一种缺点,即:对这种没有系统和没有一贯性的、偶然存在的、有许多"脱节"和"漠不关心现象"的教育工作朝什么方向、朝什么目的"进行"这一问题模糊不清,那么,不夸张地说,这些缺点就非常令人吃惊了。

作者承认:"教育工作实际上带有预防性质,在于跟学生不良的行为表现作斗争,也就是说实际上是在实现小资产阶级的自由教育理论的一个提纲。""……在这种情况下,只有在学生犯了过错之后,教师的教育才开始发生作用。"

这样说来,我们只有羡慕那些犯错误的儿童。他们毕竟还能受到教育。作者似乎并不怀疑,对他们进行了正确的教育。我却愿意知道怎样来教育他们,对他们的教育是受什么样的目的支配的。至于没有犯错误的儿童的教育工作,就不知道"进行"到何处去了。

在报告时,报告人用了四分之三的时间叙述缺点,然后才提出自己的正面主张。这个正面的主张是四平八稳的:

"教育儿童,这就是说培养他们的优良品质(诚实、正直、诚恳、责任心、守纪律、爱学习、社会主义的劳动态度、苏维埃爱国主义及其他),并在这个基础上纠正他们的缺点。"

这个可爱的"科学的"清单中的一切都使我不胜狂喜。使我最喜欢的是"及其他"。因为在这些"优良品质"的前面是"苏维埃爱国主义",所以就能够指望"及其他"也是不坏的。可是这些概念是多么的微妙啊:一方面是"诚实",另一方面是"诚恳"而"正直",被那棉花似的美德包将起来填在两者之间。真是堂哉皇哉!当然,在最初的时候,有哪个读者听见连"爱"都没有被忘记而不感激涕零呢,当然啰,第一步是"爱学习"。再请大家看一看"守纪律"这一条是费多大劲才写出来的吧。要知道这一条是郑重其事地写出来的,因为在它前面是"责任心"。

不过宣言是一回事,而日常的工作是另一回事。在宣言中是共产主义教育,但在个别的场合,则是受了儿童学毫无生气的宿命论所毒害得一塌糊涂的玩物。

请看这就是去年《共产主义教育》杂志第三期"问答"栏里对涅姆琴科同志的解答:

"当儿童或者少年们犯了校规或者做了学校所不许做的事而必须与他们谈话的时候,谈话必须心平气和。应当使儿童感觉到,即使教师采用训育办法也绝不是出于恶意,使儿童不把这看成报复行为,而只是看作教师为了儿童的利益来履行职责。"

这样忠告的目的何在呢?为什么教师应当装成神情冷淡的训导员那样,用"平静的"声音来教训学生呢?谁不知道,正是这种除了"职务"以外心灵空虚得一无所有的教师才最能引起儿童的反感,他们的"平静的"语气使人产生最可憎的印象呢?用这种冷淡的态度来对待学生,可能培养出什么样的优良的个人品质呢?

给波兹尼亚科夫同志的回答就更有趣了。在这个回答里用十分柔和的色彩来描写教员发现学生偷了同学3卢布的事件。教师没有把他的发现告诉任何人,他只是单独地与偷钱的学生谈话。"班里没有一个学生晓得是谁偷了钱,并且连被偷的女孩子也不晓得。"根据"问答栏"的说法,犯了偷窃行为的学生,从那时候起就勤勉地学习和很好地遵守纪律。"问答栏"赞叹说:"你用同情的态度对待他,没有使他在全班的面前受到耻辱,没有告诉他的父亲,因而这孩子对你的同情是很感激的……要知道没有必要用偷钱的学生的行为来教育你班上的学生,如要这样就会使这个孩子遭受痛苦的内心创伤。"

为了要弄清这种"慈悲的"教育方法距离共产主义教育究竟多么远,值得对它讨论一番。首先要指出,类似这样"同情"的伎俩,在任何的资产阶级学校中,都是有的,而这在原则上是跟我们没有任何共同点的。这是一个教师、一个学生面对面地单独进行道德教育的一个平常例子。"问答栏"断定说,这样就是进行了良好的教育。也许是的,但这是什么样的教育呢?

我们来看一看那个犯了偷窃行为而向集体隐瞒的孩子吧。据"问答栏"的意见,这孩子"感激这种同情"有极其重要的意义。是不是这样呢?这孩子当时会这样想:他不受集体舆论的制裁,对他有决定意义的是教师的基督教式的宽恕。他没有体验到自己对集体的责任,他的道德是在同教师个别算账的方式中开始形成的。这不是我们的道德。这孩子在自己的一生会遇到许多人。难道他的德性也将建立在与这些人们的观点的偶然结合上吗?如果他遇到托洛茨基分子的话,他将拿出什么方法来抗拒这种遭遇呢?孤独意识的道德最多不过是"善良的"人的道德,而多半却是两面派的道德。

但这不只是关系一个儿童的问题。还有全班,就是说,还有一个集体,犯了偷窃行为的人是这个集体中的一分子。按"问答栏"的意见,"没有必要用这个儿童的行为来教育全班学生"。这是很奇怪的事。为什么没有必要呢?

在集体中发生了偷窃,而教师认为对这样的事不动员舆论也能对付。他叫全班去随便猜想,随便怀疑某一个人偷盗,归根结底,教师是在班里培养学生对于这类事件完全漠不关心的态度;试问我们的学生将从什么地方获取与集体的敌人作斗争的经验呢? 他们将从什么地方获得这种热情和警惕的经验呢? 怎样使集体学会监督个人呢?

如果教师把偷窃的事件交给集体去审查,我甚至建议交给集体去解决,那时候每一个学生必定积极地参加集体的斗争,那时教师就有可能在全班学生面前展开一幅富有道德意义的图画,使儿童认识正当行为的优良榜样。每个学生在解决问题和进行谴责时都体验到某些情感,从而他就得到道德生活的经验。只有在这样的集体生活中才可能有真正的共产主义教育。只有在这种情况之下,整个集体和每一个学生才能感觉到集体的力量,确信它的正确,才能以自己的守纪律和诚实而自豪。自然,要采用这样的办法,教师必须有很大的机敏性和很高的技巧。

通过这极其表面的分析我们逐步确信:我们的教育活动,在个别的情形下不是朝着共产主义个性发展,而是朝着另一个方向发展。因此我们在培养个性、培养新人的个人细节的时候,应当高度地谨慎并且要具有敏锐的政治敏感性。这种政治敏感性是我们的教育熟巧的首要特征。

此外,我们应当永远记住一个非常重要的情况。人,作为最抽象的概念,在我们心目中无论多么完整,然而作为教育的对象来看,人毕竟是非常多种多样的材料,被我们所制成的"产品"也将是形形色色的。个人的一般品质和个别品质,在我们的设计中能够形成很错综复杂的形态。

最危险的事情就是畏惧这种复杂性和多样性。这种畏惧可能表现为两种形式:第一种形式是力图对一切的人都一视同仁,把人硬套进一个标准的模型里,培养一系列同类型的人。畏惧第二种形式是消极地跟着每一个人跑,毫无希望地企图用零零碎碎单独对付每一个人的方法来对付千千万万的学生群众。这是一种偏信"个别"处理法的病症。

这两种畏惧都不是苏维埃的,以这两种畏惧作为指导的教育学,不是我们的教育学,因为第一种畏惧使教育学接近于旧时代的官定规格,第二种畏惧使教育学接近于儿童学。

只有创造一种方法,它既是总的和统一的方法,又是使每一个单独的个人能发挥自己特点并保持自己个性的方法,这样的组织任务才无愧于我们的时代、无愧于我们的革命。如果没有早已解决了个人和集体问题的马克思主义,那么这样的任务绝不是教育学所能担得起的。

在着手解决我们局部的教育任务时,显然,我们不应卖弄小聪明。我们只应很清楚地了解新人在新社会中的地位。社会主义社会是建筑在集体的原则上面的。在这个社会里不应有孤独的个人,时而像脓泡一样的突出,时而像路边灰尘那样渺小,而应当是一个社会主义集体的成员。

在苏联不可能有置身集体以外的个人,因此就不会有与集体的命运和幸福相对立的孤独的个人命运、个人道路和个人幸福。

在社会主义社会里,这样的集体是很多的:广大的苏维埃社会团体完全是由这样的集体所组成的,但这并不是说,教师就没有责任在自己的工作中去找寻和发现完美的集体形式了。学校集体就是苏维埃儿童社会的细胞,它首先应当成为教育工作的对象。在教育单独的个人的时候,我们应当想到整个集体的教育。在实践中,这两个任务只有同时用一个共同的方法来解决才行。每当我们给个人一种影响的时候,这影响必定同时应当是给集体的一种影响。相反地,每当我们涉及集体的时候,同时也应当成为对于组成集体的每一个个人的教育。

实在说来,这些原理是众所周知的。但在我们的文献中没有对集体问题进行过认真的研究。应当有关于集体的专门研究。

应当成为我们教育的第一个目的的集体必须具有完全确定的性质,这种性质显然来自集体的社会主义性质。在这篇短短的文章里,所有这些性质,也许不能一一列举,我只举出主要的谈一谈。

1. 集体不只是用共同的目的和在共同的劳动中把人们团结起来,并且要在劳动的共同组织中把人们团结起来。这里所说的共同目的并非是在电车上或在戏院里个人目的的偶然巧合,而是整个集体的目的。在我们这里共同目的和个人目的的关系不是对立的关系,而只是整体(就是说,连我在内)与局部的关系,而这种局部一方面只是我的,同时它又以特殊的方式归纳到整体里面。

个别学生的每一行为,他的每一成功或失败,都要被看作共同事业的一种成功或失败。这种教育的逻辑应当真正地渗透在学校的日常生活里和集体的每一活动中。

2. 集体是苏维埃社会的一部分,同一切其他的集体有机地联系着。集体首先对社会负责,首先对整个国家承担义务,集体的每一个成员,只有通过集体才能参加社会。苏维埃纪律的观念就是从这里产生的。在这种情况下,每个学生都会懂得集体的利益,理解义务和荣誉的概念。只有在这样的结合中,才有可能培养个人和集体利益的协调一致,培养荣誉感,这种荣誉感与旧时代骄横的强暴者的自大截然不同。

3. 达到集体的目的,集体的共同劳动、义务和荣誉,不能够成为个人偶然任性妄为的表现。集体不是乌合之众。集体是社会的有机体,因而,它拥有管理机构和协调机构,这些机构首先负有代表集体和社会利益的责任。

集体生活的经验不只是同别人做邻为伍的经验,这是有适当目的的集体活动的复杂经验,指示、讨论、服从多数、服从同志、责任心和一致性在这些活动中占有最显著的地位。

苏联学校中教师的工作有着光明而广阔的前景。教师的使命就是建立这种模范的组织,爱护它、改进它,把它传给新的教师。这并非在两个人之间讲道德,而是机智、聪明地领导集体正常的成长。这就是教师的使命。

4. 苏维埃集体是站在全世界劳动人民统一的原则性立场上的。这不只是人们日常生活的结合,而是世界革命时期人类战线的一部分。如果我们在集体里没有体验到有历史意义的斗争的热情,那么,所有上述的集体的特性是不会表现出来的。集体一切其他的品质,也应当结合这种思想来培养。集体随时随地都应当是我们斗争的榜样,它应当永远感觉到在它的前面有领导它走向真正幸福的共产党。

从这些关于集体的原理中,就产生了个人发展的一切细节。在我们学校里,我们应当培养出精力充沛的和有思想的社会主义社会的成员,他们任何时候都能在自己生活中毫不动摇地为个人的行为找出正确的准则,同时他们能够要求别人也有正确的行为。我们的学生,不论是谁,在生活中从不作为某种人格完善的体现者出现,只作为一个善良的或正直的人出现。他首先应当经常表现为不仅对自己的行为负责,而且也对同志的行为负责的集体成员和社会成员。

纪律是特别重要的,我们教育家在这方面犯的错误最多。直到现在为止,我们有人把纪律看成人的很多特性之一,有时仅仅看成一种方法,有时只看成一种形式。在肃清了一切神秘的道德基础的社会主义社会里,纪律再不是技术上的东西,而必须是道德的范畴。因此,强制性的纪律,对于我们的集体说来,是绝对背道而驰的,但是现在还有许多教育家因为某种误解,把这种强制性的纪律当作教育工作的万应灵丹。只用禁止的方法来表现的纪律是苏联学校道德教育最恶劣的方式。

在我们学校的团体中,应当有在我们党内以及在我们整个社会中所有的那种纪律,即应当有向前运动和克服困难,特别是克服存在于人们之间的那些困难的纪律。

在报纸中，很难提供长篇大论的文章论述人格教育的细则，这需要有专门的研究。显然，我们的社会和我们的革命给这种研究提供了最详尽的材料。我们的教育学，只要一放弃从儿童学得来的对于教育目的的那种惰性，必然会很快地表述出教育的目的。

在我们的实践中，在我们教师大军的日常工作中，虽然甚至现在还有儿童学的残余，但已经积极地表现出合乎目的的思想。每一个优秀的教师，每一个诚实的教师，都看见了摆在自己面前的公民教育的伟大的政治目的，并为达到这个目的而顽强地斗争。正是由于这一点，我们的造就了如此卓越的青年一代的社会—教育工作，才获得真正具有世界意义的成就。

因此，把理论思想也加进这种成就里面来，那就更适当了。

学校里学生的性格教育

这篇文章最先发表在《真理报》上（1983 年 5 月 6 日），是作者为了回答学校教师、家长和党的工作人员对《苏维埃学校里的教育问题》一文的反映而撰写的它以后被收入《马卡连柯全集》第五卷。文章强调，学校教育工作的重要内容是要"积极地、有目的地培养学生的性格"，使他们成为"社会主义社会的积极活动家"、"经过锻炼、忠于革命、愉快而又严肃的整代整代的活动家"。

3 月 23 日《真理报》上刊登的《苏维埃学校里的教育问题》这篇供讨论的文章，引起了广泛的反响。讨论这一问题的信件和文章，还在不断地收到，写信的人主要是家长、教师、党的工作者和校长。只有教育学教授，那些首先应当关心教育问题的人，却没有寄来任何一句评语。这种异常奇怪的沉默该怎样解释呢？

《教师报》对这篇文章也没有评论。关于这点，伊凡诺夫市第 40 中学化学教师伊林同志这样写道：

"《教师报》的独特做法就是不说学校中的缺点，但却就同一方面来描写一些相同的奇迹：学生 J 耍流氓，在课堂上捣乱，打同学，破坏学校财产，侮辱教师。女教师了解到他喜欢军事时，介绍他认识了一个中尉。转瞬间这个学生既在学习成绩上，也在行为上都变成了优秀生。可怜的编辑部就没有注意到，只有不走运的报刊工作者和教育人民委员部的工作人员才会满意地张着嘴听这种报道……"

重视我们学校和我们儿童前途的人们,对《苏维埃学校里的教育问题》这篇文章,都发表了评论,这是值得高兴的事。首先应当指出的是,这些评论反映出对教育问题有了深刻的认识,懂得我们学校的实际情况并善于对它进行分析。许多人在他们的信件里所提出的种种意见,要比教育杂志里的许多文章更合乎道理,更具有苏维埃的智慧。

根据这些信件,可以直截了当地肯定说,在我们的社会里,对于学校教育问题,并没有分歧的意见。大家一致认为我们的学校有做出出色工作的一切条件,认为我们的儿童都是教师们可以培养的好材料。但是,虽然有这样幸运的条件,我们学校里的教育工作,却常常是做得很不好的……

所有的写信人对学校的情况都有一致的认识,都赞同他们对学校教育提出的要求,这些要求就是:要有全校教师和学生的统一的集体,把学生过多的学校分成较小的学校,加强教育中心,向学生提出坚定不移的要求,培养学生的意志和责任感,要有固定的生活制度和纪律,要有惩罚制度,要使学校里的舆论起积极作用,要使学校和国家社会生活有更多的联系。

在这些信件里,对于学校教育工作的个别细节,提出了很多有价值的意见,我不可能在这篇文章里详细地叙述它们。其中,有的人指出在争取优良成绩方面所发生的许多明显的偏向,这些偏向是:在竞赛思想上存在有麻木不仁的官僚主义,一味地追求数字和报表。其结果,就成为欺骗行为得到发展和学生及整个班级学风日益不正的起因。

另一些人指出,对儿童学的恐惧有时显得荒谬:否认儿童有懒惰的可能,害怕说研究儿童,忽视某些儿童实际上只有中等能力或能力不高的事实,甚至于不允许有这样的想法:在某些情况下,让儿童留级是有益的也是必要的。

这些意见是完全正确的。任何的工作也不像教师的工作那样需要有随机应变的灵活性。不允许对各个学生使用任何的刻板公式。当然,这完全不是说学校应当变成一种"个别对待"的涣散的集合体,像我们现在常常看到的那样,没有任何东西联系着。争取成为模范的苏维埃学校,不应当是争取死板不变的"绝对方法",而应当是争取在我们的学校里树立真正的苏维埃作风。

不管多么令人失望,却不得不承认,我们的教育思想直到现在还没有想到把斯大林同志关于革命胆略和工作中求实精神相结合的著名的公式应用到学校工作中。

我同意对《真理报》那篇文章发表评论的许多人的意见,可以肯定地说,在我们的每一种教育活动里,在我们的各种组织措施里,充分而又彻底地贯彻斯大林同志这一纲领性的原则,就能使我们把我国学校提高到资产阶级学校的任何革新所不可能达到的那种高度上去。

"俄国人的革命胆略是能消除顽固习气、守旧思想、保守主义、思想停滞和盲从老旧传统态度的一种消毒剂。俄国人的革命胆略是一种兴奋的力量,它能唤起思想,推动前进,破坏旧物,开展前途。没有它,便不能前进一步。"

斯大林同志指出:如果不把革命胆略和工作中的求实精神结合起来,那么,革命胆略就可能堕落为空洞的"革命的"马尼洛夫精神……

我们可以确信,正是在我们的教育领域里,可以找到这种马尼洛夫精神的许多实例。

俄国人的革命胆略,应当使我国学校不同于任何其他国家的学校。我们的对人的态度,拟定教育工作必须达到的伟大目标,进行社会主义的人道主义教育,培养社会主义社会的积极活动家,培养出经过锻炼、忠于革命、愉快而又严肃的整代整代的活动家,要进行这些工作,难道没有革命胆略就能够达到目的吗?

在我们的教育工作中,还存在着许多缺点:不够严肃认真,不够坚定有力,没有合理的根据,没有明确的目的,工作细节还不尽合乎逻辑。正因为此,当时曾"幻想杜撰"式地想出了这样空洞有害的公式:"惩罚培养奴隶"。可是,谁也没有在实际工作中检查过这个公式究竟对不对。其实,能培养出奴隶来的恰恰不是惩罚,而是任性妄为和毫无节制的专横无礼,这种态度会使我们的某些教师培养出流氓无赖来。

关于惩罚问题,许多教师认为是一个最困难的问题。它所以显得困难,是因为一提到惩罚就会令人想起旧时代的学校,而关于惩罚方面的新的经验我们又没有。

一方面,要坚决抛弃在惩罚问题上的一切恐惧心理,另一方面,又要坚决抛弃以某种形式沿袭沙皇时代学校旧作风的一切企图。那时候,只要一提到惩罚,就会使听到的人毛骨悚然,胆战心惊。

有些人顶多是同意学校里采用惩罚是合适的,但同时就会加上许多注解,结果实际上还是与不赞成采用惩罚一样:只有在极其例外的情形下需要惩罚学生,99%的学生是不能惩罚的,因为他们已经够好的了,并且,目前我们已经是有惩罚的,例如,批评、警告、请家长来谈话,等等。

最后的说法是正确的,但是,有时候是在一种意想不到的情形下才是这样。现在摘几段读者的来信看看:

紧急通知家长到学校里来,对他说:"你的儿子是个无赖,玩钢笔尖,拉女孩子的辫子,必须开除。"

不幸的家长回家去了,满脸阴沉。

过了几天以后家长又来问:"喂!我的儿子现在怎么样?"

"很不错,现在已经安静了。"家长附在教师的耳朵上,报告了他的"教导"情况。

教师不好意思地笑了。于是,一切都没有问题了(鄂木斯克市,布拉齐克)。

老实说,只是对破坏秩序的学生才存在不惩罚制度,而对好学生我们却毫不犹豫地借落后学生的手十分粗暴地(吐唾沫、推撞、辱骂、制造不能进行正常学习的条件、喧哗、叫嚣、上课时骂街,等等),而且毫无理由地,在找不到任何过错的情况下加以惩罚。然而,马尼洛夫式的教师却不愿意看到这一点(伊凡诺夫市,B. 伊林)。

我的女儿每学季的成绩都是很好的,已经连续四年了。但是,今年有的男同学常使她苦恼,常常对她"友好地"打打闹闹,这使我很感不安。我和教师、教导主任谈过以后,他们对我说:"既然你女儿是优秀学生,那你就白白地担心了(喀山铁路亚那乌尔车站,季莫欣)。"

换句话说,如果学校里没有惩罚,就必然会使一部分学生失去保障。难道这种情况就是无法解决的难题吗?

其实,我们可以拟定一些影响学生的措施,这些措施同时也就是一种惩罚,例如单独地批评,在班上批评,在学校全体大会上批评,学校发布命令提出警告,收回学生证,等等。

惩罚是一件非常细致的事情,不能够把它交给每一个教师。因此,只有校长才能有惩罚权。当然,对校长来说,这个担子是很重的。但是,这一条规章本身所具有的权威性,无疑是很有益的。一般地说,在惩罚以前,不应当对学生使用压制手段,需要的是跟有过失的学生单独谈话,在其他的同学在场时与他谈话,要求他在全体大会上作解释,不过,在全体大会上只应以判定某一学生是不是有过失为限。

确定整个惩罚制度的基本原则,就是要尽可能多地尊重一个人,也要尽可能多地要求他。

如果不能保证有合理的集体组织(各部分间明确的相互关系,校长的坚定意志、舆论、自治机构的积极工作和校外活动等），如果学生不以自己的学校而自豪，不爱护学校的良好名誉，那么，任何一种惩罚制度也不会带来好处，当然，这是无须证明的。成功的秘诀不在惩罚而正在这里，但是，在惩罚中要能体现出对学生的要求。

只有遵守这一切条件，我们的工作才能得到充分的发展，我们工作的内容就是要积极地、有目的地培养学生的性格。

以布尔什维克的精神来帮助教师从事培养千百万苏维埃学生的性格的工作，是各教育人民委员部，首先是俄罗斯苏维埃联邦社会主义共和国教育人民委员部和苏联列宁共产主义青年团中央委员会必须承担的义务，而这两个机构，对于儿童和青年的教育问题，目前仍然还研究得很不够。

社会主义国家的儿童

马卡连柯的这篇文章是在1939年初为纽约国际展览会苏联展览馆写的，同年，印成了英文单行本，以后收入《马卡连柯文集》第七卷。马卡连柯利用大量统计数字进行今昔对比，令人信服地说明了社会主义国家对儿童全面发展的关怀和苏联在短短22年中在国民教育方面取得的辉煌成就。

我在革命前就做小学教师，今天仍然从事教孩子的工作。近二十年来，居住在前俄罗斯帝国领土上的人民的生活发生了巨大的变化。尤其在你开始研究儿童情况的时候，自然就会想对比一下今昔的一些数字指标。可是新旧之间的差别这样大，往往使你失去了理解这些统计和对比的思考能力。譬如，我们如果说最近二十年内农村地区的中学数增加了19000％！那么这种统计对比已经超过了我们的想象能力。

全世界都知道，沙皇制度使幼年儿童过着不堪忍受的生活。如果在文化方面我国那时落后于其他国家的话，那么，儿童死亡率之高是无法与之相比拟的。造成死亡率高的原因是绝大多数居民的极低的生活水平，对城市工人的残酷剥削，农村地区农民的骇人听闻的贫困以及利用未成年儿童做力不能及的工作。

现在情况根本改变了。同1913年相比，苏联的国民收入增加了四倍。由于消灭了剥削阶级，全部国民收入都成了人民的财富，人民的生活水平在逐年提高。不管工业的大规模增长和对劳动力的大量需要，苏联法律禁止雇用14岁以下的童工。在矿山和其他对健康有害的生产单位还禁止17岁以下的少年参加劳动。14岁到16岁的儿童只有得到劳动监察员的允许才能参加工作。他们在经验丰富的教导员的指导下每天工作四小时。这就是你从来看不到苏联少年有丝毫因疲倦而受苦的原因。你们永远看不到被力不胜任的劳动所折磨的儿童。

这当然并不是说在苏联要把儿童培养成为不负责任的人或懒汉。恰恰相反,我们向我们的儿童提出了很高的要求:我们要求他们在学校里好好学习,我们要求他们的身体不断发展,要求他们成长为值得尊敬的苏联公民,要求他们知道国内发生了什么事情,我们的社会争取的是什么,在生活的哪些方面卓有成效,在哪些方面还是落后的。我们促进儿童的一般发展和政治发展,帮助他们成为积极的、自觉遵守纪律的人。但是我们没有丝毫理由对他们施用体罚或使他们受到丝毫痛苦。我们的儿童因为感觉到我们随时在热爱、留心和关怀他们,所以能意识到他们的责任,并且由于在道义上心悦诚服,从而能高高兴兴地来担负这些责任。

我们的儿童看到:他们所做的一切不仅是为了使长辈满意,也是为了自身和我们祖国的整个未来。一切阿谀和奉承对苏联儿童都是格格不入的。他们没有必要在决定他们命运的长官面前低声下气。

在我国,依赖他人的感觉,依赖主人、雇主、工长的感觉,不仅对儿童,就是对成人也是陌生的这种感觉早就被遗忘了,早已一去不复返了。我们的儿童比任何其他社会的儿童都好些,他们呼吸着自己的社会主义祖国的新鲜空气。这就说明了他们为什么能自由地学习、发展和为将来而作准备。这就说明他们为什么坚信自己的将来,热爱自己的祖国,努力做一个值得尊敬的苏联公民和爱国志士。

他们从自己的父母和周围一切人的榜样中看到,在他们面前敞开了一切活动场所和所有的道路,并且看到,他们的成功完全决定于他们在学校学习时的勤勉和诚实的努力。

在苏联的中小学毕业生面前敞开了从事所有职业和专业的道路,他们有权利和机会选择任何专业和职业。没有任何不能克服的困难阻挡他们进行选择。想进高等学校的男女青年都知道,如有必要,他们可以到另一座城市里去,不必关心住宿和饮食,因为每一所高等学校都有宿舍,每个学生都有权得到国家的津贴,不管他有没有父母。但是自由并不是我国儿童由于苏维埃社会制度所固有的条件而享受到的惟一成果。这些条件刺激着学校里目标明确的工作,并且培养着对将来的信心。

早在苏维埃政权的头几年,工农政府就已经勇敢地担当起对千百万个由于

1914年的第一次世界大战和1918—1921年的武装干涉而出现的流浪儿童的教育工作。当年轻的苏维埃国家在全国范围内进行着战争,并对经济崩溃和笼罩着广大地区的饥饿现象进行斗争的时候,就挑起了这个担子。苏维埃政府不顾一切困难,对儿童表现了极大的关怀。在我国有很多无家可归的流浪儿童,他们失去了父母,没有亲戚和保护人,他们是一些沿着城市的街道和乡村游荡的孩子。

但是这些孩子也成长为熟练的工人和优秀的公民了。苏维埃社会不仅给了他们每个人以食宿,而且还训练和培养他们去参加正直的劳动生活。从我国消灭儿童流浪现象的时候起已经过去了许多年。在我们的工厂和机关里你们经常能遇到一些从前的流浪儿童,他们现在担任着重要的工作,并且受到了自己的同事和整个社会的尊敬。

儿童的流浪现象使我们的敌人幸灾乐祸并诬蔑我们。跟这种流浪现象进行斗争的历史证明,苏维埃社会为了儿童的福利是不惜力量和资金的,并且在做这件事的时候并没有屈辱这些儿童,而是十分尊重他们的人格。只有这一点才能说明那个非凡的事实:虽然在我们的这条战线上的斗争过程中有时发生过极大的困难,但是苏联政府一次也没有求助于体罚和儿童监狱。它宁愿采用训练与按照兴趣选择劳动的办法,它就是用这样的办法来帮助流浪儿童成为自己国家的值得尊敬的公民。

但是,消灭儿童的流浪现象的斗争只不过是21年来苏联社会对儿童进行巨大工作的一小部分。在沙皇时代,苏联的绝大多数居民都是文盲。统治阶级和国家政权丝毫不关心人民,尤其不关心儿童的现象,被看作理所当然的事。绝大多数的人甚至还没听说过儿童游戏场、幼儿园、托儿所的名称。苏维埃社会实际上必须从无到有来创办所有这些东西。

现在即使在苏联最边远的区域,居民们也亲身体验到,工农社会主义国家最关心的头一件事情就是教育儿童。建成了成千上万所学校,制订了许多民族语言的字母,出现了新的作家,为有些民族的教育工作培养了新的师资,这些民族在革命前没有文字,有的甚至还不知道纸的用途。托儿所、幼儿园、儿童俱乐部成了苏维埃生活中必不可缺的要素。在苏联没有一个人能想象出,如果没有这些机构,生活会是什么样子。

到第二个五年计划时期(1933~1937)已经为儿童建立起了864所少年宫和俱乐部、170个儿童公园和街头花园、174所儿童剧院和电影院、760个儿童技术和艺术教育中心。有一千多万儿童到这些中心来学习。从1933年到1938

年新建了 20607 所普通学校。在苏联已经实行了普及初等教育,根据第三个五年计划(1938～1942)在城市里将要实行普及中等教育,而在农村地区将要实行普及七年教育。这些数字说明,为了给苏联的儿童以幸福的生活,作出了多么大的努力。

儿童夏令营和采取各种措施组织儿童在暑假期间的休息活动就是一个惊人的例子。学年结束以后,大多数儿童都到城外去休息。儿童夏令营是由国家、工会和工矿企业举办的。苏联的每个工厂和每个机关为举办儿童夏令营都提供适当的条件和拨款。夏令营设在每个城市的郊区;在苏联的南部地区克里米亚和高加索这种夏令营特别多。1939 年在夏令营里休息的儿童将要达到140 万名。除了固定性的夏令营以外还有流动夏令营。

譬如,我自己就曾带领公社的孩子们在全国进行过七次长途行军。我们的公社拥有帐篷、露营设备和食品,我们乘火车、坐船和步行走过了几千公里。我们举行过到克里米亚、高加索、亚速海岸的行军,横穿过顿巴斯。我们在黑海和伏尔加河上航行过。我们在索奇、雅尔达、塞瓦斯托波尔和顿涅茨河岸露营过。各地居民都热情地接待我们。人们让我们参观他们的工厂、儿童教育机关和俱乐部。再没有比这种夏季行军的方法能更好地培养和教育青年了。

在中学毕业以后,苏联的男女青年不仅获得了知识,同时还能用通过会见各种人和熟悉人们的劳动和心理所得到的印象来充实自己。

即使在冬季,苏联儿童的发展也并不局限于学校的范围。在学校里的功课完毕后,他们到少年先锋队俱乐部去,这些俱乐部一年比一年完善,并逐渐变为头等的具有研究性质的儿童教育机关;他们还到儿童艺术教育中心去。如果每个学生内心燃烧着求知和创造的火花,就都能在这里得到辅导和找到有益的活动。

苏联的儿童惊人地爱好机械。在 12～16 岁的儿童中,几乎找不到对技术问题不发生兴趣或不懂得简单机械的基本原理的人。能满足对力学和技术的这种爱好的,不仅有专门为此组织起来的俱乐部,同时还有大量的儿童技术杂志和书籍。这些宝贵的读物是为年轻的苏联工业培养技术干部服务的。

在陆军和海军中,在文学、艺术和政治活动中,苏联的青年十代所跨出的每一步都在证明:在苏联,从初生的婴儿起所给予儿童的关怀已收到了丰硕的果实。

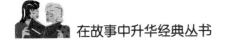

我的教育观点

这篇文章是马卡连柯于1939年3月9日在国立哈尔科夫师范学院文学教育晚会上所作的报告中的速记稿。最先发表在《国立哈尔科夫师范学院科学论丛》(1941年)上,以后收入《马卡连柯全集》第5卷。马卡连柯回答了有关教师的主导作用、用什么知识武装未来教师、纪律、性教育、教育理论与教育实践的关系和儿童课外阅读等问题。

同志们!我并不是报告家,因为我不是学者,我没有教育学方面的学术著作。我认为我只不过是一个有机会向大家来作报告的人,作为一个小小的作者来作教育学和文学的报告。因此,要请大家注意,我自己现在还没有任何肯定的结论。我和我的社员们实际上所做的事情,还只是一种经验。所以,很显然,为了可以根据这种经验作出某种确定的结论,还需要不止一次、两次地来检查这种经验。因此,我请求大家惟一注意的就是这一点。

我有自己的经验,自己的生活;你们也有自己的经验,自己的意见。今天,我们的思想要发生一些交锋了。我们的认识也许是并行不悖的,也许是彼此交错的,也许是相互冲突的,但有了这种思想上的接触,总是会有益处的。

我们的事业是共产主义教育事业,这是世界范围内的新事业。如果我们拿科学技术、文学等方面来说,那你们在这些方面总是能从过去的一代得到一些东西的。在共产主义教育方面,问题就比较复杂些,因此在20年以前,"共产主义"和"教育"这两个词,还几乎不能连在一起用。在我们工作的许多细节方面,我们还在游泳,以后仍然要继续游泳,而且不可能不游泳,关于这一点,我们是完全不讳言的。如果肯定地说我们在20年之内能够建立和建成大规模的新型学校——共产主义教育的学校,并使它具有确定形式的话,那只不过是一种高傲自大罢了。我和你们正是这种事业的开路先锋,而开路先锋是常常要犯错误的。因此,最重要的是不怕犯错误,要敢于冒险。

现在,简单地谈一谈我们今天的集会的意义。

要向你们作报告,我觉得是很困难的,因为,你们这里是文学系,文学系里的人都是爱好文学的。我多少算一个文学作家,那就是说,我也应当对我的文学工作作一番报告。但是,我觉得我不仅首先是一个做教师的,而且始终是一个做教师的。我的文学著作也不过是教育学著作的一种形式,因此,关于文学方面,我将说得很少。

我现在要简单地向大家讲讲我自己的教育学和文学著作的历史,以免发生误会。因为现在还有许多人以为我是以前的陆军上校。其实,我不仅没有做过上校,而且从来就没有当过军人。我是工人的儿子,我的父亲是铁路工厂油漆工人,他在车厢工厂里工作了四十多年。我也在这个工厂里工作过,我做的是教师,那是从 1905 年开始的,那时我从一个初等学堂附设的一年制师资训练班毕业,受到了最低的教育。现在,这样的最低的教育好像根本就没有了。这种最低的教育就是只能委托我做最低的小学教师,月薪是 25 卢布。(有人问:是教会学校吗?)不是,请原谅,不是教会学校,是工厂办的学校。这个学校里有统一的工人协会,在这一点上说,这是一个很好的学校。我以这个工厂里的工人的儿子的身份,做了这个协会的会员。我在这个学校里工作了九年,在这个学校里所取得的经验,对我来说是有很大的意义的。以后,我在 1914 年进了师范专科学校——还不是高等师范学校。在这个学校毕业时,我获得了金质奖章。在这以后,我就领导了为违法者设立的高尔基工学团。

　　从 1920 年到 1935 年的 16 年中,我领导着一个集体:高尔基工学团和捷尔任斯基公社。这虽然是两个名称,实际上等于一个集体。如果你们读过《教育诗篇》,就会记得当乌克兰教育人民委员部把我由高尔基工学团"调开"时,我就转到捷尔任斯基公社里来了,我们的公社当时在哈尔科夫。在那里已经有我的50 个高尔基工学团的学员了。紧接着我来公社以后,又有 100 个高尔基工学团的学员转来捷尔任斯基公社。这样,事实上捷尔任斯基公社不仅继续了高尔基工学团的经验,而且也继续了一个人的集体的历史。这对于我和对于我的事业来说,是有很大的意义的。因为这样一来,就继续了并累积了高尔基工学团里所建立起来的那种传统。

　　我在捷尔任斯基公社的时候,写了我的第一本著作——《1930 年进行曲》。它出版了,但我并没有看见,也没有读过,也没有见到有关这本书的任何一个教师的信件,没有见到任何一种批评的意见。这本书就这样地完蛋了,这样地无影无踪了。只有一个教师对这本书有反应,并且赞扬了这本书。这位教师,就是那位诲人不倦的教师——阿历克赛•马克西姆维奇•高尔基。那时他住在索伦托,设法找到了这本书(我没有送给他),读了它,并且给我写了信。

　　以后,我又写了《教育诗篇》,在 1933 年、1934 年和 1935 年分期出版。接着,还写了小说《荣誉》和《塔上旗》,后一本书对于我、对于我所持的观点的演变,具有很重要的意义。许多人肯定地说这本书比《教育诗篇》好,又有一些人却说完全要不得(笑声)。当然,我是倾向于中间的看法:它既不比《教育诗篇》

好,也不算多么坏的书,无论如何,里边总有一些可取的地方。

我还写了《父母必读》第一卷。为什么我决定写这本书呢? 最近两年来,我在乌克兰内务人民委员部的劳动工学团管理局工作,并组织了一些劳动工学团。我已经较少地忙于流浪儿童的工作,而较多地忙于"有家"儿童的工作了。以前在高尔基工学团所收容的是流浪的违法者,而最近两年来就比较多地收容"有家的"儿童了⋯⋯

这时候,我应当多注意家庭,关心家庭,所以我觉得我有必要为做父母的写这样一本书。我出版了第一卷,这一卷里所谈到的是作为一个集体的家庭方面的问题。现在我正在写第二卷,这一卷里所谈的主要是家庭里的道德和政治教育,但也不免要涉及学校。第三卷将谈到劳动教育和选择职业的问题。至于第四卷,在我看来最重要的就是这样的问题:为了使人成为一个幸福的人(不管他想不想这样)应当怎样来教育他? 真的,这是很有趣的问题吧?

由于《父母必读》,批评家和教育家们都在痛骂我。批评家们责骂这本书太偏重说教了;而教育家们责骂的理由却是这本书过于偏重文学了,没有教导任何人。但是,很多教育家所指责的是因为我完全没有谈到学校。

这是一种误解。我根本就没有打算谈学校,我想谈的是关于家长的事,我要对家长说话,对家庭说话。我跑到俄罗斯联邦教育人民委员部说:"我为家长写了这本书,也许我犯了错误,或者我发表的是一些不正确的意见。请你们看看。"但他们回答说:"我们不要看,因为我们没有这样的家庭教育司。"我问:"那你们有些什么样的司?"回答说:"有普通学校司,有学前教育司,等等。"我说:"再见吧!"我打定了主意,我们就分配一下职务:你们有学校教育司,我将有家长教育司。想到自己后边有教育人民委员部学校司这样的权威机关,负责的人们又是那样地博学多识,我就决定我不必再涉及教育人民委员部所负责的那些问题,我就谈谈那些没有什么司、也没有谁来管的问题吧。

这就是我要多写一些有关家庭教育问题的东西并有意把这本书叫做《父母必读》的缘故。但这还是没有用处的。在莫斯科出版的一个杂志上登载了这样一篇文章:《对家长们有害的意见》。

一般说来,我是不喜欢看批评我的作品的那些文章的,但这篇文章我却读了。我想:那书里究竟有什么害处呢? 也许确实写得不够好? 原来,这本书所以被认为有害,正是因为书里一点也没有谈到关于学校的问题,因此就是一本有害的书。

我认为这并不是什么大不了的指责,所以我还是继续写《父母必读》。关于学校问题,我还是不准备写。谁能强迫我写所有的题目呢?并且,一般地说,对作家最适宜的是选择一个题目,而不是选择20个题目。

关于学校问题是你们做教师的应该写的……你们有许多思想,有许多情感,请写吧!

这就是我的简短的报告。那么,关于我的著作的文学方面的优点和缺点,还应该说些什么呢?这里有一个问题,对于你们文学家们说,可能会感兴趣。有人说,在《教育诗篇》里没有"虚构",只是事实的罗列。有一个批评家甚至写过这样的话:"一个人有了有趣味的生活,他就把这种生活记述下来;谁要具备有趣味的生活,谁都可以写这样的书。因此,马卡连柯不是文学家,也不是艺术家,而只是罗列事实的专家。"

当然,我觉得委屈了。我不是文学家,却写了书,哪里会有这样的事?我在一次辩论中间道:"为什么你们说这是事实的罗列呢?"有一个批评家回答我说:"因为你写了事实上有的一切事情,没有虚构,也没有综合的形象。"

我当时摆出一副严肃的面孔说:"对不起,你们从哪里知道没有虚构呢?你们有什么证据说这一切都是真实的事呢?"他们回答说:"那是很显然的,扎多洛夫就是证明,事实上当真有这个人,你打了他。"我说"完全没有这回事!没有扎多洛夫这个人,我也没有打他,这完全是虚构。"

他们相信我或者不相信我,这是他们的事情。但是,他们却不能够证明我是不对的。我有权利虚构吗?有这样的权利。因此,谁也不能够有意向我吹毛求疵地说:这是虚构或者不是虚构。谁也没有权利要求我回答这一点。但对于你们,应该友谊地说:无论在《教育诗篇》里还是在《塔上旗》里,都是没有虚构的,除了个别姓名和个别场合……

这就是我认为有必要向你们说明的惟一的文学方面的问题。

同志们!现在我们转到教育学的问题上来。我要很简单地说一说,因为有人给我提出来许多问题,我想,在回答这些问题时,有关的一切都会说到的。

我今天有什么权利和大家谈话呢?惟一的权利就是我做了32年教师:一方面,我尽力研究分析了我的教育工作;一方面,我有了……怎么说呢?可以说我有了若干教育工作的独特方法。这种方法并不是因为我的才能而得到的,这是由于委托我的事业的需要和性质而得来的。

我幸运的是:我在一个集体里一直工作了16年,那里有优秀的同志和同事。因此,我们的一些最困难的和最巨大的任务都逐渐形成了某种与系统相似的东西。根据对经验的研究分析,我有了一些看法,也许,这些看法与众所周知的、普遍通行的那种看法会有所不同。我想对大家说的也正是我的这些与众不同之处。我不是在普通学校里工作,我是在特殊的教育机关里工作,这就是这些不同之处的证明。并且,我比其他的人更走运些。

如果要描述一下我的成就的特点,那就可以说这种成就是很大的。我只要给大家谈一谈这种成就就够了。最近几年来,捷尔任斯基公社是靠经济核算制维持的,这绝不是一件小事情。你们想到过有靠经济核算制维持的儿童集体吗?这是很重要的一种情况:它不仅供给学校的开支,不仅支付教师的工资,不仅维持办公室的经费,而且也供给维持儿童生活的全部开支。此外,公社还提交国家几百万卢布的纯利润。这个成就是很大的,因为经济核算制就是最良好的教师:它仿佛完成了三个高等师范学校的学业,它很好地进行着教育的工作。

此外,经济核算制又大大地优于预算制。一年之内,我可以在夏季旅行上花费20万卢布,可以用4万卢布作买哈尔科夫剧院的戏票的费用。我可以买大卡车、小汽车、其他型号的轻便汽车和载重货车,等等。难道学校能买得起这样的东西吗?

经济核算制是经济事业方面的一种收获,但是它还有其他的收获。就在最近,我遇见了一个女社员,她就要学完历史系的课程了,此外,她还有五级铣工的资格,有五级光学专门技术的资格,并且还将要获得历史学家的资格。一个人具有这么多的熟练技能,而努力去获得熟练技能的花束,更会感到愉快,并产生有力的影响。

我很幸运,因此我要毫不迟疑地讲述一些认识,这些认识你们现在会感觉到奇怪,但经过若干年以后,我相信你们会同意我的看法的。

我的看法的主要特点如下:在我们学校的实践中(我现在很了解学校的情形,我没有一天不在学校里),可以看到我称为个别方法过于"肥大"的那种现象。大家都听到过医学上有"心脏肥大"的术语,这就是心脏扩大的意思。正因为有这种"肥大"现象,我们在教育儿童的工作中,就希望这种个别方法能创造奇迹,直到现在,我们还迷恋于这种教育方法的效用。我并不反对个别方法,但我认为在教育事业上(单指教育工作,我这里不涉及教养工作问题)有决定性作用的东西,并不是个别教师的方法,甚至于不是整个学校的方法,而是学校和集体的组织,是教育过程的组织。

例如,我今天听了一个师范学院的学生所作的报告,题目是:"怎样培养苏维埃爱国主义"?报告是很有趣的,显然,这个学生报告得很不错。报告里叙述了一个优秀学校的经验,证明苏维埃爱国主义正在逐渐培养起来:第一,在学校课堂教学上;第二,在校外活动中。并举出培养苏维埃爱国主义的良好课堂教学实例和良好的校外活动实例。报告的第二部分讲的是关于学校对学生进行教育工作的效果和学校对学生的谈话。报告者只根据这样的谈话,就断定苏维埃爱国主义是证明方法正确性的教育结果。

我听完报告以后,向报告者提出了这样的一个问题:"很好,方法好,效果也不假。但是,您是否打算过考查您所引证的孩子们的话? 比方,某一个孩子说国境警备人员应当是勇敢的,说他也愿意做一个勇敢的人,并且认为应当成为一个勇敢的人。您是否考查过,他究竟是勇敢还是懦怯呢"? 如果考查的结果,证明这个孩子是怯懦的,那么,要说在这个孩子身上已经充分地培养好了苏维埃爱国主义的话,那我就有权怀疑了。一个学生会具有正确的苏维埃爱国主义的观念,但可能还没有养成正确的苏维埃习惯,我认为这种情况是可能有的。

当谈到培养忍耐,培养善于克服长期困难,培养善于不急躁地而是耐心地排除困难的这些品质时,这更是特别重要的。你们无论建立起多少应该做什么的正确观念,但如果你们没有培养克服长期困难的习惯,我就有权说:你们什么也没有培养起来。总而言之,我要求把儿童的生活组织成能培养一定的习惯。

我坚持认为,在我们的学校里,对于组织儿童经验、生活经验和共产主义经验的问题,并没有予以足够的重视。

其次,我还提了一个问题,使这个报告者感到不好回答。我问他:"您认为受到了正确教育的那些孩子,在人所共知的这个问题——所谓不在教师面前告发同学的这个问题上,该持怎样的态度呢?"(有这样的问题,有这样的困难问题。)

常常有这样的情形:大家都认为这是一些很好的孩子,是受到了共产主义教育的孩子,但是如果有一个同学做了什么不好的事情,全班却不在教师面前告发他。如果这样的矛盾已经存在的话,那我就有权怀疑教师的教育方向是否正确了。

我坚决主张应该特别注意儿童集体的组织形式。关于这个问题,我不再谈下去了,可能在这个题目上还要回答许多问题。

我只列举出值得注意的一些基本问题。第一个问题是:关于集体的中心问题。我们有四个中心,另加上某些没有计算在内的中心。这四个中心是:校长、教导主任、共青团书记和总辅导员。这是很重要的一个问题。我在自己的工作中,对于组织中心的问题,费了很大的力量,并且不是很快就解决了这个问题。对我来说,这是特别重要的一个问题。中心,就好像舰长的指挥台,在那里进行

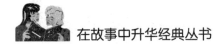

管理学生的一切工作,它并不是行政的中心。

中心问题,中心影响的问题,无论从理论上,无论从实践上,都还是没有完全解决的一个问题。我看到过许多学校,它们各不相同。在一个学校里,校长主持一切,甚至连油漆地板和天花板的事情也要管起来。在另一个学校里,由教导主任管理全部事情。在第三个学校里,据说由共青团书记决定一切问题,而在第四个学校里,总辅导员决定一切问题。

这是问题的一方面。

第二个最重要的问题是关于集体组成的问题,这就是我所说的集体的划分的问题。我是把班级这个基层集体和学校总集体分开来看的。在集体的组织上,指导着我们的是一些什么原则呢?在目前,可以说我们在这一方面差不多还没有任何的原则。有的不过是班级,也只有班级而已。每一个班级都是单独活动的:十年级不知道九年级在做什么,而二年级和三年级在做什么事情,它根本就不想知道。二年级和三年级对高年级是什么态度呢?是尊重呢?是敬佩呢?还是钟爱呢?完全不是。实际的情况是:二年级不注意高年级中的事情,也不愿意去了解,基层集体完全是相互隔绝的。

下一个最重要的问题是纪律问题。这是一个使人担心、使人伤脑筋的问题。尽管如此,直到现在,在我们学校的实践中,还都把纪律当作抑制性的纪律。

难道苏维埃的纪律的本质真是这样的吗?抑制性的纪律只是说不要做这个,不要做那个,不要迟到,不要把墨水洒在墙上,不要侮辱教师,等等,还可以附加"不要"这两个字的若干相类似的规则。这绝不是苏维埃的纪律。苏维埃纪律是战胜困难的纪律,是斗争和前进的纪律,是趋向于一定目的并为这个目的进行我们真正需要的斗争的纪律。

关于教育的目的和任务的问题,已经解决了吗?这个问题也需要加以明确。我们说:儿童应当是勤勉的、发展的、认真的、守纪律的、勇敢的、忠诚的、有意志的,等等,还可以加许多这样好听的词。但在英国的学校里,难道不是想教儿童有意志、忠诚和认真吗?也照样是那样说的。不行,光这样的一套公式还不能确定我们的目的。我们的目的是一种特殊的目的。那就是:我们应当培养儿童的共产主义的行为。换句话说,我们的目的只能表现在决定共产主义个性的品质中,这种品质应当特别细致地、精确地表现出来。

让我们想一想,我们所知道的集体主义者的品质,具有共产主义行为的那种人的品质是什么样的呢?我们是怎样认识这种人的,说老实话。如果我们说:他是忠诚的,他应当有意志,他是精力充沛的,那还等于什么也没有说。像这样的品质,那就不仅仅是我们所独有的。

共产主义者的忠诚应当和所谓好的英国人的忠诚有所区别。要知道,《圣经》里也指出要忠诚……

我们的忠诚所要求的是:劳动者之间要有积极的团结一致,要尊重每一个劳动者,要尊重自己的最小集体和整个苏维埃社会的大集体,要尊重全世界的劳动者。我们所说的忠诚,就要建立在这样的基础上。我们所具有的任何道德品质和资产阶级所具有的道德品质比较起来,具有不同的内容。我们的道德品质所要求的特殊内容,决不能像资产阶级国家,比如说像英国那样的道德品质的内容。我们应当培养的正是这种特殊的个人道德品质。

例如,拿事业心这一重要的品质来说。莫洛托夫同志在第十八次党代表大会的报告提纲里,把这种事业心看得特别重要。

要知道事业心在资产阶级的观念里,也是很好的品质。但是,在资产阶级世界里,是如何理解事业心的呢?"你应当成为有业务才能的人,因为有许多没有业务才能的饭桶,所以,你应当比他们强一头。"资产阶级的事业心,是这样的一种品质:为了战胜没有业务才能的人,为了占他们的上风,把他们变为奴隶,变为被剥削者。

这样的事业心是一种剥削的工具。我们每一个苏维埃人,都应当成为有业务才能的人,但一个人的事业心决不能妨害另一个人的事业心。这就是说,我们的事业心就是一种道德品质;而事业心的要求就是一种道德的要求。我们应当培养每一个人的事业心。

我们拿精确性这个概念为例来说。在斯大林同志的言论中,在我们政府最近的指示中,都特别强调这一品质的意义。在我们的教育工作中,作为真正共产主义品质的精确性,应当成为这样的一种精确性,即首长的精确性和部属的精确性是同样的一种道德品质。

我们拿定向能力这种品质来说。这种能力要达到这样的程度:在最复杂的情况下,能够很迅速、很准确、很安详、很有信心地决定应该怎样做,不喊叫、不急躁、不慌张、不惊恐。这样的能力,我们必须培养起来。

最后,我们说说善于服从同志(不是服从有钱人,也不是服从主人,而是服从同志)和善于命令同志的那种重要品质——纯粹共产主义的品质。我们是同志,是朋友,但是,遇到某种情况,我有权来发命令。那时候,我应当善于命令,而你们就应当善于服从,要忘掉一分钟前我们还是同志的那种关系。这种品质,只有在我们的国家里才能够得到发展。我们的国家里没有剥削阶级,没有凭借经济力量、私有财产和支配统治的那种权力……我们应当在我们的青年身上培养这一切品质。

我只从很多的品质里指出了很少的一些品质。

现在会有人要问:我们用什么方法来发展这些品质呢? 为了学会命令同志,除了练习使用命令以外,再没有其他的方法。这种练习不应该采取不严肃和开玩笑的方式,而应当这样地看待命令:当一个同志对集体负有责任的时候,不执行他的命令就会引起破坏工作的现象。

同志们! 这就是我所要说的最主要之点。应当这样组织集体:使集体能培养出实在的不是想象的而是真正的、实在的个人品质来。这就是我们必须做的事情,并且,只有在这样的条件之下,个别的方法才能发挥更有力、更良好、更妥当的作用。因为如果没有集体,没有集体的教育,那么,使用个别方法就会有养成个人主义者的危险,也只能有这样的结果。

我不再拿这个问题的其他细节来麻烦大家了,我想在回答问题的时候,还一定要说到这些的。

现在,在我的演说的结语中,我必须指出,所有这些问题都是特别困难的问题。其所以困难,就是因为优良的品质要好多年才能培养起来。想用某种特殊的、迅速生效的方式或方法来培养性格,那是不可能的事情。只有当一个人长时间地参加了有合理组织的、有纪律的、坚忍不拔的和有自豪感的那种集体生活的时候,性格才能培养起来。但是,要想进行这种实验,那就是说,必须进行冒险。

关于冒险的问题,是一个最困难的问题。首次冒险,第一次的危险就在于:如果你们决定这样地领导集体的工作,在四个月之后你们就一定会遇到视导员,他会问你们:"你们做的是什么? 请拿你们培养好的现成的共产主义品质给我看看。"而你们是拿不出来的,你们要经过五年之后才能培养出这样的品质。怎能经过五年?! 把你们所培养的,现在就立刻报告出来(笑声)!

这是很大的一种危险,因为,常常为了追求报告材料,结果简直就会闹出笑话。例如,我今天到过一所学校,适逢教师们正在进退两难。他们说:省教育厅责成取得100%的优良成绩,市教育局也责成达到100%的优良成绩,因此,我们的学校,我们的班级,也不得不达到100%的优良成绩。然而,我们的九年级里有个学生叫巴尔勉索夫,他除了得2分外不会得到其他的分数。他只能得2分,这成了他的专长。我们对他一点办法也没有,因此不可能取得100%的优良成绩。我们不能够完成这一项任务,于是就变成欺骗整个苏维埃社会的人了。我们答应了要争取 100% 的优良成绩,孩子们也答应了要这样做。提出任务前就知道有个巴尔勉索夫。到时候就会听到教师说:"我已经决定给他 3 分。"所有的人都会知道这件事情,巴尔勉索夫会知道,巴尔勉索夫同班的学生会知道,其他班的学生也都会知道。但大家会这样想:"不欺骗,就卖不了。"这就是所谓的 100% 的优良成绩! 他们说,为了报告,就需要这样做。我给他们说:"你们做得不对。""那应该怎样做呢?""应该这样做:我们不可以承担我们不可能完成的那种任务。"

有人会问:这是由于客观的原因吗? 不是,这不是因为客观的原因,这是因为巴尔勉索夫本身这个主体的缘故。应该同情一个人,应该同情巴尔勉索夫,他不能够再得 2 分了。

大家都威胁他,憎恨他,折磨他的神经,因为他妨害着全班,他成了集体所唾弃的人,成了教师、学生、父母憎恶的对象,成了自己憎恶自己的对象。

这有什么意义呢? 你们明知道他赶不上功课,为什么要把他留在九年级里? 要负起责任,既不能欺骗学生,也不能欺骗自己。

这样的危险也在等待着我们。

第二种危险是很严重的一种危险。我们常常喜欢说:

"培养坚强的人!"好吧,就培养吧! 什么是坚强呢?

如果为了避免伤风而把人用棉被裹起来,这能锻炼人吗? 应当自觉地去冒险(当然,这是一种比喻的说法)。如果不对一个人提出种种困难的任务,就不可能锻炼这个人,有时候他会在这些任务上碰钉子的。如果你们害怕他碰钉子,不给他提出困难的任务,那就是说:他一定要碰钉子的。

有一位校长,我以同志般的情谊去帮助他,像爱护人一样地爱护他,我对他说:"为了保护学校,你应当设置卫队,当然,是带着没有子弹的枪。请由十年级、八年级、六年级和四年级的年龄大的学生组织卫队,然后由九年级、七年级、五年级和三年级的年龄大的学生组织卫队,并且,叫卫队由晚上八点至九点站岗,轮流值两小时的班。有一些人值班站岗,另一些人在守卫室里等待着。"

这位校长反对说:"像这样小的学生,就连母亲也不会允许的。"我和一个小孩子谈话,他却说:"就是母亲不允许,我也要抢着去!"他抢着要去,是对的! 他会受到这样一种思想的鼓舞:他保卫着自己的学校,而且在十年级同学的指挥下,他自然而然就会和十年级同学要好起来。当然,这个小孩子将要站岗。那是在夜里,有点害怕,狗在跑着叫着,住处离得很远。就让他战栗、惧怕吧,至少惊慌是免不了的。

无论如何，我不知道，直到现在也还没有遇到过除这种锻炼以外的其他锻炼方法。这是惟一的锻炼方法，应当进行这样的锻炼。大家要知道，儿童对这种锻炼的兴致是很大的，你们不会遭到儿童的任何反对。相反地，还会得到儿童的完全支持。要站岗的那个小孩子，会有点害怕，但他决不会说他胆怯。他去站岗，你问他："害怕吗？"他会回答说："不！那有什么可怕的！"

不感到害怕的那种小孩子并不是勇敢的人，而善于抑制自己的恐惧的小孩子才是勇敢的人。其他的勇敢是不可能有的。你们以为在枪林弹雨之下冒生命危险，这就是表示什么也感受不到，什么也不害怕吗？不是，这正是表示也有所害怕，也有所感受，也在抑制着恐惧。你们会问我："如果他害怕怎么办？"其实，没有关系，他也应当害怕，为了克服一些困难，就让他害怕吧！

但是，校长当然不同意设置卫队。

就在这同一所学校里，有另外一个例子。很漂亮的学校，新的建筑物，全新的设备，宽敞的走廊，走廊上有嵌木地板。但嵌木地板是脏的，就是说，地板的颜色是脏的。

我问："为什么有这样脏的嵌木地板？要知道，工人在这里铺嵌术地板，并不是为了在嵌木地板上面涂抹脏的东西。要知道，我们铺嵌木地板，是为了使嵌木地板明亮光滑。"有人跟我说："那我们该怎么办呢？我们一个月擦两次，但光擦是不行的，需要先洗，然后再擦。该怎么办呢？"我说："让学生们擦吧！""学生们怎能擦？""通常都是这样的：在早晨上课之前，某一个轮值的小组在年长的儿童领导下，拿着刷子来擦嵌木地板。"

你们以为孩子们不喜欢这样的事情吗？不仅应当擦地板，而且在打铃的10分钟前，佩带某种红十字徽章——卫生管理徽章，当某一个五年级的同学走来对十年级的一个大同学说："看看地板吧。你怎么擦的？这是什么？那是什么？你这样的工作我不能通过！"于是，报告校长："在某一个十年级同学领导之下的某一个小组，没有擦好地板。"如果你们把这个十年级学生叫来，对他说："怎么能这样做呢？"这样就已经开始了随后的教育工作了。

这是不是锻炼呢？这是锻炼。为了进行这样的锻炼，需要早起床一小时来做其他的工作。知道这一点是有好处的，会擦地板是非常有益的。

我提到过的那个女孩子，她在历史系毕业时对我说："我和四个女同学住在大学生宿舍里。只有这一件事情很糟糕：她们不会擦地板，只有我会。社员们全都会擦地板。因此，为了保持清洁，她们四个人常常催促我擦地板。"我问：

"那你怎么办呢。""我劝告她们应当学会擦地板。"

社员们每天都擦地板,并且做得很认真,所以地板擦得很亮,像镜子一般。这种擦地板的工作,就是一种锻炼。在这样的地板上,是很难有人吐痰的,这就像在莫斯科地下铁道里不会有人吐痰一样,其实那里谁也不站着,谁也不看着。不许在地板上吐痰,不许乱扔烟头。身体本身就认为不可以,肌肉也不会为这样的事情来活动。同样地,如果全体学生都根据自己学校的经验,知道他们每天要擦向已的地板,那么,谁也就既不会在地板上吐痰,也不会在地板上扔纸头了。因此我知道,没有这样的锻炼就不会有真正的共产主义教育。验收十年级同学所完成的工作的那个五年级生,将学会命令同学的本事,而这个十年级生,也将学会善于服从同学。同志们! 我的演说完了,现在就来回答问题。

同志们! 这里有这样的一些问题——提这些问题的人把我当做预言家看待……对这样的一些问题我将不作回答,我要回答我所能回答的一些问题。

有这样一个问题:"在您的一些作品里指出了儿童再教育的过程。为什么不指出教师在这个过程中的主导作用呢?"

在《教育诗篇》里,我指出了自己的主导作用——我是不是教师呢? 我是教育工作者呢,还是不应当这样看待呢? 也许你们想叫我指出教师在班级里的主导作用?

请注意,我没写学校,我写的是工学团,我写的是集体的生活和同志们的生活,其中也包括教师的生活。

我们务必不要自高自大。的确,一个年轻人从高等工业学校毕业,到设计局去工作的时候,只是一个最普通的工作人员,只能执行一些最简单的任务——研究某种小小的环节的构造。而当我们读完高等师范学校到普通学校去工作的时候,我们就会说,我起着主导作用了。可是,我们能够领导什么人呢? 我们还需要他人来领导,而且还需要相当长的时间。

应当谦虚地看待自己,我始终认为教师只是一个普通的工作者。如果一个教师不是一个很好的普通的工作者,那他就永远不会成为一个很好的领导者。所谓在集体中的主导作用,应当属于集体的领导者,应当属于整个集体对他忠诚的那个有经验的教师。

例如,现在如果委任我领导一所学校,那我首先该做什么呢? 我一定将全体教师召集起来,对他们说:这是学校计划,你们是不是同意呢? 你们都是有才能的教师,都是有经验的人,如果不同意这个计划,那就很对不起,请离开我们。

你们是青年教师,刚刚从高等学校毕业,知道的事情还不多,如果同意我们的计划,就请留下吧!

教师集体的统一是最有决定意义的一件事情。就是最年轻的、最没有经验的教师,如果在统一的、精诚团结的集体里,有很好的有才能的领导者来领导,那么,跟任何一个与教师集体分道扬镳的有经验、有才能的教师比较起来,也要做出更多的事情来。再没有任何东西比教师集体里的个人主义和倾轧纠纷更可怕的了,再没有任何事情比这样的现象更可恶、更有害的了。

在统一的教师集体里,不应追求炫耀自己的成绩,而应使整个集体的成就发扬光大。那时候,你们就会受到爱戴,也就能获得最重要、最必需的苏维埃作风了。我正是打算描述这样的作用,而不愿意突出地来写个别的教师,因为我要写的是集体,是集体的影响。

问题:"据您的意见,为了用各种必需的知识来武装学生——未来的教师,必须怎样来编制教育学课程?"

亲爱的同志们! 我还没有想过这个问题,现在也来不及很快地加以考虑。但是,其中的某些问题是曾想过的。例如,我认为了使教师的教育工作能在高等学校里就准备好,在我们的师范学院里就应当增加某些课程。例如,我把如何运用声调作为你们的必修科。如果请来一个好演员,他就会对大家表演怎样运用声调。不会运用声调是要遇到困难的,要知道运用声调是我们进行工作的一种工具,我们要磨快它……

拿什么来维持班级里的纪律,你们是知道得很清楚的。可以把最有战斗性的、最"凶狠"的人派到班级里来,他可以一进来就说:"安静些! 不要叫!"但是,大家一定会笑他。也可以给班级里派来一个最温和的人——几乎没有任何一点威力,他这样说:"伊凡诺夫,好好坐在位子上。"结果,伊凡诺夫坐好了,其余的人也都接着坐好了,并且因为先被发现的是伊凡诺夫,不是自己,而感到很满足。

此外,我还要在师范学院里进行这样的一种实习作业:把你们25个人分为一组,聚集起来,坐在靠墙的某处。你们中的一个人坐在校长的椅子上,另外一个人扮做犯了过失(犯了说谎过失)的学生。就请跟犯了过失的这个学生谈话吧,我们看着,看你们将怎样跟这个学生来谈话。这是很有趣的一种练习,因为,同志们要研究校长是怎样谈话的。只有用这样的方法,才能够学会谈话。此外,也要学习和家长进行谈话。

我看见过许多教育家、学者和苏维埃爱国主义者,但是,他们既不善于和家长谈话,也不善于和学生谈话。谈话是应该列入教育学的教学大纲里的。此外,还应当提出下列的一些问题:什么是集体,怎样把整个集体分为若干基层集体,集体的职能,集体的机构,集体的作风以及其他许多问题。

问题:"培养学校里的自觉纪律的基本方法是什么?"

同志们! 我是把纪律理解为教育的结果,因此培养纪律的基本方法是整个的教育过程。纪律首先并不是教育的手段,而是教育的结果,以后才能成为一种手段。我认为,最主要的教育手段,就是良好的教师集体和组织完善的、统一的学生集体。我们是不善于提出要求的。在《塔上旗》发表以后,莫斯科第379学校的一些学生给我写信说:"我们读了《塔上旗》,我们很喜欢它,但我们也有不满意的地方。为什么你们所教育的儿童的缺点就那么少? 事实上,一个人有优点,也有缺点,您应该既写出优点,也写出缺点。"批评家们也说:"这些流浪儿童并没有伤害任何人,并没有唾任何人的脸,并没有偷窃任何的东西,也没有毁坏任何的东西,这哪能算流浪儿童呢?"我对十年级的学生说:我把这些人们所宣传的这种说法,叫做道德上的机会主义。为什么一定要有缺点呢?"这是我的缺点,这是我的优点。"这是谁想出来的呢? 有正面的,有反面的,大家就满意了;有缺点,也有优点,一切都好了。我认为教师不应当允许学生有任何的缺点,我们的学生也不应当认为他们有权利具有缺点。我们应当要求每一个人都具有理想的品行(我们常常是达不到这种理想的品行的,但这是另一回事),有了这样的要求,刀口就会逐渐接近于理想了。

请注意,批评家们不相信我,我的情况是很不顺利的。但是,要是社员都不相信公社,那就什么事也不能做了。八年来,公社里从来没有一天出现过没完成计划,出现什么混乱,发生什么可怕的事情。八年来,公社就是这样的,也应该是这样的。在苏维埃儿童集体里不可能有另外的情形。我们没有权利允许有另外的一种制度存在。但是,代表团和参观团到我那里去了,看了公社以后当面对我说:"不能,不可能是这样的! 这里有故意安排造作的地方。"我写了一本书,也有人表示反对:"这是故事,这是梦想。"但我可以肯定地说:这不仅是苏维埃的现实,而且,这是随时随地都应该有的一种现实。

儿童集体应当是一种幸福的集体,因此要对它提出很多的要求。例如,我在自己的惩罚办法当中,始终坚持这样的原则:首先要惩罚优秀的,其次才惩罚不好的,或者就完全不惩罚。这就是我们苏维埃的原则。我们对党员的要求比对非党员的要求多,我们对党员的惩罚也比对非党员的惩罚严厉。因此,我能委托他们去做任何工作的那些优秀社员,我的朋友们,常常会因为一点小事情坐禁闭。例如,莫斯科就有我的一个朋友,他叫瓦夏·克留什尼克,他曾领导了三年共产主义青年团第一小队。什么是共产主义青年团第一小队呢? 原来有过这样的一件事情:在我们的一次行军当中,我有一个手提箱,里边放 5.5 万卢布,我说:"我不愿意在行军中提两普特重的手提箱……我不能提它。我不是搬运工人。谁来提呢?"大家想了一想,就决定了:"的确,一直由一个人提这样的手提箱,事实上是不可能的。就请共产主义青年团第一小队轮流提吧!"于是,这个存放 5.5 万卢布的没上锁的手提箱,就经常落在第一小队的某一人的身上了,当然,里边的任何一张 3 卢布的纸币也没有丢掉。

这就是共产主义青年团第一小队。它的队长是瓦夏,克留什尼克,一个很出色的人,但是他在我那里坐禁闭的次数,比其他人都多。这是为什么呢? 他说他有权利不请假就出去。有一次,他没有请假,却向我报告说:"安东。谢妙诺维奇,我出去一趟,到 7 点钟回来。"就这样登记了。我是没有权利反对的。他不需要得到允许,他自己可以对自己负责。既然他出去,那就是说,他就知道该做什么。但是他到 7:10 才回来。作了诺言,说定了时间,可是迟到了。那就坐禁闭! 谁也没强迫他说 7 点钟回来,但是他在 7 点以后才回来。作了诺言,说定了时间,那就要遵守,如果迟回来,那就坐禁闭!

像对瓦夏·克留什尼克这一类的人,我就要求得特别严格,一点也不宽恕。而瓦夏也知道:任何一点小事情,他都是得不到原谅的。

我和公社的社员要告别了……你们要知道,对于我说,这是我一生中最痛楚的时刻之一。我收到一个电报,让我立刻到基辅去——到指定的岗位上去。这是一个意想不到的电报。我到内务人民委员部工作,应当坐第一趟火车去。我是早上接到电报的,火车 5 点钟就要开,所以,我必须立刻就告别动身。

我在集体里工作了 16 年。心肠软一些的人就会流出了眼泪。我也很难说出话来。就连那个虽然非常滑头、让人很难接近的总务主任,也站着哭了。

忽然我看见大厅里的钢琴上有尘土。我继续说话并问:"今天该谁扫除?"有人告诉了我是谁。"把这个社员禁闭 5 小时!"那个社员说:"安东。谢妙诺维奇,要知道,您是要告别了。"但是,就在这时候,我也要惩罚他,不能原谅他。

如果集体知道优秀的社员要首先受到惩罚,那么惩罚就具有真正苏维埃的意味了。新人来了,偷窃了东西,大家要"别"他一阵,但不惩罚。如果第二次偷窃了,第三次偷窃了,仍然是不惩罚……于是,新人就要设想什么时候开始惩罚他,因为在这里包含着对他个人人格的信任。

这就是纪律的条件。

下一个问题是:关于奖励的意义。

我是反对过分奖励的。我们公社认为,最好的奖励就是向全公社宣布嘉奖的命令。宣读嘉奖命令的时候,全体都要立正。嘉奖命令是集体意志的表现,是一种集体的奖励。

我们按照各种指标实行了经常不断的分队竞赛。顺便说一句,对纪律来说,登记具有很大的意义,但我没有在任何一个校长的办公室里发现过卡片。如果没有卡片,怎能领导 1200 个儿童呢? 这是很无知的……我们应当有卡片,应当登记。

我由于实行登记的办法,获得很大的效果。例如,一个孩子在教室里乱跑,那么,在这个孩子的卡片上就要登记上某一天他在教室里乱跑的事实。不因这样的事情叫来谈话,这并不是正式的操行簿,这只是维持秩序的另一种传统。有一个孩子犯了错误,就记载下来,记明他在四月里做了什么,三月里做了什么。一个人因为做了什么事情,就要得到"应受的指责",而事后,他仍然会是一个很好的同志。任何的谈话都不进行,不过,登记还是要继续下去。每一个人都知道:如果他对教师说了粗野的话,他因此就会受到登记。不过,以后谁也不会因为这一点永远指责他的。但在卡片上,就必须把这件事情记载上。

有许多方法,甚至纯粹成了机械的方法,但这些方法却能巩固纪律。每日报告就是这些方法之一。有时候晚上还有 50 ~ 60 个人来向我报告。这些来报告的人是:分队长、小队长、班长和生产组长。报告的时候要庄严郑重。他们排成两行或三行,发出"立正!"的口令。我走来的时候,必须穿得整整齐齐,需要整齐到怎样的程度,我就做到怎样的程度,并向生产组长或分队长的报告还礼。

全体到场的人,包括教师在内,都要立正敬礼。在这样的报告里,对学生过失的指责,要特别郑重地传达给整个集体。我们很重视这些报告,甚至有了这样的规则:报告是不受检查的。如果一个孩子到我的办公室里来告发同学的不好行为的话,那我可以检查他说得究竟对不对;如果一个孩子在全体大会上宣布同学的不好行为的话,也可以进行检查,可以询问证明人,确定他说得到底是不是真话。但是,如果这样的话是在报告时说的,那就决不能检查。为什么呢? 一个人在报告时是不可能说谎的,因为全公社都在给他敬礼,70—80 个人都为了他的报告、他的工作和他的说明敬礼,他怎么还能说谎呢? 并且,你们要知道,事实上也没有在报告中说谎的那种机会。这样的报告应当建立起纪律。队长应当在报告中指出所发生的事情,他是无权隐瞒的。如果他隐瞒了什么,那就说明他撒了谎,结果报告就需要检查。在这里,他是不是会冤枉同学的问题自然就没有了。这是培养原则性和忠实性的方法之一。

我认为行为表演是最重要的教育方法之一。在儿童集体的生活中,严肃的、负责的和认真的行为表演应当占最重要的地位。你们做教师的,也必须善于做行为表演。我已经不是青年人了,可也做行为表演。例如,一个队长到我这里来向我报告。这时候,我应当在他面前站起来,我没有权利坐着听报告。类似的其他各种行为规则,在我们这里是相当普遍的……

还有人给我提了这样的一个问题:"您怎样理解教育理论和教育实践之间的关系?"

我非常尊重教育理论,离开教育理论,我是不能工作下去的,我很喜爱教育理论。我不知道我的这种回答能不能满足提问题的人,但我说的是真话。

这里有一个小小的解释:我喜爱的只是教育理论,而不是教育空谈,而有时候,往往有人把种种的空谈叫做教育理论。我希望教育理论能成为一种真正的教育理论。

教师的服装对学生的性格能起怎样的影响?教师的表情对培养学生的性格有怎样的影响?要谈这样的问题。就需要写一篇小小的专题论文。这些虽然是细枝末节,却是应该加以注意的。甚至果戈理在他的《钦差大臣》里,也注意到这样的事情:有一个教师爱扮鬼脸,简直教人受不了。

很多方面都有赖于教师活跃自己的课堂教学的能力,注意全班学生的能力。培养定向能力这个问题是应当加以研究的。关于这一个问题,可以写整整的一卷书。这样的理论,我非常喜爱和尊重……

问题:"当儿童在过渡年龄时期,醉心于不适宜他们阅读的书籍。即使是库普林、莫泊桑和茨威格等人的最高艺术著作,你以为在这种情况下应当怎么办呢?应当禁止读这样的书吗?怎样禁止?"

要我回答应该禁止什么吗?谁来禁止呢?你们吗?你们能够禁止得了吗?禁止不了。请你们试试禁止孩子们读这些书吧!反正一样,他们还是会读的。请你们试试禁止在学校里吸烟吧!将来还是会吸的。一般地说,我是特别不相信禁止会有效力的。这里,是需要用另外的办法的。你们害怕学生读库普林、莫泊桑的作品,我知道你们是害怕什么。你们害怕的不外是:书里有些情节,不是经常能当着女人高声朗读的,而儿童已经被这些情节吸引住,所以读这些书。究竟是什么东西吸引着儿童,这是非常显然的。你们是怎么想的,你们能用禁止的办法影响儿童的读书方向吗？不，这是不可能做到的。你们禁止儿童读莫泊桑的作品，他们就会听某个年长的同学讲各种奇闻趣事。这比读莫泊桑的作品坏些呢还是要好些呢？还要坏些！15岁的少年如果发生了这样的兴趣，要想只靠监督和禁止的办法来领导这种兴趣发展的全部过程，恐怕是未必能办到的。

你们知道我想的是什么吗？就让儿童尝受这种苦痛去吧——你们不必去帮助，也不必去干涉。当然，这也算是一种病态，也许，15岁时需要忍受这样的病痛，就像儿童在童年时代有时候要忍受麻疹病和猩红热病一样。儿童不会放过这个问题，当然，也不会对你们、对教师来谈这个问题。请注意，正是在这样的儿童的身上，才能生长出最纯洁的、最好的男性的心灵来。

我们还没有精确的统计材料，但是，只要回忆我们在生活中所积累的印象，那么，我就知道很多男孩，我的许多的同学，他们只是喜欢这样做：常常在休息的时候把我们召集到小组里，对我们(一些15岁的孩子)讲一些莫名其妙的事情，当我现在想起这些事情的时候，还要害怕得毛骨悚然。但以后就是从这样的儿童中造就出优秀的工作者——最真诚的人，道德上纯洁的人，他们对待女人的态度是很好的。

问题："我最感兴趣的是人的自尊心的问题，怎样才能培养人的自尊心呢?"

如果儿童没有自尊心，就应当培养这种自尊心，这是不成问题的。但是，如果儿童不生活在集体里，那我就真不知道该怎样培养自尊心了。大家也许看见过吧，在好的集体里，自尊心是很容易培养起来的。我想建议学校进行那些我曾在公社里做过的工作。孩子们来公社的时候，只是一些来受教育的人，但经过四个月以后，他们就得到了公社社员的称号和"фД"字样的袖章。这是一种愉快，但这也是一种责任。

无论如何，教育工作必须使一个人知道自己后面有怎样的集体，知道应当为怎样的集体而自豪。一个人永远要以集体的名义来行动……

我以为，我们的每一所学校，除了应当成为统一类型的苏维埃学校以外，还应当有自己的独特面貌，并以这种面貌而自豪。那时候，每一个学生就会因为自己属于某一个集体而自豪。

问题："《教育诗篇》里叙述了哥罗特哥夫迅速地改过自新，对此你该怎样解释呢?"

同志们！一般地说，我是不相信缓慢的改过自新的。一个人的教育和成长，是要逐渐进行的，而所谓改造，永远要采取爆炸式的突然手段……

问题："如果一个孩子已经到了七岁，那该用什么样的方法来克服固执性呢？"

这样的问题是很难一般地笼统地回答。这要看是怎样的孩子，怎样的爸爸和怎样的妈妈，要看首先来对付谁，要看是谁进行这种工作的。这个问题很抽象，要作恰当的回答，简直是不可能的。

问题："克服懒惰，有什么样的具体的好方法？"

如果你们是指在儿童集体里克服懒惰的话，那么，方法是很多的，并可以举出特别有效的专门方法，而首先应该提出的就是对集体的责任心。如果你们写道：甚至在我们大学生中也有懒惰的人。那就是说，这里并不仅仅是一个懒惰的问题。克服懒惰，可以用自我规劝、自我教育的办法。要这样做，只有一个惟一可靠的方法，这就是使自己做自己应做的事情。另外的方法是没有的。

问题："您是否认为学校里没有实习工厂，没有劳动过程，会教育出公子哥儿——看不起成年人的劳动的那种人呢？"

一般地说，我不仅是劳动教育的拥护者，而且是生产教育的拥护者。马克思直率地说过：所有的儿童从九岁起，就应当参加生产……

我主张学校里应该有生产过程，即使是最简单的、最没什么价值的、最枯燥无味的也可以。因为，只有在生产过程中，人的真正性格——生产集体成员的真正性格——才能够得到培养。正是在生产过程中，在需要执行工业生产计划的时候，人们才会感觉到对每一部分工作应负的责任。

我想，这样的生产学校，我们以后一定会有的。在我们只是因为经费不足，不能建立这样的学校。

问题："如果可以的话，请告诉我们，您认为谁是现代的优秀作家？"

我最喜欢萧洛霍夫，我甚至认为他是属于全世界的作家。

下一个问题："我们很希望成为幸福的人。请告诉我们：您打算就这个问题在您最近的著作里写些什么？要不然，就必须长时间地等待其他的书籍。人是为幸福而生的，这和鸟为飞翔而生是一样的。因此，任何一分钟也是不能失掉的。"

我回答同志们，我将要写这样的书，而且我认为想成为幸福的人这种明智行为的第一条守则就是不要急于求成，否则，你就要急躁不耐了……

对这一点应当非常谨慎小心……

有一个同志写道：我们的学校忽视了体育。

当然，体育是不应当忽视的。在这一个问题上我能够说什么呢？要恢复体育是很容易的。

要有什么样的体育呢？例如，斯巴达式的教育，也不算很坏的教育，但我总是坚决主张：我们的教育应当注意集体利益，应当伴随着自觉性的教育。斯巴达人的培养坚强的人的教育，没有我们的这种自觉性，没有这样的生活哲学。

问题："您要求学生擦地板。但是，要是学生因为擦地板而累了，就不能有效地学习了。"

看见了吧，已经有人害怕了！我的公社社员是怎样学习的呢？他们一边要完成十年制学校的学业，一边还要在工厂里每天认真做四小时工作，要做满一定的定额，要自我服务，要管理自己的事，要从事体育活动，要接待外国参观团，还要旅行。同志们！这样的想法是不对的，我们太溺爱我们的孩子了。擦一小时地板，对他们不会有任何损害。

问题："请简短地说说您和高尔基会见的情形，说说他对您的作家活动所给予的影响。"

我和高尔基的主要会见只有一次，是他来高尔基工学团找我，在我这里住了三天。那时候，我最注意的是教育问题，并不是文学问题，我和高尔基根本就没有谈文学问题。以后，当我写了《教育诗篇》以后，我和他因为这本书会见过四次。有两次是在他那里，有一次是和他同坐火车，还有一次是他由意大利经过土耳其回国的时候在敖得萨会过面。最主要的，是我发现了他特别相信人，也对人提出很高的要求。

我以为，在这一方面说，高尔基是优秀的教育家之一，因为他对人提出了最大限度的要求，同时在这种要求里边也表现出了最大限度的尊重。

此外，高尔基作品中的乐观主义也吸引了我。高尔基是伟大的乐观主义者,他最善于发扬人们的好的一面。

当你们看到自己面前的学生男孩或女孩的时候,你们应当善于更多地发扬他们的优点。这样做永远是正确的。正像高明的猎人射击走动的目标要射向稍远的前方一样,教师在自己的教育事业中也应当高瞻远瞩,对人多多地要求,并要更多地尊重人,即使在表面上看来,这个人并不怎么值得尊重。

问题:"您在自己的实践中,遇到过无法改造的违法者吗?"

遇到过,但我深深地相信,经过 10 年、15 年之后,我们的教育学和具有了新生力量、新思想的你们大家就会承认,无法改造的违法者是不会有的。

会有人给我提出这样的问题:你说公社可以改造所有的人,可是却有过这样的事实,把一个没有办法改造的人开除出公社了……

我要用共产主义青年团团员索平的话来回答这个问题,这是当我们在旅行中因为打架的事情开除了一个社员时对他所说的话:"……他犯了很大的过失。旅行时我们有军事纪律。在轮船上,当全体苏维埃联盟代表在场的时候,他辱骂了公社,打了较软弱的同志。我们把他从轮船上拉了下去,现在他已不是我们关心的对象了,谁愿意改造他就请改造去吧,他在这一生中也永远不会忘掉这一课。其实,他已经改造过来了,但我们希望在公社里当我们要出去的时候,大家都能记住这一件事情。"事实上确实是这样:一代儿童离开了公社,新人就补了进来,只要碰到打架的问题,就有人要说话了:"记得在雅尔塔从轮船上拉下人来吗?……"

同志们! 请丢开个人的逻辑吧……在这里受教育的不是被开除的一个人,而是整个集体。整个集体在争取集体优良品质的斗争中受到了锻炼。你们是怎样想的,难道举手赞成开除同学不是表示让自己担负起重大的义务和责任吗?

开除是公社里最高的惩罚方式。当我们采用最高的惩罚方式时,首先注意的是集体的激愤、集体的要求和集体的经验……我们采用最高的惩罚方式,加强了我们对人的要求、对集体的尊重、对改造人的希望以及对敌人的憎恨。

问题:"如果教师把学生叫到黑板前面,学生的算术题解得不好,教师就使学生难堪起来,这样做好不好呢?"

有时候是很好的,说老实话,是很好的。有时候,在全体大会上,用最轻微的讥讽方法,也是很好的一种方法。

有人给我写信,说我在关于"愚痴者"的问题中犯了错误,因为我们这里从来没有注定学习不好的那种人。你们以为如此,我也认为如此。我是根据教师们的话来说的。我在自己的实际生活中,看见过某个班级里有学习不好的学生。不能够强迫这样的学生学习好,要强迫就会造成不幸的结果。有时候,叫一个人休息休息会更好一些。但是,这并不是说,这个人注定就完蛋了。

有人给我写信说:"我们的锻炼和英国的锻炼有什么区别?请举个例子。"

我说:我们的锻炼,应当以集体的利益为发展方向,不能成为个人的训练,每一个儿童,都应当了解这一点。然而在英国,锻炼只是为了增强个人本身的力量。

有人问我:"青年男女之间的健全的关系应该是怎样的?请您作一个简短的说明。"

青年男女应当保持真诚的关系,也就是说,要有这样的一种关系:无论对什么事物都不夸大,也不低估。如果彼此不欺骗,如果尊重自己也尊重他人,这时候,不管保持什么样的关系——友谊的、爱慕的等等关系,那都是健全的关系。

如果在任何的情况下都能够关心他人的生活和幸福,这样的关系永远会是一种很好的关系。

下一个问题:"您在《父母必读》里所写的那个教育学教授是不是典型人物呢?请说明。"

他自己的教育学知识跟他自己的家庭实际行为是互相矛盾的,就这一点上说,他当时是一个典型人物。而这样的矛盾,在一定程度上也可能就是典型的。

工作经验谈

这是马卡连柯所作的最后一个报告的速记稿。1939 年 3 月 29 日,他在莫斯科雅罗斯拉夫斯基铁路员工子弟学校的教师会议上作了这个报告,4 月 1 日因心脏病突发而逝世。

同志们!我想,我们该进行座谈了。也许大家会提出一些意见,因为我的经验(我是依据经验的)与大家的经验是有所不同的。不过我也是教师,是铁路学校的教师,是铁路工人的儿子,因此,也应该与你们一样,按照教育学来思考,

虽然我或许比你们幸运一些

1920 年,苏维埃政府把一个教育违法者的工学团交给我。我所以到那个工学团去,并不是因为我认为自己是一个有能力的教师。革命以后,我在波尔塔瓦的学校里工作,当时让我把学校开设在省人民经济委员会的旧址。我一到那里,就经常看到那里的肮脏的办公桌子和地板上的烟头,好像连空气也主要是由尼古丁和烟气组成的。要在这样的条件下进行教育儿童的工作是很困难的,当然,我就准备到更适合的地方去。因此,我在工学团的工作经验就开始了。这样继续了 16 年,在这一方面我是有成就的。能幸运地在 16 年中领导同一个集体的人,还是很少的。

我的这样的经验于 1935 年结束了,这不是出于我的意愿,也不是由于我的过失。

在这整整的 16 年里,我一直从事一个集体的教育工作。老实说,在这个集体里,人是在替换着,但这种替换是在一代一代之间保存了传统和继承性的条件下逐渐替换的。在这样的集体里,使我获得了一些信念,这些信念,我很愿意推广到普通学校里去。为什么我在这里会谈到普通学校的问题呢?因为在后八年里,我是在乌克兰内务人民委员部所属的捷尔任斯基公社工作,而公社在儿童集体的性质方面,跟普通学校是很少有差别的。

捷尔任斯基公社里有完全中学,孩子们大约经过 3—4 个月之后,很快地就成为普通的学生,甚至于还超过了普通的学生,如果把我们的中学生认为普通的学生的话。因此,我没有理由说我的公社里的人员特别难教育。我的公社里的人员,比起某些学校里的学生更容易进行教育。我能够这样地自由行动,例如,公社从第三年起,就没有教导员的编制。在学生的日常生活中,已经不需要专门的管理工作了。

我的学校比起你们的学校困难一些,因为我收容的儿童或多或少是落后的,他们在 10 ~ 12 岁的时候勉强地读过一点、写过一点,有的甚至完全不能写。因此,到 18 岁读完十年制学校的课程,就是很困难的事情了。

曾有这样一种旧的知识分子的偏见:流浪儿童往往是有能力的、有天才的。但事实上,流浪儿童在某些方面比一般儿童要差些,他们在系统的学校作业方面训练不够。这对学习中学课程造成了困难。但是,流浪儿童也有另外的某种特点,由于这种特点,使我和他们能够克服一些更大的困难。流浪儿童不可能指望父母的帮助,他们只能够依靠自己。这一点,他们是明白的。他们很快地也明白了这件事情:现在的学校就是升到高等学校去的通路。尤其当第一批社员成了大学生以后来到公社时,他们就更明白了这一点。

这时候,社员都明白:去高等学校的道路是最有前途、最好的一条道路。高等学校里有宿舍,有助学金,这也是吸引社员的地方。

我的社员的学习热情是很高的,比起中学的学生还要高些。就因为有这种热情,他们才克服了懒惰,克服了学习道路上的一切困难。

我的公社里的教育工作,比起你们的学校里有更好的条件,因为社员在五年、六年或七年的长时间里,整天一直和我在一起。你们有这样的术语:这是合乎教育的方法,这是不合乎教育的方法。同时,你们所谓合乎教育的方法,并不是要达到一种目的,而是想借这种方法来减少吵闹,减少喊叫(笑声),收到狼也吃饱、羊也无恙的效果。至于这种方法会得到怎样的结果,并不作检查,也不认为有重要的意义。

我认为合乎教育的方法就是要达到一种目的的方法。为此,甚至引起叫喊、吵闹也没有关系,就让他们随便吵闹去吧。在这一方面,我所具有的条件是较为有利的,我能随时灵活运用教育方法。最后,保证教育工作容易进行的还有另外一个条件,即公社里有生产事业。

有一个时候,我曾是"劳动过程"的拥护者。我们都认为儿童在劳动过程中能给自己的劳动本能找出路。我也有这样的想法:为了使儿童具有劳动的特性,劳动过程是需要的。以后我才明白,儿童应当学习某种生产劳动,应当获得某种熟练的技术。

我们做教师的,在理论上喜欢高谈阔论,但在实践上没有办法。我们想让我们的儿童获得良好的熟练技术,而实际上却只教给儿童这样的本事:儿童靠着这种本事,只能制作出不好的小凳子;我们培养了裁缝,而这种裁缝只能缝小裤衩。当有人能好好地给我修理皮鞋、缝裤衩和制作出很差的凳子时,我甚至还感到有些高兴。以后,我总算从这种教育偏见里摆脱出来了。你们大概还能记得,这种偏见就是:劳动过程应当与教学计划"联系"起来。在这个伤脑筋的问题上,我们真是费尽心机了。例如,孩子们做一个凳子,就应当使这个凳子跟地理、数学联系起来(笑声)。参观团来了,没有发现凳子跟俄语之间有一致的关系(笑声),我还感到很不好意思呢。以后,我放弃了这种看法,我直截了当地肯定这两者之间不应当有联系。

现在,当我们亲手建立起来的制造"莱卡"照相机的条件很好的工厂在公社里扩展起来的时候,我就可以有事实证明这一点了。我们工厂的经济是很富裕的。"莱卡"有300个零件,精密度达到千分之一毫米,有精密的镜头,那种最复杂的制作过程是旧俄时代从来没有见过的。

当我看到了这样的工厂——有准确的计划、有公差标准、有质量标准的工厂的工作时,当这样的工厂有了几十个工程师,有了设计处等在为它工作时,我才看到生产究竟是意味着什么。关于学校课程要跟劳动过程联系的糊涂说法是如何地可怜。学校里的学习过程和生产产品的生产活动所以能有力地决定个性的发展,原来是因为学习过程和生产活动消灭了体力劳动和脑力劳动之间的界限,并造练出有高度熟练技术的人来。

我在哈尔科夫遇见过一个女孩子,她快在学院里毕业了。她有六级透镜研磨工的技术。她在高等学校里学习,同时还保持着六级技术,她各方面都有所长。因此,社员离开公社,具有了完全中学的教育和六级或七级的熟练技术,那时候我就看到学习给他们带来的益处了。

有重要意义的生产活动的条件,就是能促进教育工作的那种条件,我现在准备争取的就是要在我们的苏维埃学校里能够建立起来生产活动,而且要作进一步的努力,使儿童的生产劳动能开辟许多教育的道路。

最后,还有一方面——完全不能轻视的一方面,这就是生产事业的赢利。捷尔任斯基公社已经停止接受国家的补助金,转为自给自足的机构了。最近不仅供给了工厂、宿舍、日常生活、食品、衣服和学校的全部开支,而且每年给国家上缴 500 万卢布的纯利润,这就是因为捷尔任斯基公社有了经济核算制。

大家要知道,这样的工具到了教师手里,就会产生多大的力量。如果我们打算 500 个人沿着伏尔加河并到高加索旅行,这需要 20 万卢布,那就决定在一个月内每天多做半小时工作,结果就能得到 20 页卢布了。

我们能让男孩子穿呢衣服,能让女孩子穿绸衣服和毛线衣。我们能用 4 万卢布作看戏的开支。如果这样做是为了提高劳动纪律,是为了争取富裕,如果整个集体为了这样的目的而努力工作的话,那还有什么样的东西能跟这种新的教育力量来比拟呢?

这种新制度的其他小优点,我就不必细说了。单拿工资这一项来说。有工资的好处,并不是因为给学生们发钱;有工资的好处,是教学生能有自己个人的预算。工资能培养未来的主人。要知道,我们每一个毕业的社员,都在储蓄银行里有 2000 卢布的存款。

我确信:我们的教育目的并不仅仅是培养能够最有效地参加国家建设的那种具有创造性的公民,我们还一定要把我们所教育的人变成幸福的人。在苏维埃国家里,钱可以成为很好的教师。我是根据自己的经验来谈教育问题的,我的经验要比你们的好一些。

我坚决主张,将来也还是坚决主张:这样的条件应当在学校里建立起来。起初,这好像是很可怕的,而事实上并不那样可怕。如果现在让我领导一所学校,我就要在校务会议上说明我准备实现什么样的理想,同时我就要计划从什么地方去获得必需的资金。

在捷尔任斯基公社里,我开始寻找有能力买卖一切、制作一切的那样的一个人。这样的人我是找到了。他说:"我们有200个人手,您还有什么发愁的?"我问道:"我们打算做什么呢?"他回答说:"您知道吗?我们要开始纺纱。""资金在哪里呢?""为什么要资金?我们将签订合同,要买手工木制机。"事实上果然如此,我们买了这样的机器,并开始纺纱了,经过六年以后,我们就有了在苏联算是很好的光学工厂了,这个工厂要值好几千万卢布。

我们就这样开始纺纱和制作凳子了。应当怎样制作凳子呢?有人说,要制作椅子,就应当让一个学生参加制作椅子的全过程,只有这样,这个学生才能成为优秀的技工。又有人说,不能这样,要一个人做这一部分,第二个人做另一部分,第三个人做磨光工作等等。这种说法是正确的。但当"好心肠的教师"看到这种工作时,就要大惊失色,头晕眼花了:怎能拿小孩子这样开玩笑?一个孩子只做一个零件,那简直是危险得很。

是的,一个孩子只与一个零件发生关系,但这样却能在几分钟之内截200个零件,他是在为集体工作。

劳动分工对我们是需要的。现在对有能力制作整个椅子的木匠的需要,并不像对精于操作机床和铣床的技工的需要那样迫切。在我的经验中集体和生产就是这样的。

我对大家这样说,并不是表示我只是一个经济事务人员。绝不是这样的,我永远是一个教师,教育问题永远使我感到兴趣。不过,我获得若干结论,这些结论,也许会跟流行的理论发生矛盾。我永远反对这样的观点:教育学是以研究儿童和研究孤立的、抽象思维的教育方法为基础的。我认为,教育就是教师政治信念的表现,而教师的知识只是次要的东西。不管你们给我装填多少教学方法,要我培养出白党分子来,那我是办不到的,连你们也是办不到的。这只有具有白党分子本质的那种人才能够办得到。

教育技巧可以达到尽善尽美的最高地步,差不多能达到像机械一般的程度。我是相信这一点的,并且我一生都在寻找这种看法的证明。我一贯主张不能把教育问题和教学方法问题只看成教书授课的问题,之所以不可以这样看,尤其是因为教育过程不仅仅在课堂里进行。实际上，在我们每一平方公尺的土地上，简直是随时随地都能遇到的。教育学应当具有影响儿童的方法，这种影响方法要能达到这样万能和有力的地步，那就是当我们的学生遇到任何有害影响——甚至是最有力的有害影响的时候，他们都能够以我们的影响来消灭和清除所遇到的有害影响。这就是说，在任何情况下，都不能认为教育工作只是在课堂里才可以有的。要知道，教育工作在指导着学生的整个生活。

我一贯主张的第二件事情是：我主张进行积极的教育，也就是说，我要培养具有一定品质的人。我做了应做的一切，我的全部智能和全部努力都用在全力争取实现这个目的上了。我应当寻找各种方法，以便达到这种目的，我永远应当看到自己面前的目的，我应当看到我所力求获得的那种典型和理想。请不要怕人家说这是"个人叫嚷"，让他去说吧，反正我是要达到自己的目的的。这并不是说，我是吃苦受难的拥护者，相反地，我确信许多缺点——特别是纪律、态度和作风等方面的许多缺点之所以发生，都是因为我们对十分重要的实际情况没有予以足够的重视。流浪儿童的实际情况，我看得很清楚：儿童们的神经受了损害。我知道这是些捣乱鬼、小偷和懒虫，但多半是些神经上受了损害的儿童。他们对你们的每一句话，对你们的一举一动，都抱着对抗的态度，当你们接近他们的时候，他们神经受到刺激。有时候，甚至于你们的最巧妙的教育上的设想，对他们说也是神经上的一种刺激。

据说，儿童们下课以后应该叫嚷（我们的学校里没有这种现象），有时候，他们就愿意打碎玻璃。据说，儿童们的天性就喜欢这样做。有人以为为了使儿童不打碎玻璃，要用其他的什么事情吸引儿童，要使儿童的精神向其他方面发展，要使儿童唱歌、跳舞或者教他们听收音机。

我到过许多学校。我的神经是经过锻炼的，简直像粗绳一般，但当我到了喧嚷吵闹的学校里的时候，就开始了神经痉挛。要知道，孩子们在学校里要生活十年之久啊。但我们的行动应当"合乎教育学"，不要轻易表现出自己的感触。我们有时候只颤动颤动嘴唇，一夜睡不着觉，或者把储积起来的愤怒对家里亲近的人发泄一下。甚至有过这样的一种深刻的信念：教师工作就是神经质的工作，所以教师一定是神经衰弱的人。

在这个问题上，我想得很久了。以后，我就看到了这样的好现象——秩序井然：没有任何的叫喊，没有任何的奔跑。要跑，那就在院子里的场地上跑；想叫喊吗？最好不要叫喊！应当敬重我们，要知道我们做教师的是国家的财宝，请孩子们敬重我们。

关于窗户,那只有一个决定:不许打破玻璃。我不给你添设收音机和乐器,也不允许损坏国家的财产。我不用任何东西把你吸引开,你也不要打破玻璃。

这样,当集体能自觉地保持这样的秩序时,的确,在集体中就有了使人神经宁静的那种安详和严肃,而且人人都会清楚地知道,什么地方该跑,什么地方不该跑。我并不是很快地获得这样的结论的。但是,你们可以在任何时候去访问公社社员,你们永远不会看到孩子们有相互推打或打破玻璃的事。集体是生龙活虎的、乐观愉快的,谁也不会打谁。我深信:儿童想乱跑乱叫的企图,可以很好地变为内在的安详。要知道,在究竟是教育的才智还是一般的才智这个问题事实上还应当加以怀疑的时候,往往就可能把这作为教育的才智来看待。

大概,关于冒险的问题,是很能引起大家的兴趣的……

……对流氓无赖用温和平静的声调说话,教师害怕表示出自己的生气,而常常表现出胆怯——这就是最冒险的行为。如果所有的人只用温和平静的声音与我说话,那么,一年之后我就该上吊了。用温和平静的声音说话,这就是表示:不管你怎样做,对我来说都是无所谓的,我所以与你说话,只是因为我是在完成自己的任务。

例如,不许伊凡诺夫干任何的坏事……而用的是那样平静和单调的声音,这样做的话,一个人就会以令人厌恶的态度生活在世界上。相反地,凡是生活在生动活泼、具有冒险性的集体里的人,就会生活得兴致勃勃。在这样的集体里,人们都会生活得精神焕发的。没有冒险性的行为是最可怕的一种冒险。

因此。我可以公开地说:对教师的行为,对教师集体的行为,应当有最高的要求。

这并不是说,你们应当叫嚷。不能这样,你们应当这样说话:使有过失的人看到你们是生气了,看到你们是坚决反对破坏要求的行为的,这种行为使你们发怒。不需要经常喊叫,有时候也可以唠叨几句(笑声),但你们的声音里应当有感情,有神态,这方面不应亚于任何的辅导员。

同志们,这就是一般的原则。我还能把这些一般的原则发挥得更详细一些,其中要作若干具有重要特点的必要补充,这就是作风和态度问题。作风问题在教育学里完全没有研究,而实际上,作风能决定许多问题。我看过许多学校,就看见了许多不同的作风。

你们自己也知道儿童集体的作风有:激动的、蛮横的、喧哗的、苦痛的、低沉的、阴郁的和快活的,等等,可以举出各种各样的作风来。健全的苏维埃作风是通过培养对自己、对集体的尊重态度建立起来的。这种作风是我们每一所学校必须具有的。要建立起一种作风是很缓慢的,这是因为如果没有形成传统,作风就是完全不可思议的。

我到过第899学校。当然,这种按顺序编号的校名是很平常的,没有什么可注意的。但是,这所学校也叫基洛夫学校,这就有很多的意义了。教师们往往不善于利用这种幸运的机会。在这所学校里,基洛夫同志的诞辰应该是最大的纪念日,每一个学生都应该知道基洛夫同志的生平。我们也有这样的相同情形:在高尔基工学团里,有高尔基型的人;捷尔任斯基型的人知道捷尔任斯基同志是真正的人的榜样,是他们的鼓舞者。

在某一本教育学杂志里,讨论过怎样称呼学生的问题:叫"孩子"、"同志"呢?还是简单地叫"万尼亚"、"科利亚"呢?他们为什么不懂得孩子在学校里必然是公民的道理。我把10岁的儿童叫同志,特别是当有事情找他们的时候。在公园里散步的时候,我可以直接叫他们的名字。当有人犯了过失的时候,我就可以说:费多连科同志,禁闭您两小时。这并不是说,在另一种情形下,你们就不能够叫他彼佳,而这样的作风是要强调:这不是游戏,这是重大的国家事业。

我经常受指责的一件最主要的事情就是关于军事化的问题。有人把我称为宪兵,称为阿拉克切耶夫等等。但我在16年里,始终没有取消"军事化"这种做法。

我是反对严格的操练的。例如,有时候有人让儿童排着队进入衣帽间,这完全是多余的。当你们有了有纪律的集体,在命令上写着:按次序穿衣服,某班接着某班,由某某人监督。这样,每一个人就知道什么时候应当去穿衣服。有了这样的制度,就完全不需要排队去衣帽间了……

1938年11月7日,我在基斯洛沃德斯克看到一所学校正在整队,准备去游行,队站得乱七八糟。然而,并不是他们存心要这样,这完全是因为他们不会站整齐的缘故。好容易站好了队,为了不让学生四处乱跑,教师站在旁边看守着。这种做法就不是"军事化"。所谓军事化就是:行进、站队、向右看齐、成六路。队站好了,有人问:"要站很久吗?""两小时。""解散。"于是,孩子们散开了,去买糖果、冰淇淋吃。等到号手吹了集合号,再跑回来,重新整队。

这种做法是给教师和学生的一种自由;这完全不是严格的操练。

我不知道你们怎样召集全体大会,但我知道怎样召集作家。率直地说:没有任何一点军事化。作家们接到通知,写明定于6点钟开会。这就表示,要坐下来长时间地考虑一番,想想在什么时候能开始全体会议。大家都清楚地知道,如果写明 6 点钟开会,那么,会一定在 7 点钟才能开始。但大家又都晚走一小时,8 点钟前才去开会。因此,结果就是应当在 8 点钟前去赴会。如果通知上写明 7 点钟开会,那么,会议就要在 9 点 30 分才能开始。作家们如果问:"为什么你在 9 点 30 分才来呢?"晚来的某一个作家就会回答说:"因为我知道我们大家都要迟到的。"在这里,时间就不发生效力了,6 点钟成了一句空话。如果这种现象这样继续下去的话,那么,要在下午 7 点钟开会,就应当在通知上写明:会议定于中午 12 点钟开。

因此,"军事化"能使教师集体养成准时开会的习惯。16 年来,我每天都要接受各个队长的报告,而各个队长通常总是在 9 点钟作报告。一日完了,由值日队长吹号集合。作为机关首长的我,一次也没有迟到过,而且我也不许自己迟到一次。所有的队长,永远是准时站在自己的位置上。

"军事化"能培养行动。所谓行动,绝不是什么无关紧要的小事情。会走、会站、会说、有礼貌,这绝不是小事情。无疑地,这样的集体所造成的印象一定是:这是一个很有希望的集体。

在捷尔任斯基公社里是禁止扶栏杆的。不靠近栏杆走已经成了习惯。队长告诉新来的人:这样回答,这样行动。现在记住:不要扶栏杆。我看到进入老年的人和还没有完全进入老年的人怎样试着不扶栏杆下楼梯;看到他们怎样因此变得年轻起来,变得健美起来。请你们试着这样做,你们就会变得健美的。

这样做并不是严格的操练。公社里有这样一条规则:指定 15—16 岁的普通孩子做值日队长,值日队长和别人的区别,只是那一条臂章。社员接受值日队长命令时回答:"是,队长同志!"这已经成了习惯。就在这样的话里,包含着一种道理。值日队长和谁也不多说话,也没有时间长久地跟别人谈话,谁听完了他的命令就走开。

会恭恭敬敬地站起来也包含着很多的意义。如果学生相信在校长面前应当恭恭敬敬地站起来,这就说明他已经承认了集体的规则。

我用了若干类似"军事化"游戏的特殊方法。我拨出一间很大的房间作为自己的办公室,配置了沙发,任何一个社员都可以到这里来,可以阅读,可以听人家说什么,完全有权这样做。在这里,谁也不强求谁。而当我叫某人时,他就站到我面前——想怎样站就怎样站。

末了,还有最后一个问题,这就是关于作风的问题。这是一种外表的游戏。要知道,所有我们成年人,在生活中都是要做游戏的。某人有一条特别的领带,戴一副特别的眼镜,他就觉得自己好像是教授了。另一个人留着诗人一样的长发。而当给你一辆"吉斯"牌小轿车去旅游的时候,你们就会想象自己有一点"资产阶级化"了。

孩子们呢?孩子们现在怎样游戏,将来就会怎样工作。童年生活本身就应该是游戏,你们应当跟孩子们一块儿游戏,我 16 年来就是在做游戏。教师的这种游戏是严肃的、真正的和认真的一种游戏,它能使生活美好起来。什么是美好的生活呢?这就是与美学联系起来的那种生活。儿童集体应当美好地生活着,每一分钟里都应当充满游戏。儿童教育机关里的"军事化"是游戏的一种形式。有个时期我的孩子们到田地里、菜园里和车间里去工作,队长会议每周发布的命令都是用同样的话开始的:每个人都知道自己的工作岗位,都要对自己的工作负责,都要在这个岗位上学会技艺。每天早晨,每个人都能听到命令中的这些话。好多年来,一直是这样的。

这就是一种游戏,应该保护游戏的这些成分。有了什么创造发明,应该使孩子们觉得这好像是自己的创造发明。

还有派卫队这样一种游戏。你们以为公社应当有站岗的人吗?公社是内务人民委员部的,谁敢偷窃公社呢?但我们故意把钱柜和保险箱放在门口的走廊里,站岗的人白天黑夜都拿着枪看守着。我把这件事告诉了教师们,他们吃惊地问:"女孩子也站岗吗?小孩子也站岗吗?"

是这样的,连晚上也要站岗。全社都睡着觉,只有哨兵一个人拿着枪在那里站岗,大门是不上锁的。我在莫斯科跟一个校长说:"如果你们的学生自己能守卫学校,那也是不坏的。"他说:"他们会害怕的,做母亲的也不会允许。"但是听到了校长的话的孩子们却喊着说:"就让她不允许,试试看吧!"

什么是勇敢呢?一个人虽然感到害怕,但还要做应该做的事情。夜间 12 点,我来到走廊里,一个男孩拿着枪在那里站着岗。我问他:"害怕吗?"他说:"不害怕。"实际上也没有什么可怕的,因为附近就有年纪大些的社员。这是一种游戏,不过是责任重大的一种游戏。一个人要学会克服恐惧。

有一些人认为应该锻炼儿童,认为这是很有益处的。但却要求不经过锻炼就取得效果。他们劝孩子们说:孩子们,你们应该经受锻炼,你们什么也不应当害怕。但是,等到有了机会,等到能够锻炼儿童的时候,他们却说孩子会害怕,母亲会不允许等诸如此类的话了。

有一个学生曾向一个女教师开枪,这件非同寻常的事我已经说过了。我很重视这一件难处理的重大事件,但并不是学生本人引起我的注意,这个学生也许是精神分裂病患者,也许是敌人派来的。真正使我关切的是班级。当时全班都害怕了,不能够来阻止他。

即使公社里有人试着把枪带进了教室,可是谁能听任他开枪呢?可是那个班全都害怕了。

教师必须注意培养儿童的勇敢精神,并且应当借助于游戏来克服儿童的恐惧感。

在学校里应当有高度的要求,这是另一个重要问题。我很感谢社员们,他们懂得要求的意义,在许多方面他们还教育了我。

例如,拿竞赛来说……我提出很多要求,整个集体也提出要求。竞赛没有定双边公约而由各班和各分队根据各种指标共同作出决定:要有礼貌,要举止适当,等等。我有卡片和统计,优秀的分队、每月竞赛的优胜者可以得到奖品:全分队 30 人每天有 6 张戏票,有收拾公共场所的权利。

值得注意的是要求的逻辑发展,造成了一种非常奇特的情况:执行最令人不快的工作成为大家特别乐意做的事情。第四分队曾当过优秀队,这一队以抽签方式得到收拾一个月厕所的任务。他们先用碱和酸刷洗厕所,然后喷洒香水。大家都知道这一队是怎样打扫厕所的,知道厕所收拾得多么清洁。这一队获得了清扫工作的第一名。一个月过去了,他们申明要继续担任清扫厕所的工作。第三个月仍然由他们担任。后来,在下一个月里,同样不很坏的第三分队得了清扫工作的第一名,他们申明说:不行,现在我们得了第一名,厕所也就应当由我们来打扫了。

当我现在想起这件事情的时候还觉得可笑。起初,清扫厕所跟其他的清扫工作一样,是要抽签来分派的,以后就开始很公正地来分配了。

同志们!这一个逻辑并不是我自己杜撰的,这是由要求所产生出来的一种很自然的道理。

如果没有真正统一团结的集体,就不可能提出任何要求。如果现在让我管理一所学校,我首先就要按照以下的办法来做:我把教师们召集起来对他们说:亲爱的朋友们,我打算这样做。如果有一个教师不同意,那么,不管他有多么高的熟练技巧,我也要说:请到另一所学校去吧!如果是一个 18 岁的女教师,当我看到她同意了我的主张时我就对她说:您还没有经验,但您这样热情,我看到您很愿意工作,请留下吧,工作吧,我们会指点您的。

要有一个真正的集体是很不容易的事情。因为解决一个人做得对不对的问题,不应是为了个人的自尊,也不应是为了个人的利益,而应是为了集体的利益。经常遵守纪律,经常执行令人不喜欢但事实上却是需要做的那种工作,这

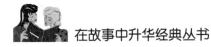

就是高度的纪律性。

我认为，同一所学校里的教师，彼此间不仅在学校里应当维持友好的关系，而且要变成朋友。

最后要谈的一部分是关于与家长的关系。这里，我在铁路学校里的旧经验，可以由捷尔任斯基公社里的工作来补充。最近五年间，给我送来一些学生，这些学生都是教师们认为是捣乱分子而拒绝接收的。

当然，这样的孩子要比流浪儿童更难教育。流浪儿童的一切出路，都依靠着公社，依靠着我，依靠着教师集体。而那些孩子呢？依靠的是父亲和母亲，他们的父亲有的有汽车、勋章、留声机和金钱。请试着去教育这样的孩子；这要困难得多。因此，我认为跟家长保持紧密的接触是很必要的。

有一种和家长接触的普通的、老式的和死板的方法，这是大家都很清楚的，这种方法就是把家长找来对他们说：您的孩子做了某件事和某件事。你们看着家长并在想：看家长对孩子怎么办？你们脸上的表情是善良的，当然，你们说不应当打孩子。父亲走了，你们对谁也没有说什么话，但在甚至要瞒过妻子的内心秘密的深处却想着：就是他把孩子打了也没有什么。对于这样的态度，我们是不赞同的，我们认为这完全是伪善行为。

还有另一种接触家长的方法。如果班主任和校长知道某一个家庭不能够教育自己的孩子，那么班主任和校长该怎么办呢？通常他们虽然相信这个家庭不能够进行教育工作，但还是到那里去了，开始教导家长应该怎样进行教育。使儿童受到损害的家庭多半是不理解你们的启示教导的，再教育工作是很困难的工作，如果你们开始强使这样的家庭接受教育学的影响，可能对事情有更大的损害。

这样说并不是意味着不可能影响家庭。当然，我们最后还是一定要帮助家庭的。影响家庭的最好的方法就是通过学生……

通过学生影响家庭，可以加强这种影响。我曾在克留科夫的铁路学校工作过，那时候，学生都住在家里。我根据地区的不同把学生编成组。各组领导人每天早晨都要作报告，报告在院子里做了些什么事情，报告组里成员的行为怎样。我定期命令进行检查；检查的时候，除了我以外，班长也参加。我走到院子里，组员整好了队，我带着组员去巡视学生的寝室。这样的组是通过组长对校长负责的，并且要在全体大会上作报告。组织这样的组是影响家庭的最好方法。我想，影响家庭的方法问题，应该根据这样的逻辑来解决：学校是国家的组织，而家庭是生活上的组织，要影响家庭，最好是通过学生。

教育方法

1938 年 1 月 10 日、14 日、16 日和 20 日，马卡连柯为俄罗斯联邦教育人民委员部的工作人员作了四次演讲，本文是本次演讲的第一次演讲内容的速记稿最初刊载在《苏维埃教育学》杂志上（1943 年第 5—6 期）

　　我们将要谈谈教育这一个题目。请同志们注意，我是一个从事实践的教育工作者，因此，我所谈的当然就要偏重些实际。我认为，我们所处的时代，是实际工作者对科学原理予以很好地修正的时代。在我们苏联，这样的实际工作者就叫做斯达汉诺夫工作者。我们知道，斯达汉诺夫工作者——实际工作者在比我们的科学甚至还要更准确些的许多原理上，不知作了多少的修正；我们知道，斯达汉诺夫工作者在劳动生产率上，在劳动工作和专门技术的操作上，不知创造了多少新纪录。这种劳动生产率的提高，并不是由于单纯增加劳力的支出，而是有赖于新的工作方法、新的逻辑、劳动要素的新的配置。因此，劳动生产率是要靠发明、发现和钻研这些办法来提高的。

　　在我们的生产事业方面——教育事业方面，无论如何是不能够脱离这种一般的苏维埃运动的。在我们的教育事业方面，也必须有种种的发明，甚至在个别的工作中，在细枝末节中，都要有发明，尤其在很多的细节中，在整个体系中，在体系的各部分中，更是需要发明。这一点是我一生深信不疑的。当然，这样的发明，不仅理论战线上的工作者能够做到，就是像我这样一个普通的、平常的工作者，也能够做到。因此，我很坦然地来叙述自己的经验和从这些经验中得到的结论。我认为，我的经验的意义应当包含在实际工作者对一定的理论成就所作的修正范围之内的。

　　我能拿出什么东西来和大家谈呢？

　　许多人认为我是教育流浪儿童的专家，这是不对的。我整整做了 32 年的教育工作，其中 16 年是在学校里，16 年是从事教育流浪儿童的工作。确实，我在学校里一直是在特殊的条件下工作的，即在经常受工人和党的各级组织影响的一个工厂学校里工作的……

　　我从事教育流浪儿童的工作，也同样决不是专门的流浪儿童的教育工作。第一，从我从事教育流浪儿童的第一天起，我就对这种工作有一个设想，我认为对流浪儿童并不需要采用任何特殊的方法；第二，我在很短的时间里，就顺利地使流浪儿童达到了正常状况，使继续教育他们的工作和教育正常儿童完全一

样了。

我在哈尔科夫近郊内务人民委员部所属的捷尔任斯基公社工作的最后时期,已经有了正常的集体——有了十年制学校,并追求着我们一般学校所追求的通常目的。在这个集体里的儿童都是以前的流浪儿童,本质上与正常的儿童没有任何的差别。如果要说有差别的话,那也许就是属于好的一方面了。因为在捷尔任斯基公社的劳动集体中的生活,额外地对他们进行了很多很多的教育,甚至于比家庭做得还更多些。因此,我的实际结论不仅可以适用于不好教育的流浪儿童,而且可以适用于所有的儿童集体,因而也就可以适用于一切教育工作者。

这是要请大家注意的第一点。

现在,来谈一谈我的实际教育逻辑的本质。我获得了若干信念,这些信念的获得,并不是轻而易举的,也不是迅速顺利的,而是经过了若干相当令人苦费心思的疑难和错误阶段的。我获得了若干结论,这些结论有人看来会感到奇怪,但我有充分的论据来大胆地把它们报告出来。这些结论中的一部分是具有理论性的。我在开始叙述自己的教育经验以前,先简略地把这些结论一一地列举出来。

首先是关于教育科学本质的问题,这是一个很有趣的问题。我们现代的教育思想家和个别的教育工作组织者中间有一种信念,认为教育工作不需要任何特殊的和个别的方法,认为教学法、各科教学法本身就应当包含全部教育思想。我是不同意这种看法的。我认为,教育范畴——纯粹的教育范畴在某些情况下是有别于教学法的一种个别范畴。

什么东西使我特别相信这一点呢?使我相信的是以下的事实。在苏维埃国家里,受教育的不仅是儿童,不仅是学生,而且每一个公民随时随地都能受到教育。他们或者用特别的组织方式,或者用广泛的社会影响的方式去接受教育。我们国家里的每一件事,每一种运动,每一种过程,总是不只伴随着专门的任务,而且也伴随着教育的任务。关于这一点,不久以前我们所经历过的最高苏维埃的选举,就是充分的证明。在这次选举中,包含着触及千百万人的广泛教育工作,甚至连仿佛与教育工作无关的人也都受到了教育。教育工作甚至把最消极被动的人也推动了起来,使他们积极地参加选举活动。

我要特别强调指出苏联红军的成功的教育工作。你们大家都知道得很清楚,每一个参加红军的人,在那里都被培养成了新人,不仅有了新的军事知识、新的政治知识,而且具有了新的性格、新的作风和新的行为方式。当然,这一广泛的苏维埃社会主义教育工作，在步调上、作风上和趋向上自然是统一的，而且也当然具有一定的教育方法。苏维埃政权 20 年来所采用的这一教育方法，已经可以作出结论了。如果在这一教育方法上再补充上我们的普通学校、高等学校和幼儿园、儿童之家等另一种类型的教育机关的教育成就上的丰富经验，那么，我们就具有极其丰富的教育工作的经验了。

如果我们拿久经考验、早已确定和早已准确地阐述了的教育方法，拿我们的党、共产主义青年团的各种决议和章程，拿列宁和斯大林同志的言论来说的话，那么说实在的，我们现在确实完全可能编制一部苏维埃教育事业的全部原理和公理的真正的大法典了。

我个人在实践中也不得不把教育的目的作为主要的目的。因为，委托我干的是所谓违法者的再教育工作，摆在我面前的首先是教育任务，甚至于任何人都没有向我提出教养这一个任务。交给我教育的是些违法的男女儿童，照旧的说法，这就是犯罪者。这些男女儿童的性格都具有极明显的和可怕的特征，因此我首先提出一个目的，就是改造这种性格。

起初我觉得所谓主要的东西就是某种个别的教育工作，尤其是劳动教育。这种极端的主张我坚持得并不长久，但公社里其他同事们对于这种主张坚持了很长时间。甚至在内务人民委员部（在旧的领导人时代）所属的几个公社里，这种主张是占优势的。

这种主张是在仿佛完全被默认的一种论点的帮助之下得到贯彻的，这种论点就是：谁愿意在学校里学习，谁就可以学习；谁不愿意学习，谁就可以不学习。实际上结果就变成了谁也不去认真学习。只要一个人在班级里遭到了某种失败，他就可以行使他的权利："不愿意学习。"

我很快就相信了，在工学团的制度里，学校是最有力的教育手段。最近几年以来，因为我坚持学校是教育手段这一原则，曾受到工学团管理处的个别工作同志的攻击。这些年来我是重视十年制完全学校的，并且我坚信，真正的再教育工作——保证不再重犯的完全再教育工作，只有在完全的中学里才有可能。直到现在，我仍然相信教育的方法具有自己的逻辑，它在某种程度上不依赖于教养的逻辑。教育的方法和教养的方法，据我看来构成两个部分——教育科学的两个或多或少地独立的部分。当然，这两个部分应当保持着有机的联系。不消说，班级里的一切工作，总是属于教育工作，但把教育工作归结为教养工作，我认为是不可以的。下面，我还要更详细地来谈谈这个问题。

现在，就教育方法的基础问题说几句话。

首先我相信，教育工作的方法决不能从邻近科学，如心理学和生物学的命题中引申出来，不管这些科学经过如何的分析研究；尤其是生物学，自从巴甫洛夫的著作问世以后，更不能够这样来做。我认为我们没有权力从上述科学中直接得出关于教育方法的结论。这些科学对教育工作确有巨大意义，但决不能作为据以作结论的前提，而是作为检查我们实际成就的起监督作用的原理。

此外，我认为教育方法只能够由经验中获得（经过心理学和生物学等科学理论的检验和确定）。

我的这种论断，是根据以下的见解得到的：教育学特别是教育理论，首先是在实践上适应一定目的的科学。如果我们不向自己提出一定的政治目的，那我们简直就不能去教育人，也就没有权利进行教育工作。没有明确的、广泛的和人所共知的目的的教育工作，会变成脱离政治的教育工作，在我们苏联的社会生活里，证实这个论点的例证是随时随地都能够遇到的。苏联红军在教育工作方面取得了巨大的、宏伟的、甚至在世界历史上是绝无仅有的成就。红军的教育工作自始至终永远是适应着一定的目的，而红军的教育者也永远知道他们要培养什么样的人、要获得什么样的目的，所以才会有这样巨大、宏伟的成就。不久以前寿终正寝了的儿童学，就是没有一定目的的教育理论的最好例证。从这种意义上说，可以把儿童学看作跟苏维埃教育意向完全敌对的一种东西，这是一种没有目的的教育工作。

教育工作的目的是从哪儿产生的呢？当然，这是从我们社会的需要、从苏维埃人民的意向、从我们革命的目的和任务以及我们的斗争的目的和任务里产生的。正因为如此，对目的的表达当然也就既不能根据生物学，也不能根据心理学，而只能根据我们社会的历史、我们社会的生活。

同时，我以为要在证实教育方法这一方面一般地规定与生物学和心理学的这种关系，这在目前是不可能的。心理学和生物学正在不断发展，也许在今后十年内这两门科学能够提出关于人们的个人行为的准确原则，到那时候，我们就可以更多地依靠这样的科学了。我们的社会需要和我们的社会主义教育的社会目的与心理学和生物学理论的目的和材料之间的关系，应当永远处于经常不断的变化之中，也许，这种关系甚至可以变化成使心理学和生物学与我们的教育工作经常发生关系。我坚决相信的是什么呢？我相信，无论从心理学中还是从生物学中，都不能够用演绎的方法、用简单的三段论法的方法、用形式逻辑的方法得出结论来，不能够得出教育方法来。我已经说过了，教育方法首先应当从我们的社会和政治目的中产生出来。

我相信在目的这一方面,在适宜性这一方面,教育理论首先犯了错误。我们的教育工作中的一切错误、一切偏向,总是发生在适宜性的逻辑这一方面。我们姑且把这个称为错误。

　　在教育理论中,我看到了这些错误的三种类型,这就是:演绎臆断类、强调伦理概念类和孤立方法类。

　　我在自己的实践工作中,为了跟这种错误进行斗争而饱经忧患和痛苦。第一种错误是,有人采取了某种方法,就肯定地说这种方法能产生如何如何的结果,我们以大家都知道的单元教学法的历史为例。提出一种方法——单元教学法,想用逻辑推理从这种方法中侥幸地得出定论,说这种教学方法会得到良好的结果。

　　关于单元教学法能得到良好结果的这一论断,在被经验证实以前就已肯定了,但一定要肯定地说结果必然会是良好的,说在心理的某些秘密的角落里会隐藏着良好的结果。

　　当谦逊的实践工作者提出要求说"让我们看看这个良好的结果"时,就遭到了这样的反驳:我们怎能打开人心来看呢? 由于单元教学法的协调,课程的各部分的联系,那里应该有良好的结果。课程各部分的联系必然会在人的心理上留下良好的结果。

　　这就是说,这里连经验的证实在逻辑上也是不允许的。结果,就得到这样的循环说法:有好的方法,就会有好的结果;只要结果好,那就表示方法也好。

　　这样的错误是很多的,这是由于过分重视演绎逻辑所产生的错误,不是由于过分重视实验逻辑。

　　所谓强调伦理概念类的错误也很多。我以劳动教育为例与大家谈一谈这个问题。

　　在这一点上,我也犯了这样的错误。"劳动"在字义上是如此悦耳,对我们是如此神圣和正当,以致劳动教育也使我们觉得仿佛完全是正确的、肯定的和合理的了。而以后却证明"劳动"的字义并没有包含某种惟一正确的和完整的逻辑。最初,劳动被理解为单纯的劳动,被理解为自我服务的劳动,以后又把劳动看作没有目的、徒劳无益的劳动过程——耗费精力的操作。于是,"劳动"一词就这样说明逻辑,仿佛逻辑是没有错误的,虽然随时随地都表现出来真正没有错误的东西并不存在。但是人们相信术语本身的伦理力量,相信到认为逻辑也仿佛是神圣的东西了。然而,我的经验和许多学校里的同志们的经验,都证明从术语本身的伦理概念的渲染中不可能对某种方法作出结论,并证明劳动应

127

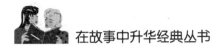

用在教育上，其应用方式可能是各种各样的，并且在每一个别的场合里，可能产生各种不同的结果。在任何情况下，劳动如果没有与其并行的知识教育、没有与其并行的政治的和社会的教育，就不会带来教育的好处，会成为不起作用的一种过程。你们可以随意强迫一个人去劳动，但是，如果不同时从政治上、道德上去教育这个人，如果这个人不参加社会生活和政治生活，那么，这种劳动就只能成为一种不起作用的过程，不会产生积极的结果。

只有把劳动作为总的体系的一部分时，劳动才可能成为教育的手段。

最后，还有一种错误，这就是孤立方法类的错误。人们常常说：某种方法必然会得到某种结果。有一种方法，乍看起来仿佛是最不容怀疑的一种论断，教育刊物上也常常发表这样的东西，这就是关于惩罚的问题，我们就拿这个问题来说吧。例如，惩罚是培养奴隶的，这是确定无疑的公理。不成问题，在这种论断里，所有的三种错误就都包括进去了。这里既有演绎臆断的错误，也有强调伦理概念的错误。这是因为在惩罚上，逻辑是由对这一个词的本身的渲染开始的，最后也有孤立方法的错误，惩罚是培养奴隶的。但我认为任何一种方法都不能离开整个体系来单独分析。一般地说，任何一种方法，不管哪一种方法，如果我们脱离开其他的方法，脱离开整个的体系，脱离开整个的综合影响来单独分析的话，那就既不能认为它是好的，也不能认为它是坏的。惩罚可以培养出奴隶，但有时也可以培养出很好的人来，可以培养出自由和自豪的人来。大家注意，在我的工作实践中，当提出培养人的尊严和自豪精神的任务时，我就是通过惩罚来达到这种目的的。

我下面要谈的是在什么样的情况下，惩罚能培养出入的尊严。当然，这样的结果，只有在一定的环境里，也就是在同时使用其他方法的一定的环境里，并且在一定的发展阶段上，才可能产生。任何的教育方法，甚至像暗示、解释、谈话和公众影响等我们通常认为最通行的方法，也不能够说是永远绝对有益的。最好的方法，在某些情况下，必然会成为最坏的方法，我们就拿集体影响个人这个方法来说，有时候集体影响是好方法，有时候又是坏方法。我们拿个人影响——教师与学生个别谈话的方法来说，这种方法有时是有益的，有时却是有害的。任何一种方法都不能够脱离整个方法体系，单从有益和有害的观点予以分析。最后，任何的方法体系都不能认为是绝对不变的体系。

我想起了捷尔任斯基公社的历史。捷尔任斯基公社在 1928 年成立的时候，是一个八年级的男女儿童的集体。这是健全愉快的一个集体，但这还不是1935 年时代的捷尔任斯基公社接收了 20 岁以下的青年，有了很大的共产主义青年团的组织。当然这样的集体所要求的就完全是另外的一种教育方法体系了。

我个人相信这样的情况:譬如说一所普通的苏联学校,把它交给优秀的教师、组织者和教导员,这所学校将办上20年,那么,在这20年的过程中,这所学校在优秀教师的支配下所走过的路程应是非常了不起的,这就是教育方法的体系自始至终,彼此之间是极不相同的。

一般地说来,教育学是最辩证、最灵活的一门科学,也是最复杂、最多样化的一门科学。这种见解就是我的教育信念的基本标志。我并不是说,一切都经过了我的经验的检验,完全不是,我还有许多不能明白、不能确定的问题,我所以这样说,只是作为工作上的假定,这种假定要随时予以证实。对我个人来说,要亲身用我的经验来证实这种假定,但是,这当然还要用广大的苏维埃社会的经验来予以检验。

同时,我相信我所说的逻辑是不会与我们苏联的优秀学校以及许多优秀的儿童集体和非儿童集体的经验相矛盾的。

这就是我预先要说的总的意见。

现在我们来谈一个最主要的问题——关于确定教育目的的问题:教育目的由谁来确定? 怎样确定? 什么时候才能确定? 什么是教育目的?

我所理解的教育目的就是人的个性的培养计划、人的性格的培养计划,而且,我把个性方面的一切内容都包括在性格的概念中,这些内容就是:外部表现和内心信念的性质、政治教育、各种知识,即人的个性方面的全貌。我以为,我们做教师的应当有这样的人的个性培养的计划,我们应当力求实现这种计划。

我在自己的实践工作中不能没有这样的计划。任何的东西都不能像经验那样地教育人。就在捷尔任斯基公社的时候,曾经交给我几百个人,我看到每一个人的性格中都有深固而可怕的倾向,都有根深蒂固的习惯,我应当想一想:他们的性格究竟是怎样的? 为了把这些男女儿童教育成公民,我应当向哪一方面努力? 我一经思考,就看到这个问题绝不是几句话所能够回答的。如何培养好的苏维埃公民,还有人给我指出道路。我应当着手研究关于培养人的个性的更广泛的计划。刚接触到培养个性的计划,我就遇到了这样的一个问题:培养个性的计划对所有的人都应当是一样的吗? 我应当把每一种个性,都归纳在统一的培养计划中吗? 应当把每一种个性都列入一致的标准畢,并追求实现这种标准吗? 如果这样做的话,那我就要舍弃个性方面的个别的优点、个别的特性以及特殊的美好之处。要是不肯舍弃的话,那我的培养个性的计划能是什么样

129

的呢？我不能那样简单地、抽象地解决这个问题，而是在十年的实践工作过程中解决了它。

我在自己的教育工作中，看到了应当有培养个性的一般的"标准"计划，还应当有对这个计划的个别修正案。对我来说，还没有产生过这样的问题：我的学生应当成为勇敢的人呢还是我应当培养胆怯的人？这里，我假定好了"标准"，即每一个学生都应该是勇敢的、刚毅的、诚实的和爱好劳动的爱国主义者。但是，如果遇到了像天才这样的个性上的细微之处时，那该怎么办呢？有时候，当遇到天才的时候，会对它产生很大的怀疑。有一个男孩在十年制学校毕业时，我就有过这样的情形，这个孩子的名字叫捷连秋克。他学习很好，成绩全是五分（我们学校当时采用五级制记分法），以后他想进高等工业学校。我早已发现他有很高的演员天赋，而且是非常稀有的喜剧演员的天赋，特别机智聪明，有天赋的悦耳的声带，富于表情，是一个聪慧的喜剧演员。我观察到只有在演剧工作这一方面，他才能够取得很大的成就，如果上工业学校，他就是一个平常的学生。但是当时有那么一种爱好，所有我的"孩子们"都想做工程师。如果说到做教师的话，大家当面就会笑起来。"为什么偏要去做教师？""那就去当演员。""您说到哪儿去了，演员算什么工作？"于是捷连秋克进了工业学院，我深信我们失掉了一个出色的演员。我让步了，归根结底，我没有权力挽回这件事情。但是我总是不能释怀。他学习了半年，来参加我们的戏剧小组。我想了又想，最后决定召他参加社员大会，我说我要就捷连秋克的问题向大会提出申诉，因为他不服从纪律，上高等工业学校去了。全体大会上大家说："你怎么不害臊？给你说了，而你不服从。"大会最后决定："不许他上工业学院，决定把他送到戏剧专科学校去学习。"他很不高兴地走了，但他不能够不服从集体。他得到了奖学金和公共宿舍。现在他成了出色的演员，已经在一个有名的远东剧院演出了，在两年中，他获得了一般人十年才能获得的成就。现在，他非常感谢我。

如果现在我再遇到这样的问题，我还是没有解决它的把握。谁能了解捷连秋克？我有什么权力硬要用强制办法呢？改变这种志趣的权力对我来说还是一个没有解决的问题。不过我深信每一个教师都会遇到这样的问题：教师是否有权干涉学生性格的发展，并引向正确的发展方向呢？还是只应当消极地跟随着学生的性格走呢？我以为问题应该这样解决，那就是：有权干涉。但是应该怎样做才对呢？个别情况要个别处理，因为有权力是一回事，而能够做得好是另一回事，这是两个截然不同的问题。今后我们在培养干部时，很可能就是要教他们怎样做转化工作。培养医师，就应该教他怎样施行穿颅术。在我们现在的条件下,可能将教教师怎样来做这样的"穿颅术"(也许比我做得更机巧些、更成功些),教他们怎样根据个人的品质、个人的爱好和个人的能力,引导人向他最需要的那个方向发展。

现在我们来谈谈在我的经验中和我的其他同事们的经验中的那些实际工作方式,我认为这些方式最成功地体现在教育工作中。教育工作的最主要方式,我认为就是集体。关于集体问题,在教育著作中似乎已作了不少的论述,但总感到有些不够明确。

什么是集体?我们对集体干预的界限在哪里?现在我正在参观莫斯科和基辅的许多学校,我没能经常看到学生集体。有时能看到班级集体,但我几乎从来没有看到过学校集体。

现在我简单地说几句,把我和我的同事们所培养出来的集体告诉大家。请注意,我所处的环境与普通学校的环境是不相同的,因为我的孩子们都过着共同的生活,都从事生产工作,大多数没有家庭,也就是说,没有另外的集体。因此自然而然,在我所管理的范围内,集体的教育方法就要比普通学校用得更多些。但我并没有因为有了这样的良好条件作基础就松懈起来。当时我有一个学校——工厂(车厢工厂)学校,我这里仍然是有学生集体的。

在当时教育人民委员部的旧式领导之下的学校实际工作中,我看到许多很奇怪的现象,这些现象,以我的教育眼光来看是完全不能理解的。例如,昨天我到过一个文化休息公园,那里有区少年宫。在这一区里还有单独设立命名为小巴维尔·莫罗佐夫的少年宫,也就在这同一区里还有13所学校。所以,我昨天就看了三种机关——学校、少年宫和莫罗佐夫纪念馆,看到了这三个机关怎样把儿童们分为各种不同的集体。这里,儿童们是没有集体的。他们在学校里是一种集体,在家庭里是另一种集体,在少年宫里是第三种集体,在莫罗佐夫纪念馆里是第四种集体。他们在各集体跑来跑去,可能早晨选择一个,晚间选择另一个,午间又选择第三个。昨天我就亲眼看到过这样的事情:在少年宫里有一个舞蹈小组,其名称还是老的叫法——旋律舞蹈小组,在那里就是单纯地跳舞。有一个学校的共产主义青年团小组长申明说:"我们不准女孩子参加旋律舞蹈小组。"学校的校长拍着胸膛说:"大家看!团小组长申明不准女孩子参加!"校长拖着团小组长去诉诸公论。"事情就是这样的,请大家看,他干的是什么事。"但团小组长还是坚持自己的意见:"就是不准!"于是发生了冲突。这里,我想起了我们公社里所发生的类似的另一件争吵的事情。我们有许多严格认真的各种不同的小组,有真正的滑翔机,有骑兵队……有一次,有一个男孩子,是少年先锋队队员，通过少年先锋队组织加入了哈尔科夫少年宫，并且在那里参加了北极考察工作，在那里表现得很好，少年宫奖励他和其他的孩子一同去穆尔曼斯克出差。这个孩子叫米沙·佩克尔，他在公社里说："我就要到穆尔曼斯克去了。"

有一个年龄大一点的社员问：

"你要到哪里去？"

"到穆尔曼斯克去。"

"谁叫你去的？"

"少年宫派我去。"

在全体大会上，年龄大的一些社员们说：

"叫米沙·佩克尔解释一下，是谁派他去？他要到哪里去？"

米沙说："是的，我要到穆尔曼斯克去考察北极，少年宫派我去的。"

大家都喊起来：

"少年宫怎敢派你去！也许，我们明天要把你派到非洲去。第一，我们要到伏尔加河去旅行，而你是我们的吹黑管的；第二，就是你不吹黑管，你补的是什么空子？你又要在这里干，又要在那里干。不行，你哪里也不能去。你事先就应该问问全体大会，问明白你可以不可以在那里接受所有的奖励。"

米沙听从了大会的意见。但少年宫和共产主义青年团组织知道了这件事，少年宫提出了意见："捷尔任斯基公社干的是什么事？我们要派人去北极，而他们那里偏说：你要吹黑管，因为要去伏尔加河旅行。"这件事情，一直闹到乌克兰共产主义青年团中央委员会。但说实在的，实际上一切全都解决了，因为，公社的共产主义青年团组织说：如果米沙应该去的话，当然我们不会把他拉住，我们也会给他津贴等，请吧，转到少年宫去，做少年宫的队员去……如果我们有需要，我们自己也会派我们所需要的人到北极去，进行必要的考察，也会有助于征服北极的工作。在当前这段时期内，在目前来说，这是没有列入我们计划以内的事情。你们说什么施密特、施密特，到北部的施密特还少吗？但全苏联的人不会都到北部去，因此，不能证明说，每一个人都应当到北极去。很显然，米沙是想争一争的，但大家对他说："行啦。吵上了一阵子，该停止了。"于是米沙说："我自己也并不想去。"

这里还有第二个问题。我曾到过莫斯科近郊的几个夏令营，这都是很好的夏令营，在那里生活得很好、很愉快，当然，这是最有益于健康的机构。但我很吃惊，在这些夏令营里汇集着各所学校的儿童，这一点，我是不明白的。我认为这样做就破坏了教育上的某种和谐。一个孩子是一定的一个学校集体的成员，而夏天把他送到一个混合的集体里，这就说明，他的学校集体在他的夏季休息的组织里没有参加任何的工作。你们看，正像我给你们说过的一样，在少年宫和其他地方，感到有摩擦和倾轧的现象。我知道，这种倾轧是怎么会发生的。

应当通过建立统一的、有力的和有影响的集体来组织正确的苏维埃教育。学校应当是一个统一的集体，在这里组织全部的教育过程，这个集体的每一个成员也应当感觉到自己对集体的依靠，应当忠于集体的利益，应当维护这种利益，并且首先要重视这种利益。如果让每一个成员选择对自己更适宜、更有益的人，但并没有为此借助自己所在的集体的力量和手段，出现这样的情况，我认为是不对的。这会造成怎样的后果呢？所有的各个城市里的少年宫的工作都做得很好，莫斯科的少年宫做得尤其好。少年宫的许多工作者和工作方法是值得赞赏的。不过虽然他们这样好好地工作着，虽然我们的社会帮助他们这样好好地工作着，但这还是使有些学校有可能逃避一切额外的工作。许多学校中没有少年宫里的那些小组。一般说来，校外工作当真变成"校外的"了，学校也就认为有权拒绝这种工作。不成问题，借口总是可以找到的，比如说：我们没有大厅，我们没有拨款，我们没有专门工作人员，等等。在一个集体里应该组织全部的教育过程，我是赞成有这种过程的集体的。

我个人希望有这样坚强有力、设置完善和装备良好的集体制度，但这仅仅是集体组织的外表形式……

这样的少年宫和儿童俱乐部，可以说，能够和学校一起来进行工作，但其中的组织工作，仍然应当归学校。学校应当对这种工作负责，各学校应当在工作中联合起来。反对女孩子参加旋律舞蹈小组的那个团小组长是正确的，如果团小组长要对本集体里的儿童的教育负责的话，那么，他就应当关心他的孩子们在少年宫里究竟做些什么事情，并要对此负责。如果教育过程分散在各个机构和个人之间，而且这些机构和个人没有被相互的责任和一长制联系在一起，这样的过程就不可能带来好处。

我知道，设置完善、装备良好的统一的儿童集体，当然要花很多的钱，但也很有这样的可能，即组织得比较好的儿童集体，也是能够节省出资金的。

这都是有关集体本身组织的问题。总之，我坚决主张，领导儿童教育的统一的儿童集体应当是学校。其他所有的机关都应当服从学校……

我相信，如果一个集体没有目的，那就不会找到组织这一集体的方法。应当向每一个集体提出总的集体的目的：不是向个别的班级提出，而是必须向全校提出。

我们集体里有 500 个人。成员是 8～18 岁的孩子,也就是一年级到十年级的学生。当然,他们彼此之间是有很多不同的特点的。第一,年龄大一点的儿童是比较有教养的,在生产上是比较熟练的,也是比较有文化的。年龄小的儿童,因为脱离流浪生活不久,当然就粗野无知。最后,还有一般的儿童。但是,尽管如此,在我最近几年的工作中,所有这 500 个人,确实形成了统一的集体。我从来不允许自己剥夺集体成员的权利,剥夺任何一个公社社员的投票权,不管他们的年龄和发展程度如何。公社社员全体大会真正是实际的领导机构。

全体大会是集体的领导机构,这引起了我的批评者和上级的反对与怀疑。他们说:不可以让这样的大会来决定各种问题,不可以把领导集体的事情交给一群孩子。当然,这种说法是对的。但是,问题在于应当争取做到,不是一群孩子的全体大会,而是集体成员的全体大会。

使"群"变成"全体大会"的方法和手段是很多的。这不是用什么人工方法可以办到的,也不是在一个月之内就能做到的。一般说来,在这样的情形下想追求速效,总是要失败的。我们以学校为例:如果学校里没有任何的集体,一切都是散漫无组织的,往好处说是每班都过着孤独的生活,遇到了其他的班级,就像我们在街道上遇到了普通的人们一样,那么要想把这样一群无组织的儿童变成一个集体,当然就需要经过一番长期的(不是一两年)坚忍不拔的和耐心的工作。可一旦集体建立起来,如能爱护它,如能注意它的活动进展,那么这样的集体就可以永远保持下去。特别在有 8～10 岁儿童的学校里,应该说是最可宝贵的、最良好的教育工具……

儿童集体的力量是强大的,其强大程度几乎是无与伦比的。但是这样的集体,自然也是容易解体的。种种错误、领导的种种更替,能够使集体变为人群。但是集体存在得越长久,集体变得越坚强,那它就越容易延续下去。

这里,我们要谈一件重要的小事情,这件小事情我是要特别坚持的。这是什么呢? 这就是传统。任何东西,也不能像传统那样地巩固集体。培养传统、保持传统是教育工作中极其重要的任务。一所学校如果没有传统,当然就不会是好学校,而凡是我所见过的好学校,就拿在莫斯科见过的好学校来说都是具有传统的。什么是传统呢? 我曾遇到过反对传统的说法。我们的一些老教育工作者说:一切法令、一切规章都应当合乎情理。应当在逻辑上是明白易懂的,而你却承认已经失去了理智和逻辑的传统。一点也不错,我是承认传统的。例如,当我还年轻的时候,当我还没有很多工作的时候,我在公社里每天是早晨6

点钟起床,并且每天要作一次检查,也就是说,要同值日队长一起去寝室检查,各队都喊"全队立正"的口令向我敬礼。每天一开始,我检查一次分队人员和分队情况。这时,我是被看作公社的首长,我就可以以首长的身份审查一些事情并予以惩罚。除我以外,公社里任何人都没有惩罚的权力,当然,全体大会是除外的。但是我不可能每天都参加检查。我第一次下了通知,明天我不能够作检查,由值日队长担任检查工作。

这种方式,逐渐就变成通常使用的方式了。这样就形成了传统:值日队长在检查的时候,是被当作首长看待的。起初对此是懂得的,但以后就不清楚了。新来的人都知道值日队长有惩罚的权力,可是,为什么会有这样的权力呢?那就不清楚了。这一点,老人是完全明白的。值日队长说:"做两天值日!"大家就回答他:"是,两天值日。"如果在其他的时候,不论白天或晚上,这个值日队长要使用这样的权力,那回答他的就是:"你是什么人?"这样的传统保持下来了,它对巩固集体起了很大的作用。

另外还有一个传统,这也是不能拿逻辑来解释的。很久以前曾发生过一次纠纷。值日队长晚上作报告时说:"伊凡诺夫吃午饭时破坏了纪律。"而伊凡诺夫说:"没那事,我没有破坏纪律。"我检查事实以后说,依我看,伊凡诺夫是没有破坏纪律。其他的人也同意我的看法,可是值日队长却坚持自己的意见。我把这件事情搁了下来没作处理。值日队长在全体大会上指责了我的做法,他说:"安东·谢妙诺维奇没有权力审查我的报告,我并不是私自悄悄地给他说话,我是当着所有的其他队长'立正',敬礼,给他作报告。在这种情况下,如果他不相信我的报告,他就不应该相信值日办法。如果我的每一个报告都要用审查口供的办法加以检查,那还要值日干什么?"

全体大会作了决定:安东·谢妙诺维奇不对,值日队长的报告是不需要审查的,如果是低声耳语,那就自然可以审查了。这样的决定,在这十年的过程中,就成了法律。一天里随便想说什么都可以,但当作报告时,那就确确实实是正确无误的:他敬了礼,举了手,这就表示报告是正确的、真实的。如果你事实上并没有错,那你心里知道值日队长错了就行啦。

这样就形成了一个优良的传统,它使工作变得容易进行了。

第一,任何一个值日队长都不肯说谎,因为他知道大家都相信他;

第二,用不着再因为检查费时间、费精力了。也许值日队长当真会有错误,但不走运的受屈者,还是应当服从的。有一次,一个共产主义青年团团员曾说过:这是什么规则,应当取消它。因为,我去工作时确实没有迟到,而值日队长却在报告里说我迟到了十分钟，并且告诉我说，是不会调查的了。这时候，大家就给他作了解释：也许你是对的，也许你确实准时去工作，但是，对我们来说，对你来说，纪律和信任值日队长，比起你的对来是更为重要的。因此，你还是把自己的对牺牲了吧。如果我们要检查每一个值日队长说的是什么，这就不是值日队长，简直是奴才了。而我们需要的正是值日队长。在我的集体里，像这样的传统是很多的，简直可以举出好几百来。这些传统，我并不全都知道，但孩子们是全部知道的。孩子们知道这些传统，不是得自记载，而是凭借某种直接的感触。这样做是应该的。为什么要这样做呢？因为老社员是这样做的。老社员的这种经验，尊重老社员的逻辑，尊重老社员建立公社的劳绩以及最主要的是要尊重集体的权利和集体的全权代表，这是集体的最重要的一种美德，当然，它是要靠传统来维持的。这样的传统，能美化儿童的生活。儿童们生活在这样的传统网里，会感觉到自己是在具有特殊的集体规律的环境中，并因此而自豪，力求改善这种集体规律。我以为，没有这样的传统，要有正确合理的苏维埃教育是不可能的。为什么呢？因为，没有尊重自身美德、感到自己集体面貌的坚强的集体，正确的苏维埃教育是不可能有的。

我可以说出许多有趣的传统来，并且可以举出一些例子。这既是传统，也是很可笑的事情。卫生委员会的值日员每天担任值日工作，臂上带着红十字的袖章，他有很大的权力——直接下命令的权力，他可以让任何一个共青团员或集体成员从桌子旁站起来去洗手，而对方就要服从他。他可以到任何一个工程师、工作人员和教师的寝室里去，可以在全体大会上报告某某教师的寝室脏。在这一方面，是有过决议的——无论什么时候也不必细分什么样的脏，如谁泼了水，谁的窗台上有尘土，谁的椅子背靠上有尘土等等。大家决定从来不作过于详细的报告，不描述杂乱无章的情况，只简单地说一个字"脏"。就警惕防止不清洁这一点说，这样做是完全够了。根据传统，这个发号施令的人，一定要从女孩子当中选出——一定是一个女孩子，一定是一个小女孩，而且一定是一个很干净的女孩子。究竟是从哪里得来的这种传统，我已经记不清楚了。例如，提议选出某一个女孩子，有人就说："你怎么啦，她已经 17 岁了。"谁也不明白，为什么不能选举 17 岁的女孩子当值日卫生委员。"从前有一次她出去的时候，她的长统袜子松下来了，所以不能当。"为什么必须是女孩子呢？据说，男孩子总是不能经常好好地把自己收拾干净；其次，按一般的道理说，女孩子厉害一点。如果女孩子一说话，那么，她无论对谁——不管对朋友，不管对仇人——总是不肯放过的。这一点，我是反对的："你们就不害臊，为什么要剥夺男子的这种权利呢？怎么表现出她是爱干净的或不爱干净的？"大家一致同意了我的意见,但是选举的时候,有人推举出女共青团员做候选人,大家都反对,说不行。那就推选女少先队员吧。选举出来的女少先队员完全是个小孩子,怎能委托她担任这样的工作呢？大家都说："不,她是合适的。"这样的卫生委员会委员真不好惹,同她们生活在一起是很麻烦的。谁要是同这样的 12 岁的女孩子在一起,谁就成天不得安宁了。无论吃饭、工作或睡觉,任何时候都是这样。大家都责骂她闹得别人简直没法活下去了。她在寝室里找尘土,找来找去,一点尘土也没找到,但她翻过椅子来说：

"这是什么？"

"挂了一根细头发丝。"

于是,她在报告中说：第十五寝室脏。再也没法子辩解了,因为这是事实。偏偏这是尼娜,一个小孩子,她说："是你梳的头发,你的头发飞开来了,莫非我应当替你来掩饰吗？"

这样的小孩子报告着,成年的小伙子们看着她。她叙述着她巡查了多少次寝室,作了多少次通知等等。"工作得很好吗？""很好。"于是,大家又选举了她,忘记了自己因为她而吃的苦头。

这是一种传统。像这样的小女孩是最不放松小节、最纯洁、最诚实的,对任何诱惑都不动心。集体觉得正是这样的女孩子,才可以把卫生委员会委员这样的工作委托她去做。这种传统,是很根深蒂固的,' 就是在共产主义青年团委员会里也这样说："不行,这样做不合适。还是教克拉娃这个女孩子干吧,她年纪小,她干净,她能担任这样的工作。"

孩子们就是创造这种传统的惊人能手。

应当承认,在创造传统中,要利用某种轻微的本能上的保守性,但必须是优良的保守性,也就是相信昨天,相信创造了某种价值并不愿意因为我们今天的任性而破坏那种价值的那些同学们。

在这些传统中,我最看重军事化的传统——各种游戏……这不应当是军事法典的重复。无论如何,也不应当模仿和抄袭。

有一些年轻的教师们,很爱好经常作整队行进,到食堂里去要整队行进,去工作时要整队行进,到处是整队行进。我是反对这种做法的。这样做并不美,也没必要。但在军队生活中,特别是在红军的生活中,有许许多多美的、吸引人的东西,我在自己的工作中,也越来越相信这种军事化的美学的益处。儿童们更善于美化这种"军事化",使它更适合儿童,更愉快。我的集体在某种程度上是军事化了的。第一，名称上有一些军事用语，如"队长"就是。名称有很重要的意义。例如，把普通学校叫做不完全中学，这一点我并不是完全同意的。我觉得关于这个问题，还应该多想一想。一个学生在普通学校学习，而学生所在的学校的名称却叫做不完全中学，这表示什么呢？这是一种不全面的名称。名称本身对学生应该有吸引力，我对名称是很注意的。当我提议用作业组长这个名称时，孩子们说这样不妥当，什么叫作业组长，组长是生产工作部门的名称，而在我们分队里，应当叫队长。"其实你干的还是同样的事情。""不，这看怎样说，我可以发命令，而作业组长要是发命令，大家就会对他说：你不是队长，你是作业组长。"在儿童集体里，一长制是组织得非常好的。

　　例如，拿"报告"这个用语来说，当然，可以随便听取孩子们的报告。但我以为，给这种报告定出若干规矩，是特别能吸引儿童的。规矩是这样的：队长来作报告时应当穿制服，不能穿工作服，不能穿整天跑来跑去所穿的那种衣服。当某一个队长作报告的时候，他必须敬礼，我也没有权力坐着听报告，当时所有在场的人都要敬礼。大家都清清楚楚地知道，举手敬礼，是大家对分队的工作、对整个集体的工作表示敬意。这样就强调了一种荣誉——斯大林同志所说的那种劳动的荣誉。

　　此外，在集体生活中，在集体的活动中，可以采用军队生活中的许多做法。例如，公社里具有关于全体大会如何开始的优良传统。全体大会经常只能由值日队长宣布开会。值得令人注意的是，这样的传统，已经习以为常、牢不可破了，即使当公社来了高级首长，连人民委员会委员也包括在内，仍然是谁也不能宣布全体大会开会，而只有值日队长才能宣布开会。而且根据传统，整整十年来举行的全体大会，必须有一定的规程。召集全体大会是用号声作为信号。吹号以后，安置在露台上的乐队演奏三遍进行曲。第一遍是让大家听的，这时可以坐着，可以谈话，也可以进来出去。当演奏完第三遍时，我必须来到大厅，我知道我是不能不到场的，如果我不到场，我就要受到指责，大家会说我破坏了制度。进行曲全部演奏完了时，我必须喊口令："对旗敬礼，立正！"这时候，我并没有看见旗子在哪里，但我知道旗子就在附近，我知道我一发出了口令，它就会被带进来的。当旗子拿进来的时候，全体必须起立，这时乐队演奏专用的行升旗礼的乐曲，当旗子插在台上时，大会就算开始了。值日队长立刻进来宣布："大会开始。"

　　十年来，任何一次全体大会，都没有采用过其他的方式来开始，如果改变了方式，那就有人要说我们没有制度，说我们不知在搞些什么把戏之类的话了。

这种传统能够使集体更美,它为集体建造了外表的骨架——能够在那里美满地生活因而具有吸引力的那种"外表骨架"。红旗就是这种传统的优美的内容。

根据这种传统,旗手和副旗手由全体大会选举品行优良的社员来担任,一经选出,"毕生不变"。这就是说:只要你在公社生活,你就要当旗手或副旗手。旗手不能受任何的惩罚,旗手有单独的房间,有特制的礼服,当旗手持着旗子的时候,不能够用"你"而要用"您"称呼他。

这样的传统究竟是从哪里来的,我也不知道。但是,我们的社员中只有一个人得到了军功勋章,这就是旗手。旗手在公社里是最受尊敬的人物,这一个事实就是证明。

在学校里尊敬旗帜是最好的一种教育手段。在捷尔任斯基公社里,对旗帜的尊敬表现为:如果立着旗的房间需要修理而要将旗移到另一个地方的时候,那就必须把整个集体整队集合起来,由乐队奏乐,隆重地把旗移到另一个地方去,只许这样做,决不能用另外的办法。

我们差不多到过了全部的乌克兰、伏尔加、高加索和克里米亚,红旗一分钟也不会没有人守护的。我的教师朋友们知道了这件事情后曾经说:"你们干的什么事?孩子们晚上是需要睡觉的。你们做的是保健运动——行军,但孩子们却在晚上给你们守旗。"

我们的看法是各不相同的。我不明白,在行军的时候,怎能让旗子没人守护呢?

在公社的入口处,总是站着守卫的,带着很好使的步枪。我甚至不敢提到这件事。当然,站岗人是不带子弹的,但他有很大的权力。站岗的常常是十三四岁的孩子,他们是轮流换班的。站岗的在门口检查每一个外来的人:来的是谁?他需要什么?他为什么要来?并有权用枪挡住来人的去路。公社的大门,在夜间是不关的,站岗的也要站几小时,有时候会胆怯、会害怕,但总还是要站够自己的两个小时。有一次,由乌克兰教育人民委员部来了一个女儿童学者和一个肃反委员会的工作人员。他们之间发生了一场很有趣的谈话:"他为什么老这样站着?""就这样站着。""他会寂寞的,给他一本书读读吧!"肃反委员会的工作人员说:"什么?让哨兵读书?""那为什么不行?应该利用时间、求取知识。"这是两种不同的人,女儿童学者惊讶的是站岗的什么也不干,而肃反委员会的工作人员对让哨兵在哨位上读书的建议感到惊讶。惊讶的内容是大相径庭的。像站岗这样的设置,是集体必要的职能,起着集体教育的作用。

我们有这样的一种规矩，也是一种传统：下楼梯时不能扶着栏杆。我知道是因为什么才采取这种办法的。很好的楼房的梯子，开始踏脏了，哪里有栏杆，那里就踏得很脏。因此，孩子们作了决定：为了保护梯子，不准靠近栏杆走。但是，大家一下就把这个决定忘记了。新社员来了，他们问："为什么不准扶栏杆？"大家告诉他们："应该靠自己的脊椎骨支持，不能靠栏杆来支持。"其实，起初注意的并不是为了锻炼脊椎骨，而是为了保护梯子。

应当有军事生活的美学，应当整饬、精确，但无论如何，不应变成单纯的步法操练。

至于军事训练，并不完全与这种军事生活的美学相同。军事训练是射击活动、骑马活动和军事学科的学习，而精确和美学在儿童团体里也是完全需要的。它好就好在能保持集体的力量，能防止不整齐、不协调的行动，能防止行为松懈和散漫。从这种意义上说，制服具有非常重要的意义。这一点，大家比我知道得更清楚，教育人民委员部和党在这一方面也有了一定的看法，所以我就不再多说了。但是，只有当制服整洁好看、合身的时候，它才能是美的。在我做到了多少有了合身好看的制服之前，我常因为制服问题遭受许多不愉快和失败。

不过，关于制服我还想再多说几句。我认为孩子们应该穿漂亮的衣服，漂亮到能引起他们的惊奇。在旧时代里，军队穿得很漂亮，这是特权阶级的一种豪华表现。我们的社会里有这样的特权阶层，有权穿得很漂亮，这就是我们的儿童。我将不惜一切努力，要使每一个学校的学生都有很漂亮的制服，这是团结集体的一种很好的"黏合剂"。我在这一方面曾作过一定的努力，但我受到了阻难。我们的社员有金银色的花纹字，有宽边的刺花小圆帽，有熨平的白凸花棉布领子，等等。一个集体，只要你使它有很好的服装，那你在管理上就有50%的把握了。

个别影响的教育方法

1938年1月10日、14日、16日和20日，马卡连柯为俄罗斯联邦教育人民委员部的工作人员作了四次演讲，本文是这次演讲第三讲的速记稿，最初发表在《教师报》上，时间是1941年1月12日。

今天我打算向你们提出个别影响的问题，即个别影响的教育方法问题。用特殊的方法从集体影响转向个别影响，从组织集体转向组织个人，在我最初几年的教育经验里，对于这一点的理解是错误的。我当时以为第一应当注意对整个集体的影响,其次是对个人的影响,作为对集体发展的一种校正。

在我的教育经验的发展过程中,我获得了深刻的信念:教育方法不是由整个集体直接转向个人,而只是通过为了教育目的而特别组织起来的基层集体的媒介转向个人的,以后的事实也证明确实是这样。

我以为,未来的教育学理论,应当是特别注意基层集体的理论。所谓基层集体,应该作怎样的理解呢?

一个集体的各成员在工作、友谊、生活和思想上固定地结合在一起,这样的集体就可以叫做基层集体。有一个时期,我们的教育学理论曾把这样的集体叫做核心集体。

在我们的学校里,自然也存在这样的集体,这就是班级,它的缺点可能只是在我们学校中没有起基层集体的作用,也就是说它没有能起个人和整个集体间的联结环节的作用,而往往成了最高的集体。在某些学校里,我看到班级成了学校集体,而整个的学校集体,有时候反而看不见了。

我的条件是比较有利的。因为,我的公社有宿舍和生产部门,而我的公社社员在逻辑上和事实上又有许多理由去关注公共集体的事业,关注公共集体的利益。但是,我这里没有像班级那样的自然基层集体。我应当建立这样的集体。以后,我的十年制学校扩充了,我就可以依靠班级形式的基层集体来进行教育了。我所以没有这样做,是因为考虑到这样的问题:班级在不断的日常工作中团结了儿童,而由于过分倾心于此,很容易把这样的基层集体引导得脱离了公共集体的利益。班级有充分理由把自己囿于各个班级的利益范围之内而脱离公共集体。所以,最近几年来,我不赞成建立班级形式的基层集体,甚至不赞成建立生产队形式的基层集体。我以班级和生产部门这样有力的结合形式来建立公社基层集体的企图,得到了可悲的结果。这样的基层集体因局限于自己的小圈子,经常有脱离公共集体利益和囿于自己的基层集体利益的倾向。在这样的情况下,基层集体也就失掉它作为基层集体的价值,成了侵蚀公共集体利益的东西,于是要转向公共集体利益就更为困难了。

通过犯错误我获得了这样的看法,这些错误,曾经影响过我的教育工作。因此我有权说,有许多学校过分用基层集体的利益来限制学校的利益,也必然会得到同样的教育结果。

只通过基层集体(核心集体)是无法进行集体教育的。因为在这样的集体里,日常生活中长期的友好合作把儿童团结在一起,他们成天见面,出现了小圈子,结果就会获得不能称为完全的苏维埃教育的那种教育。只有通过大的集体,这种集体的利益不是仅仅源于单纯的交往,而是源于更深刻的社会结合,才有可能过渡到广泛的政治教育;这时候,集体也就意味着整个苏维埃社会了。

把儿童封闭在一个友谊集体中的危险性,也就是小圈子教育,而不是广泛的政治教育的危险性……

在我的教育经验里,我获得了这样的组织:基层集体既不限于班级利益和学校利益,也不限于生产利益,而成为从各个小组中汇集学校利益和生产利益的一个基层组织。这就是我最近采取分队的组织形式的原因,我把不同班的学生和不同生产队的工作者都编在一个分队里。

我知道得很清楚,这种组织的逻辑是不足以使你们相信的。我没有时间作进一步的详细阐述,但可以简要地指出若干情况。例如,实际上这样的问题最使我关心,我曾从统计、活动和行为方面研究过这样的问题。拿年龄问题来说,我在开始工作的初期,也是主张以年龄为标准来建立基层集体的,其中一部分的原因是以学校利益为出发点的。但是,以后我就知道这是错误的。

跟年长的儿童隔离开来的年幼儿童,看起来好像是处于最合理、最自然的一种境地里。这样年龄(十一二岁)的儿童,应当在一个集体里,有自己的兴趣,有自己的机构,我以为这就是最正确的教育观点。我所以有这样的看法,是受了认为年龄是教育的决定因素之一的那种教育著作的某些影响。

但是我看到跟其他年龄的儿童隔离开的年幼儿童,会陷入一种人为的不自然的境况里。在这样的集体里,没有年长的儿童的经常影响,没有世代的继承,没有由兄长们,由更有经验、更有组织、特别是在某些方面可以作为年幼儿童榜样的一些人们的言行所产生的那种道德的和美感的动机。

我试图把年幼的和年长的各种不同年龄的儿童结合在一起,试验取得了良好的成效。后来我就采取了这样的方式。在最近七八年来,我的分队一定是由最年长的、最有经验的、在政治上最开展的、文化程度最高的共青团员和我的公社社员里年龄最小的儿童组成的,其中也包括若干中等年龄的儿童。由各种不同年龄的儿童组成的这种集体,一方面使我获得了极大的教育效果,另一方面在我的手下又有了自己的很容易领导的、更活泼和认真的集体。

由同一年龄的儿童组成的集体,经常有局限于这一年龄所具有的共同兴趣的那种倾向,它跟我这个领导者、跟公共集体都疏远了。如果所有的年幼儿童,譬如说,都喜欢在冬天滑冰,那么这种滑冰的爱好,自然而然就使儿童局限于某种个别的和孤独的环境里。如果我的集体是由各种不同年龄的儿童组成的,那么这个集体里的爱好是各种各样的,基层集体的生活也就更复杂,要求各个成员,无论是年龄大的还是年龄小的,都要作更多的努力,向所有的成员提出更多的要求,因而也就能产生更大的教育效果。

最近我组织包括各种年龄儿童的这种集体,是依据"谁愿意和谁在一起的原则"进行的。起初我自己也担心这种原则是否适当,但以后我就发现这是最自然、最正确的一种办法。在这样的条件下,即在这样的自然的基层集体里,我就能有各个小组和各个学校生产队的代表了。

最近几年来,我一贯地主张组织这样的基层集体。

每一分队有 10~12 人,根据自愿的原则组织起来。当然这样的结合是逐渐形成的。但公社里总有一些男孩,谁也不愿跟他们联合。这种情形使我感到很方便,我立刻就能知道谁最不容易加入公共集体。在 500 人之中,这样的男孩子大约有 15~20 人,哪一分队也不肯自愿地把他们吸收到自己的组织里。大家不肯吸收到基层集体里的女孩子是比较少的,这样的女孩子在 150 个人中,不过有 3~4 个人,虽然平常女孩子之间的关系总不如男孩子友好。所以有这样的差别,是因为男孩比女孩原则性强一些,因此有时候就会发生种种偏向,不愿意接受某某人。"他会损坏我们的冰鞋,他会欺侮年龄小的孩子。"这都是借口。女孩子对教育上的希望比较乐观、比较温和,因此也就很容易同意接受那些本来对她们有些怀疑的儿童进自己的集体里。

个别儿童不能参加基层集体,发生了这种情况我应该怎么办呢?我把他们带到全体大会上,在会上我说:

"这里有 15 个人,哪一个分队也不愿意收容。比方说泽姆利亚诺依,他想到第一分队去,第一分队拒绝了;他想到第二分队去,第二分队拒绝了;他想到第十五分队去,第十五分队也拒绝了。这该怎么办呢?"

通常,辩论是这样进行的,某一分队的代表站起来说:

"第一分队为什么不愿意要他?第二分队和第十五分队为什么也不愿意要他?为什么他们都不肯容纳他?他们应当说明理由。"

说明是很简单的:

"如果你们这样说,那就到你们第十四分队里去好了。你们对他负责去,你们和他打交道去。"

这时候,又有了这样的说法:

"我们和他没有关系,他是在你们那里的。他和某人是血肉相连的。你夸口说对他有办法!"事情很明白,哪一分队也不愿意收容他。

这是我的教育上的一种"收获"。我对他们该怎么办呢?自然不愿意收容泽姆利亚诺依的分队也感到难受和不愉快,而且谁也没有提出任何的指责,只说让其他的分队收容,不过这样一来,泽姆利亚诺依站在那里成为集体不愿意接纳的人。

泽姆利亚诺依开始下决心,发誓言,保证以后干好事,取得成就。事情总是应该设法结束的。这时候,通常是领导人、共产主义青年团委员会委员和队长们开始发表意见,表示最好某一分队能收容了他。不过这样的意见,一般地说,也不会产生什么样的效果。

以后轮到伊凡诺夫、罗曼琴科和彼得连科,尽量把这15个人分配到各个分队里,每队各一个。

这时候,就开始了另一个过程。每一个分队都希望从这15个人里边选择勉强还可以的人,这时候大会宣布休息,休息以后,某一个分队的队长开始说:"我要某某人。"

还可以过得去的那个人已经成了各分队所属意的人物了。于是,谁也不愿意收容的那个泽姆利亚诺依,现在成了各分队所争取的对象了。因为,还有彼得连科和沙波瓦洛夫,他们比泽姆利亚诺依还要差一些。

第一分队接受了泽姆利亚诺依,这时候我们就说:

"你们担保他。你们要的是他,你们要为他负完全的责任。"

接着轮到了第二个人。第二个又是其余的14个人里比较好些的,因此为了他又要引起一场争夺。这样继续下去,一直到剩下最后两个人:沃斯科博伊尼科夫和沙波瓦洛夫。每一个分队又都想从这两个人里努力争取比较不太坏的一个。

这一分配过程,使我能够了解所有这15个人。对于我来说,他们是一个特殊的小集团,我把他们记在专备的本子上,这个本子每天我都随身带着,我知道这15个人是我的最危险可怕的成员。虽然他们没有犯过,但是大家不愿意让他们参加集体的这种集体的意见,我是很重视的。

儿童们组成分队时,非常清楚地了解彼得连科的本质,如果他们不愿意接纳他,这就说明我应当特别注意他。

以后我在这一方面获得了成效,收容彼得连科的分队,自然而然地要对他负责。

基层集体就是这样组成的。当然这里还需要有很复杂的方法,以便使这样的基层集体能产生更大的益处。这种益处就包含在分队组织的步调和作风上。

什么是基层集体(分队)呢?在我们的实践里、在高尔基工学团和捷尔任斯基公社里、我们采取了这样的一种原则:作为公社中心的我以及所有的公社机构、共产主义青年团委员会、队长会议和全体大会,都尽力设法不和个别人发生关系,这是形式。我很难对大家证明这个逻辑。我把这个逻辑叫做平行教育影响的逻辑。这一点我很难作解释,因为关于这个问题我从来没有写作过,因此,我没有寻找,也寻找不到合适的措辞来表达。

什么是平行教育影响呢?

我们只和分队发生关系,我们和个人不发生关系,这就是正式的说法。实际上,这正是影响个人的一种形式,但表达方式和本质是并行不悖的。我们事实上和个人是发生关系的,但我们要确信我们与个人无关。

怎样才能得到这样的结果呢? 我们不愿意使每一个人感觉到自己是教育的对象。我是出于这样的考虑,我以为一个 12—15 岁的人活在世上,他应当以生活为乐,应当从生活中得到某种快乐,应当具有生活上的某些印象。

这样的儿童,对我们来说是教育的对象,而就儿童自身来说,却是一个活人。如果要使他相信,他不是一个人,而仅仅是未来的人;让他相信,他是教育的现象,而不是生活着的现象。这样做,对我说是不相宜的。我竭力要说明,与其说我是个教师,不如说我是在教他,使他有文化,教他在生产部门工作;我要说明,他是生产过程的参加者,是公民,而我是在他的帮助之下,在他的参与之下领导他的生活的一个长者。我决不愿意让他相信他自己仅仅是个学生,也就是说,仅仅是教育的现象,而不是社会的和个人的现象。然而,事实上,对于我来说,他确实是教育的现象。

分队也是这样的。我确信分队是小小的苏维埃细胞,它具有重大的社会任务。它担当着社会的任务,要努力使公社尽可能地达到良好的境地。它帮助以前的公社社员,也帮助来到公社并需要帮助的以前的流浪儿童。分队是社会活动家,是社会工作和社会生活的基层组织。

为了使儿童感觉到自己首先是个公民,为了使儿童感觉到自己首先是个人,我和我的教师同事们深信接近个人的方法应当是非常复杂的。这种方法在我们以后的工作中就成了一种传统。

彼得连科去工厂晚了,晚上我得到了关于这件事情的报告。我把彼得连科所属的分队队长叫来,对他说:

"你的队里有人上工迟到了。"

"是的,彼得连科迟到了。"

"以后不要再有这样的情形。"

"是,以后不会有了"。

彼得连科第二次又迟到了,我把全分队集合起来。

"你们分队里的彼得连科第二次上工迟到。"

我批评了全分队,他们回答说,以后不会再有这样的情形了。

"可以走了。"

此后,我就注意着会有什么样的情形发生。全分队的人都来教育彼得连科,并对他说:

"你上工迟到了,这就等于说我们全分队都迟到了!"

全分队以后就要把彼得连科作为本分队的成员,作为全集体的成员,向他提出更高的要求。

我们要使对分队的这种要求达到完善的程度。例如,拿队长会议来说。出席队长会议的有分队长,有全体大会选出的代表,有队长会议指定的人。但我们有这样的规定:分队长出席队长会议,或者由分队里的其他人员代理出席。完全是一样的。我们所要检查的是看各分队是不是都派出了代表。第一分队有代表吗?有了。但不是分队长,而是另一个人,因为分队长没有工夫。那么,出席的这个人就有权参加会议,并且和分队长一样,也有表决权。

例如,沃尔科夫偷了东西,这时候,对沃尔科夫本人自然要进行个别的工作,但不是针对着沃尔科夫一个人,而是要针对全分队提出意见和指出缺点。沃尔科夫偷了东西,分队要对此负完全责任。

又如,在分队里大多数都是优等生。12 个人中有了 10 个优等生,该分队就列为第一名,能获得一定的优先权——奖金或娱乐,例如,去歌剧院里看几次戏。我们每天都有几张戏票,全体分队队员完全一样,大家一同去。优等生去,成绩普通的也去,甚至成绩很坏的也去。全分队所得到的权利,每个成员都可以享受。

这样做,看起来好像是不公道的,而实际上却有很大的好处。例如,拿彼佳来说吧,他跟着 10 个优等生到剧院里去的时候就感觉到怪难为情的。他自己没有争取到,而享受了自己的同学所争取到的权利,对于他说,这是一种无形的道德约束。下一个月,他就会拼命努力,会变成优等生。

有时候,彼佳之类的学生走来对我说:

"把我调到另一个分队里去吧!这里都是优等生,我不愿留在这里。他们到剧院里去时对我说:'这里有票,反正不能丢了,走吧!'"

经过分队的督促所获得的这种个人的前进,对我们是很有帮助的。

如果一个分队里有 12 个人，其中 5 个是优秀的，工作得合乎标准，而有 7 个人不好，把分队拖累得降到最后一名，那么，全分队就要对这样的现象负责任。

我们有 35～45 个分队。每一个月，各项指标全部优良的分队宣布为第一名，成绩最坏的分队宣布为最后一名，都明确地标示在图表上。每月 2 日举行全体大会，在大会上，上月成绩最好的分队，在全体面前，在"立正！"的口令下，把优胜旗授给本月成绩优秀的分队——胜利者。这是特制的富丽堂皇、鲜艳夺目的一面旗帜，由得旗的分队悬挂在寝室里。此外，也可以举行其他的竞赛，例如，生活秩序竞赛、纪律竞赛或其他竞赛等等。每六天总结一次，最好的前七名分队，可以得到戏票。我们在剧院里每天有 31 个座位，是这样分配的：最好的分队得 7 张票，其次是 6 张票，再其次是 5 张票、4 张票、3 张票、2 张票、1 张票，依次递减。这就是说，得第一名的分队，6 天之中每天可以得到 7 张票，第二名的分队每天得到 6 张票，依此类推。我们并不在意这些票究竟分给谁，也不在意推动分队前进或拖累分队的人去不去剧院。因为，这不是我们的事情，这是分队的事情。有票的人都去，每天都准备有大汽车，持票的人去坐汽车时，值日队长检查他有没有票，服装是不是整齐，有没有买点心的钱。这里，对去剧院的人有三个要求，那就是票、服装和钱。任何人也不问你在分队里是最后一名还是第一名。

在所有其他的一切情况下，分队都有这样的作用。例如，当分配清扫工作时就是这样的。公社里没有清洁工，而房舍却需要保持清洁，因为，公社社址在交通要道上，我们又要常常接待许多本国的和外国的代表团。在 1935 年一年里，仅仅国际旅行服务社就给我们送来 200 个参观团。这就促使我们不得不经常把公社整理得焕然一新。但是，保持清洁、擦洗地板、拭铜门把和镜子、经常布置新鲜的花草，就需要进行大量的工作，这样的工作，绝不是光靠一两个人，光靠清洁工就可以完成的，而是要全体动手的。每天早晨从 6 点 15 分到 6 点 45 分，500 个人全体参加工作。

要做好这样的工作，组织工作是很困难的。这需要有一定的工作经验。要进行这样的组织工作，就应当在半年前就分配好各分队应担任的工作，经常调换工作是不可以的。一个分队使用刷子、水桶和抹布，另一个分队使用擦洗地板所需的一切东西；担任清扫厕所的分队，使用另外的用具；担任清扫演剧大厅的分队，使用擦洗地板和拭灰尘所需的一切用具。其次，在分配工作时，要注意到是哪一个分队，注意到是好分队还是坏分队。例如，好分队担任厕所清扫整洁工作，需要 12 分钟；而坏分队担任清扫演剧大厅的工作，这个工作要做好就

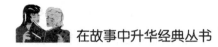
需要很长的时间,因此大家就要出一身大汗。通常由最坏的分队担任清扫最清洁可是面积最大的地方,而且清扫工作做得不好,只是分队长受禁闭,我们并不注意谁没有揩拭暖气管子上的尘土。分队长受到禁闭,他为了分队所做的事情而受到惩罚。

在生活中的各种情况下,分队处于这样的地位:作为公社首长的我,和它发生最紧密的接触。但是,要细致地考察分队的动态,对我来说还是很困难的。这里与分队更接近的教导员要起首要的作用。关于这一点,我们以后再谈。

我本来可以再多谈些关于基层集体的意义方面的问题,但可惜没有时间。不过,我还想讲一讲这一方面的事情。在我们的学校里,很少能有这样的基层集体。那里应该用某种其他的方法。但是,尽管如此,我还是相信下面的事实:第一,基层集体不应当排斥公共集体,也不应该代替公共集体;第二,基层集体应当是跟个人接触的基本方式。这是我的一般的定理,至于说到更详细的办法,公社适用某一种,而学校适用的就完全是另一种了。

只有经过这样的基层集体,我们才能正式触及个人。这就是适当的方法,而事实上,我们也总是首先注意个别学生的。

我和我的同事们是如何对个别学生、对个别的人进行教育工作的呢?

为了对个别的人进行教育工作,应当了解他、培养他。如果在我的观念里充满了一个个的个人印象,和一粒粒的豌豆一样,没有集体的关系,如果我不以集体的尺度来接近个人,那我就无法应付了。

我有 500 个人,当时的情况是很严重的。我是一个初当教师的人,在第一年里犯了通常易犯的一种错误。我只注意脱离集体的个人。我有一个错误的观点:专门注意最危险的地方,也专在这种危险的地方下工夫。自然,使我特别注意的就是这些事情了:谁偷了东西,谁耍无赖,谁反对集体,谁想逃跑,也就是说,专注意脱离集体的个别的人。我对于这样的人就特别加以注意了。我是这样做的,我相信自己是一个教师,相信自己能够进行教育个别的人的工作,也就是说,我把每一个人叫来,与每一个人谈话,说服每一个人等等。

最近几年来,我改变了工作方法。我看到在我的工作中,最危险可怕的分子并不是使我最注意的人,而是躲避我的人。

为什么我会有这样的想法呢?这是因为我们已经有了 15 期毕业生,我留心注意这些毕业生,结果发现其中有许多人,我原来认为是最可怕、最不好的,而在生活中反而是积极的,按苏维埃方式工作着,有时虽然也犯错误,但一般地说,他们作为教育成果,完全能使我满意。而躲避我的人,在集体里不为人注意的人,往往在生活中完全成了小市民,早早结了婚,操办"小家庭",利用各种投机取巧的办法找到了工作,退出了共产主义青年团,失掉了一切的社会关系,变成了灰溜溜的人。像这样的人,说不上是什么样的人,也说不上他们"将有什么可能"。而在某些情况下,我甚至看到了缓慢而深刻的腐化现象,有人开始建造房子了,有人开始养猪了,不参加会议,不读报纸;而有的人,看吧,从事小的投机事业去了。

在我最初几年的工作中,我看到了这样的一些情况,我就深深地相信正是躲避我的人,正是竭力不让我看到的人,才是最危险可怕的对象,对这样的人物,我应当特别注意。

同时,公社社员们也推动我这样去做。在某些情况下,他们直截了当地肯定,有的人蹲在自己的队里死啃书本,但不肯参加会议,不发表意见,甚至有了火警也坐着不动,死不放书本,或只埋头修理无线电收音机。这样的人,是最有害的人,因为,这样的人过于聪明了,过于"机灵"了,不肯出头露面,贪图平静,成为一个原封不动的毫无教养的人进入社会。

我取得了一定的成绩,我不再为偷窃和流氓行为提心吊胆了,这时我才明白,我的教育工作的目的并不是为了教育好两三个小偷和流氓,我的教育工作的积极目的,是培养一定类型的公民,是为了培养战斗的、积极的和富有生命力的那种品质。这样的目的,只有当我教育的是全体里的每一个人。而不是仅仅教育好个别的一个人时,才能够达到。

这样的错误学校里的一些教师也犯过。有的教师认为他们的责任就是忙于教育捣乱的学生或者落后的学生,而对于所谓"标准"的学生是任其自流的。但是,他们会到哪里去? 会有什么样的结果了这就是问题了。

在术语问题上公社社员们也帮助了我。对集体经常进行分析,把分析情况记录下来,让全公社都知道,这样的工作不是由我来做,而是由队长会议来做。全体公社社员,在我看来一共分为两种:第一种是现在的积极分子;第二种是后备的积极分子。

现在的积极分子是大家都知道的领导公社的人,他们对每一个问题都能充满感情、热情洋溢地作出回答,并且有自己的见解和要求。一般来说,他们领导着公社。一旦到了紧要关头,有了大的运动或对待某种争吵的时候,经常有后备积极分子——还不是积极分子,不是分队长,形式上还没有正式的地位……立刻来帮他们的忙,这是永远可以替代现在的积极分子的后备的积极分子。

我还发现一些优秀的非积极分子。这些人年纪还小,但参加了小组,参加了体育活动,参加了摄影小组,也参加了墙报的工作,他们顺从地跟着年龄较长的社员走。

我们还有几个腐化了的积极分子。他们是这样产生的:他是分队长,是委员会的委员,是共产主义青年团委员会委员,但我和孩子们却单从眼色上、步态上(不需要给我们举出事实),就可以看出他所具有的机巧手腕,这里面有阴谋,有诽谤,有逃避工作,自己不收拾车床,而让某一个小男孩收拾,第二天还是如此。腐化是从利用特权、逃避工作和摆老爷架子开始的。有时候,这种腐化的情况会达到很厉害的程度。看!有时候从他身上散发出酒味来,而我们对喝酒是采取绝不宽恕的态度的。公社里有这样的规定:第一次喝酒,赶出公社!问问他,为什么发出酒味?

"我在城里喝了一杯啤酒。"

喝一杯啤酒,倒没有什么了不得,但可疑的是到底是不是啤酒。

腐化的积极分子就是这样的。我们并没有正式登记人名,但共产主义青年团委书记和两三个共青团员知道,某种腐化开始了。

还有这样的一帮人——有些公社社员很形象、生动地把他们称为"无赖团"。这就是表示,小心口袋,把全部注意力集中在他们身上!他们可能撬开钱柜,爬进工厂偷窃零件。一般地说,这些都是新来公社的,年龄都比较大。这样的人约有 15～20 人。他们什么也没干,但谁都知道他们是"无赖团",如果一不留神看不见他们了,那他们一定是在捣什么鬼。

最后,还有这样的一帮人——用法国大革命时代的术语说,这就是"沼泽派",约有 50 人。他们漫不经心地走来走去,马马虎虎地完成定额,但是他们到底关心着什么?他们的脑子里和肚子里究竟装着什么?他们对公社的态度如何?谁也不得而知。

监督这些分子,监督他们的活动,是特别愉快和令人惬意的事。例如,我们看到沼泽派里有彼得洛夫这样一个孩子,我们对他说:你是我们的沼泽派里的,你什么也不做,什么也不关心,什么也不感兴趣,你是苦闷的、萎靡的,什么也不能使你激动。而以后分队继续督促他,让他积极起来。结果,他慢慢地在某一方面表现了自己,关心起了什么事情。如果他能够再有所表现,那就会转变为后备的积极分子或优秀的非积极分子了。

我们的全部任务,就在于完全消灭这一帮"沼泽派"分子和"无赖团"分子。

跟"无赖团"要进行短兵相接的斗争,不能有任何的遮盖掩饰。对"无赖团"应采取直接的迎头痛击,要跟他们谈每一件小事,把他们召到全体大会上去。这项工作要求很高,若要做好它,必须具有坚忍不拔的精神。

至于说到对待较难教育的分子,即沼泽派和腐化了的积极分子,那就要进行各种各样的个别的教育工作了。

现在我们来谈个别的教育工作。这里,教师集体是一个最重要的机构。要以某种准确的说法来解释教师集体的工作是很困难的。也许这就是我们教育学上最困难的问题。我们的教育书籍中,"教导员"一词常常用单数,例如,"教导员应当是这样的人","教导员应当这样做","教导员应当这样说"等等。

我并不认为教育学指望的是孤立的一个一个教导员。当然,没有有才能的教导员,没有善于领导、眼光敏锐、具有坚毅精神、聪明、有经验的教导员,一句话,没有优秀的教导员,对我们来说,是有困难的。但是,在教育我们的 3500 万儿童和青年的事业中,我们能单单指望这样的教导员的偶然情况吗?

如果单单指望个别的教导员,那就等于有意识地承认好教导员能教育得好,坏教导员就教育得不好。谁去计算过,有多少有才能的教导员,有多少庸碌无能的教导员呢? 其次,我们还要解决这个问题,教导员本身也应当受教育。教导员应当怎样受教育? 教导员的本质怎么样? 教导员遵循着什么? 教导员关注的是什么? 不及格的教导员有多少,谁也不去计算⋯⋯可是我们现在却要专指望孤立的个别教导员了。

因为在我的实际生活中,我必须主要依靠教育目的和教育任务,所以把自己没有受过教育的教导员分配到我这里来,我为此感到苦恼。我曾经浪费了好几年的时间,白做了不少工作,因为我极其糊涂地希望这样的没有受过教育的教导员,会给我们教育出什么样的人来。但以后我就深深地相信,最好干脆没有教导员,也比有本身没有受过教育的教导员好得多。我以为,一个集体里有 4 个有才能的教导员,要比有 40 个庸碌无能、没有受过教育的教导员好得多。这样的庸碌无能、没有受过教育的人在集体里工作的实际例子,我亲眼见过。这样的教育工作会得到什么样的结果呢? 只能瓦解集体,其他的结果是不会有的。

因此,选择教导员就变成非常重要的一个问题。怎样选择呢? 根据什么标准选择呢? 不知因为什么,我们对这个问题总是不够注意。我们总以为任何一个人,不管是谁,只要指定他担任教导员的职务,只要付了薪金,他就能够进行教育工作了。其实,这是一桩最困难的工作,总的说来,可能是责任最重大的工作,因为它要求一个人不仅极其勤奋努力,而且要求他有极强的能力和才干。

任何人也不会像坏的教导员那样有害,任何人也不会像坏的教导员那样有损于我的工作,任何人也不会像坏的教导员那样把多年来上了轨道的工作引入歧途。因此,最近几年来,我采取了这样的坚定的方针——在完全没有教导员的情况下进行工作,和只用真正能担任教育工作的教导员。这是我的计划中的意外增补。

以后,我索性不再用专职的教导员了。我通常只依靠学校教师的帮助进行工作,不过为了教会他们进行教育工作,也要作很大的努力。我相信,教会他们进行教育工作,就像教会算术、教会朗读或教会一个好的铣工和旋工一样的容易,我就这样做了。

这样的教学的要点是什么呢?首先是教师性格的培养,教师行为的训练;其次是教师的专门知识和技巧。没有这样的知识和技巧,任何一个教师都不可能成为好的教师,都担当不起教师的工作,因为他不会运用声调,还不善于和儿童谈话,也不知道在怎样的情况下该说怎样的话。没有这样的能力是不可能成为好的教师的。凡是不善于模仿,不能运用必要的面部表情或者不能够控制自己情绪的人都不会成为好的教师。教师应当善于组织,善于行动,善于运用诙谐,既要快乐适时,又要生气得当。教师应当能让自己的每一举动都能起教育作用,并且永远应当知道此时此地自己所希望的是什么,所不希望的是什么。如果一个教师不了解这一点,那他还能教育谁呢?

我相信在高等师范学校里,将来必然要教授关于运用声调、姿态、运用器官、运用表情等课程,没有这样的训练,我无法想象如何能进行教师工作。当然,声调的运用所以具有意义,倒并不是仅仅为了能优美地唱歌,悦耳地谈话,而是为了能够更准确地、生动地、有力地表达自己的思想和情感。所有这些问题,都是有关教育技术的问题。

例如,拿声调来说,就应当知道该怎样来申斥,该以怎样的程度表达出自己生气和愤怒;应当知道你们是不是应当表示生气和愤怒,如果应当,那又该怎样表示才适宜。这是教师经常应有的表现,这也就是所谓教育工作。学生所以了解你们的心理和思想,并不是因为知道了你们的心里有了什么念头,而是因为看见了你们的行为,听见了你们的言语。如果我们到剧院里观剧,欣赏演员的精湛表演,那么这种表演,就是我们的一种美的欣赏。而在学生面前,这里也呈现出同样的活生生的人来,但这不是进行表演的人,而是教育人的人。

我不能过多地停留在这一个问题上了。教师应当成为积极地从事活动的一个人,应当自觉地致力于教育工作,这是很重要的。

第二,无论哪一个教师,都没有权力单独行动,不能作个人冒险,不能要求个人负责。凡是教师没有结合成一个集体的地方，凡是集体没有统一的工作计划，没有一致的步调，没有一致的、准确的对待儿童的方法的地方，那里就不会有任何的教育过程，那里就应该有一个教师的集体。如果有五个能力较弱的教师团结在一个集体里，受着一种思想、一种原则、一种作风的鼓舞，能齐心一致地工作的话，那就要比 10 个随心所欲地单独工作的优秀教师要好得多。

这里，可能会有各种曲解。你们大概知道有受爱戴的教师这一现象。例如，有人会有这样的想法：我是学校的教师，我想我是受爱戴的教师，而我的所有的同事们，都是不受爱戴的。这样我不知不觉地就按一定的路线走。学生们爱戴我，我也努力去争取这种爱戴，努力使学生喜欢我。总之，我是受爱戴的，而其他的人都是不受爱戴的。

这是什么样的教育过程呢？一个人已经脱离了集体。这样的人以为学生爱戴他，因此，他就可以随心所欲地来工作。

我尊重自己的助手，我这里有的人在教育工作上简直是天才，但我要说服他们，教他们知道并不需要争取做被爱戴的教师。我个人从来不追求儿童的爱戴，并且我认为教师组织这种爱戴来使个人得到满足是有罪的。也许有些公社社员会敬爱我，但我只认为在我教育的 500 个人之中，应当培养出公民，应当培养出真正的人，为什么此外还要对我以及对我的工作计划，附加上一时冲动的某种爱戴之感呢？

这种轻率态度，这种对爱戴的追求，这种对爱戴的吹嘘，对教师、对教育都极为有害。我使自己和我的同事们都相信，这种多余的附加物，在我们的生活中是不应该有的。

要使爱戴在无形之中产生，不必经过你们的特别努力。但是，如果一个人把爱戴看成目的，那就只能产生害处。如果一个人没有获得学生的爱戴，那么他无论对学生、对自己，可能都是严格的、公正的。

应该有这样的教师集体：这样的集体有共同的见解，有共同的信念，彼此间相互帮助，互不猜忌嫉妒，不追求学生对个人的爱戴。只有这样的集体，才能够教育儿童。因此我热烈地欢迎报纸上所登载的这一报道，我们的教育人民委员部现在郑重地提出了关于加强校长和教导主任的影响和权力的问题。这一措施，会促进发展教师工作中的集体性。

不久以前，《苏维埃作家》出版社编辑部给我送来莫斯科的一个教师写的一部稿子。在这部稿子里，叙述了在学校里工作的一个女教师，叙述了学年中工作进展的情形，叙述了其他教师、学生和学校。书是用第一人称写的。

编辑部对这部稿子的意见是有分歧的。一部分人说这是低级庸俗的东西，另一部分人却说这是杰出的作品。我被推选为评判人。

如果说这本书值得出版，那只是为了一个目的：叫人看看书里描绘出来的一个那样可憎的女教师的形象。老实说，为了让人们读了这本书以后能感到女教师是不对的，倒是很有益处的。但是作者却大为赞赏这个女教师。

这是教师中的骗子，她只知道追求学生的"爱戴"。书中的父母都是可怕的人，她极其轻蔑地把他们称为"老爷子"和"老娘"，她说"父母——这是平庸的人"；而她自己呢？看吧，是了不起的教育家。所有其他的教师也是不中用的，这一个骄傲自满，那一个漫不经心，还有一个阴险诡诈，另一个是取巧偷懒的家伙；校长既无能、又痴笨；只有她自己一个人呱呱叫、有天才。

同时，这部作品又完全是以极卑俗不堪的笔调写成的。说到一些教师，"他们太不够检点，有工作能力，而很少有天才"。作者随时随地都在模仿韦尔比茨卡雅的风格，矫揉造作地叹息。作者追逐着爱，对学生作这样的描述：这个女孩子"在晴朗的日光下，投射下自己的倩影"。

或许全部内容就包括在这里：某一个男孩子瞧了某一个女孩子一眼，某一个女孩子写了张字条儿，而女教师以教育家的身份，怎样天才地破灭了这些爱的企图，大家怎样感谢这位女教师。

教师中的这类骗子，在学生面前、在社会面前，惯于卖弄个人的才智，决不能教育任何一个人，所以要想使从事教育工作的人员成为善尽职责、严肃认真的教师，只有一条路可走，那就是把他们团结在一个集体里，团结在教师集体里的一定中心人物——校长的周围。这也是非常重要的问题，我们的教育家应该特别注意。

如果对一个教师要求得如此严格，那么对把教师团结成集体的人，对他的要求就要更为严格了。

教师集体组成的时间的久暂是非常重要的问题。我以为我们的教育家对这个问题注意得还很不够。如果我们公社里的社员在公社里平均生活五年的话，那么一个教师在公社的平均年限，也不应当少于五年。这是一条法规。因为一个集体如果要能真正地生活在一起、团结在一起，那么每一个新成员——不仅仅是学生，连教师也是一样，都应当当做新人来看待。如果以为今天新来的教师就可以进行教育工作，实在是一种错误的看法。教师的成功与否，决定于他是集体中多老的成员，决定于为了领导集体他在过去花了多少精力。如果教师集体比学生集体年轻，自然教师集体的力量就会弱一些。但是，这并不是说在教师集体里，只需要聚集一些老头子。这里，我们的教育家应该研究老教师和新教师的作风上所具有的特点。教师集体不应当是偶然集合起来的，而是要合理地组织起来。应当有一定数量的有经验的年长教师，也一定要有一个刚刚从高等师范学校毕业、还没有工作经验的女青年。这个少女是必须有的，她所以非有不可，是因为这里能发生一种教育学上的神秘作用。因为，当这样的女青年参加了老的教师集体和学生集体的时候，就开始有了不可捉摸的微妙的神秘作用，这种神秘作用，可以决定教育上的成就。这样的女青年，会向老的教师学习，也会向老的学生学习，而她要向老的教师学习这一点，正说明老教师有责任帮助她正常开展工作。

在教师集体里，究竟需要多少女教师、多少男教师呢？这个问题需要解决。这个问题应当慎重地想一想。因为男教师占优势的时候，会造成一种不好的风气；而女教师过多了，也会形成某种片面的发展。

我可以说，单单教师的外表，也有非常重要的意义。当然，最好是所有的教师都是美丽的，但是，至少必须有一个年轻漂亮的男教师，一个年轻漂亮的女教师。

我就是这样做的。我有22个教师，有一个缺额。我看到所有的人都和我一样，因此还需要用集体中的美来吸引儿童。让他们能多少有所爱，这种爱，应该是最好的一种类型，同时又不是性爱，而是赏心悦目，具有某种美学因素。

应当研讨一下这个问题，在教师中，愉快乐天的人应该有多少？抑郁不快的人应该有多少？由抑郁不快的人所组成的集体，我是想象不出来的。纵然只有一个乐天愉快的人，纵然只有一个绝顶聪明的人，也比没有强。在未来的教育学里，关于建立教师集体的规律应当有成卷的论述。

我有一个教师叫捷尔斯基。我很担心，惟恐他离开了我，他是一个非常快乐的人。他的强烈的快乐情绪感染了我，也感染了学生。他是个不容易集中精力的人，但我终于使他成了真正的好教师。他有时候也惹人恼怒。他已成家。有一次我们去剧院，他抱着一个周岁的孩子，我问他："为什么要把孩子带到剧院里？"他回答说："这是需要的，要让他从小就习惯听音乐。"

我说："带着吧，当没有社员的时候。"

但是，他以后成了一个非常出色的人物。他一分钟没有快乐就连什么事情也不能做了。并且，他又是善作种种揣想和画谜等的惊人能手。例如，他绘的一幅画谜有半面墙大。我实在惊奇这个人的天才，惊奇他怎么会想出这么多的玩意儿来，画幅上写满了各种各样的问题，长的、带图画的、带线条的和滑稽可笑的问题。不是他一个人想出这些问题,和他一起工作的有 150 个人——全部编辑人员,他们在杂志上寻找材料,剪剪贴贴,各人自己也想一些出来等等。这里是一个完整的工作系统。悬出题目,每个题目能得 1000 分。一个人解答一个题目,解答的人得 1000 分,出题的人也得 1000 分。如果 100 个人解答了同一个问题,那就每人得 10 分,因为这样的题目比较容易些。

他把所有的社员都团结在这些画谜的周围,他的火一样的热情和精力,也就不得不贯注到这一方面来了。

例如,贴出这样的题目来:"我在假日里要到公社东北方向 4 公里的地方去,我的右口袋里,有一个很有趣的东西,谁找到了我,谁就得 1000 分。"

于是,在假日这一天,全公社都出发到距离公社东北 4 公里的地方寻找捷尔斯基。孩子们准备了罗盘,准备了早餐,但捷尔斯基却无影无踪。我决定取消午餐。

"孩子们在哪里?"

原来,他们在公社的东北方寻找捷尔斯基。

这里究竟有多少趣闻趣事,简直不可能一一列举!画谜结束了以后,他又宣布说:"某日某时,需要解生产主任所罗门·鲍里索维奇·科甘的皮鞋带子,谁要能做得到,谁就能得多少多少分。"

科甘是个大胖子,身体结实粗壮。他已经知道了这件事情,并且动气了。3 点钟的时候,科甘被全社社员包围起来。他说:

"怎么啦?你们要压倒我吗?这是办不到的!"

事实上当真是办不到的……需要用诡计来解开,想什么法子一下子就成功。

捷尔斯基是朝气勃勃的,他善于随时随地引起孩子们的兴趣。

或者,捷尔斯基突然向全社社员宣布:

"老实说,永动机是可以制造出来的。一定能够制造永远转动着的机器。"

他这样地坚信,这样地善于带头,看吧,连工程师和指导员们都受了他的影响,所有的人都开始来做永动机。我对他说:

"你们这是干什么呢?不可能做出永动机,这是大家都知道的。"

但是,他回答说:

"就让他们试试吧,也许有谁能够做出来。"

于是,我也几乎相信当真能制造出永动机了。

而从另一方面说,从来不笑的、对谁也不宽恕、大家不得不听从的那种特别严厉的人,也是需要的。

因为下面的事情,我感到很愉快:今天值日的是一个女孩子,她昨天刚从师范学校毕业,全公社都动员起来了,因为常常发现有打算欺骗她的学生,她是需要帮助的。

"利季娅·彼得罗夫娜,我上工晚了,因为我没有鞋子。"

完了,她完全没有办法了。但这时候,立刻会有一个人插嘴:

"哼!你撒谎!"

这就是整个集体都动员起来了。

明天的值日是一个严厉的人。他6时整当值,打开了门,不让任何人再睡,只要他一沉下脸,大家就知道他是不会放松的。

在我的实际工作的经验中,我深信教师和教导员不应当有惩罚的权力,我也从来不给他们惩罚的权力,甚至连申斥的权力也不给。这是因为:第一,惩罚是极困难的事情;第二,我认为惩罚权应该集中在一个人手里,以免步骤紊乱、相互干扰。因此,教师的工作是很困难的,因为他们首先应当具有威信。

说到威信,许多教师都相信威信或者是由上帝赐给的——有的人一生出来就有威信,大家一看就知道这是有威信的人;或者威信是通过人为的安排产生的。因此许多教师都说:

"为什么你们要当着学生的面对教师提意见?你们破坏了教师的威信。"

依我看,威信只能产生于责任感。一个人应当对自己的工作负责,如果能负起责任,这就是他的威信。他应当在这样的基础上特别有威信地掌握自己的行为。

教师的工作应当最能接近基层集体,应当和基层集体保持最亲密的友谊,应当有同志式的教育,一般地说,教育方法是很复杂的,又是要经过长期体验的。例如,集体里的一个成员破坏了纪律,表现得不好,那我就要求教师首先设法让分队来处理。教师的工作,应当是鼓励分队的积极性,鼓励集体对个别人提出要求。

关于个别教师的工作方法问题,我不能再多讲了,因为,这需要很多的时间,但我要讲一讲我自己作为一个教师,如何对全体学生、对个别的人进行工作的。

关于对待个别的人的态度问题,我主张采用直截了当的当面批评的方法,同时我建议其他的人也采用这样的办法。这就是说,如果一个小孩子干了不好的事,干了极坏的事,我就对他这样说:

"你干了一件可耻的事。"

大家论述得最多的、人所皆知的教育机智,就在于你们的意见是否真诚。我决不隐瞒任何东西,我决不随便渲染粉饰,我想什么就说什么。这是最真诚、最简单、最容易和最有效的,但是恰恰又是并不总能这样说。

我认为,谈话的效果是最小的。因此,当我看到没有必要谈话时,我就什么话也不说了。

例如,一个男孩子侮辱了一个女孩子,我知道了这件事情以后应不应该谈一谈呢?在我看来,重要的是不进行谈话就让这个男孩子知道问题在哪里。我给他写好字条,装在信封里送去。

应当说明,我经常有这样的"通讯员"。这是十岁左右的男孩子,有苍蝇般的灵敏复杂的眼睛,他们总是能知道应当在什么地方去寻找什么人。通常这样的通讯员都是很好的男孩子,能起很大的作用。我把信交给通讯员,信里写着:"叶夫斯基格涅耶夫同志,请你今天晚上 11 点钟来。"

我的通讯员清清楚楚地知道字条里写的是什么,发生了什么事情为什么我召唤叶夫斯基格涅耶夫等等。总之,全部底细通讯员都知道,只是不表示出来。我对他说:

"把字条送去!"

我再不多说任何的话,我知道会有什么样的结果。通讯员走到食堂里说:

"你的信。"

"什么事?"

"安东·谢妙诺维奇找你。"

"为什么?"

"我就给你说。还记得吗?你昨天欺侮了谁?"

10 点 30 分钟的时候,通讯员又来找叶夫斯基格涅耶夫:

"你准备好了?"

"准备好了。"

"他在等着你。"

有时候,叶夫斯基格涅耶夫忍不住了,等不到晚上 11 点,下午 3 点钟就来找我了。

"安东。谢妙诺维奇,您找我吗?"

"不是,不是现在,是在晚上 11 点。"

他到分队里去了,同学们都问他:

"怎么啦？自作自受啦？"

"自作自受了。"

"为了什么？"

于是,在晚上11点以前,分队里就严厉地申斥起叶夫斯基格涅耶夫来了。到了晚上11点钟的时候,他到我这里来了,因为白天一天的经历而激动不安,脸色苍白。我问他:

"你明白了吗？"

"明白了。"

"去吧!"

再不需要多说任何的话。

在另一些情况下,我又采取不同的办法。我对通讯员说:"让他立刻来。"

当被召唤的人来了的时候,我把我心里所想的完全说出来。如果这是一个很难缠的人,他不相信我,从感情上反对我,对我有怀疑,那我就不和他说什么。我把年龄较大的召集起来,也把他叫来,以严正的、殷切的语调与他谈话。对我来说,重要的不是我说些什么,而是其他的人如何集中视线来注视他。他可以抬起头来看我,却害怕看同学们。我说:"同学们随后还有话对你说。"

于是,同学们把我事先教给他们的话说给他听,他就会以为这是同学们自己想出来的。

有时候需要用特别的方法。有时我邀请全分队,但是为了不表示出来我请全分队是为了对付某一个人,我请全分队来喝茶,桌子上摆出茶、点心和汽水。通常每一周总有一个分队到我这里来。一般地说,这个分队并不知道为什么请他们,因此特别感兴趣。当座谈时,喝茶时,打趣说笑时,社员们在思考着谁有了过失,但不表露出来究竟是谁犯了错误。如果他们在谈话中自动说出谁犯了什么过失,那么马上就对此人进行奚落嘲笑。茶会以后,大家都情绪愉快地回到寝室里去了。

"一切都很好,但是看啊! 你一个人连累了我们。"

下一周,我再邀请这一分队来喝茶。队员们都知道这是一种检查,这是检查茶会。于是他们自己就会告诉我,说他们如何与他(犯了过失的儿童——译者)交谈,说他许了诺言,说他们给他指定了监护人:"不要担心! 一切自然会好的!"

有时候,我邀请全班来参加这样的茶会。

因为,分队通常不知道什么时候将有茶会,不知道谁将被邀请,所以经常在做着准备,尽力要穿得整齐好看(他们有花露水)。一般地说,每一个分队、每一个队员,当他们的分队里出了什么毛病的时候,都担心忽然被邀请参加茶会。

有一次,有过这样一件事,茶会开始了,忽然发生了一项过失,竟使得值日队长决定停止茶会。这是应当遵办的。第二天早晨,全分队都很难受,因为,人家这样问他们:

"噢!做过客了?喝过茶了?"

"没有……"

这是个别教育方法的一些方式。来自学生自身的一些方式尤其重要。有时候,一个男孩或女孩走来对我说:"我需要与您谈点秘密。"

这是最友善的,最好的方式。

但是,在有些情况下,我允许自己改变正面出击而采取较为曲折的办法。这种办法是当整个集体起来反对一个人的时候应用的。这时候,正面打击一个人是不可以的,这样做,他就会处于孤立无援的境地。全集体反对他,我也来反对他,他会被毁掉的。

有过这样的事情,有一个女孩子,名字叫列娜,很温柔,很美丽,但曾当过流浪儿。有一个时期,她让我们感到很不好办,但经过一年以后,开始改正过来了。突然,她的女友放在床头柜里的50卢布丢了,大家都说是列娜偷的。我让大家去寻找,他们找了,但没有找到。我说事情就可以算完了。

但是,过了几天以后,在俱乐部的阅览室里,丢了的钱被找到了,是在窗帘下面发现的,钱藏在关闭窗户用的特制的插销里。孩子们都说他们看见列娜在这些窗户周围如何转来转去,甚至还看见她手里拿着什么东西。

队长会议把列娜叫去,孩子们都说:

"你偷了!"

我看到孩子们确实认为列娜偷了钱,并因此要求开除她。我看到没有一个人同情她,甚至于连通常在这样的情况下肯维护自己的女友的女孩子们,这时也坚决主张开除她;我看到钱确确实实是列娜偷去了,这已经没有一点疑问。

在这样的情况下,必须采用迂回曲折的办法。我说:

"不对,你们没有证据能证明是她偷了,我不许开除她。"

大家奇怪地看着我。我说:

"我敢相信不是她偷的。"

于是,当大家提出证明说是她偷了的时候,我就提出证明说不是她偷的。

"为什么您这样坚信?"

"我由眼色上就能看出来。"

他们知道,我确实常常能根据眼睛的神色,知道许多事情。

第二天,列娜到我这里来了。

"谢谢您!您维护了我,他们攻击我是毫无道理的。"

"这是怎么回事?本来就是你偷的。"

这里,我以出其不意的转折把她问住了。她哭了,也承认了。但是,这一个秘密只有我和她两个人知道。我知道是她偷的,但为了维护她,我在全体大会上"说了谎",从而把她完全置于我的教管下。

这是谎话。但是,我看到集体被激怒了,可能把她赶出去。为了避免这一点,就需要运用这样的手段。我是反对用这种迂回曲折的办法的,这是很危险的一种方法。但是,当时列娜知道我为了她欺骗了全体大会,知道我们两人有了共同的秘密,这就能使她完全成为我的教育对象。但是,这种迂回曲折的办法是很难运用的,也是非常复杂的,只有在极少有的情况下才能下决心去应用它。

布鲁纳

生平简介

杰洛姆·布鲁纳(1951~)美国认知心理学家和教育家,认知心理学的先驱,是结构主义教育流派的代表人物之一,是致力于将心理学原理实践于教育的典型代表,也是被誉为杜威之后对美国教育影响最大的人。

1915 年 10 月 1 日,布鲁纳出生于美国纽约的一个中产阶级家庭。1937 年毕业于杜克大学。并获得文学学士学位。随即进入杜克大学的心理学研究生院。一年后,转入哈佛大学学习动物知觉和社会心理学。布鲁纳在哈佛著名的科研工作者和生理心理学家拉希里(Karl s. Lashley)的指导下进行研究,在第二次世界大战期间,即 1941 年,他因关于纳粹的宣传技术的研究而获得哈佛大学的心理学博士学位。1942 年任普林斯顿公共舆论研究所副所长。

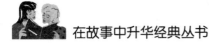

1943 年到第二次世界大战结束，在海外服役，归属于联合国派遣军总司令部的心理战部。

1945 年，他回到哈佛，任讲师。1947 年发表了"论需要在影响知觉中的重要性"一篇有价值的论文，为美国的认知心理学派奠定了一定的基础。1951 年在哈佛大学组织认知研究小组，开始从事认知机能的实验研究。1952 年在哈佛大学晋升为正教授。1956 年他发表了《意见与人格》研究报告，以后又与别人合作出版了《关于思维的研究》一书。

1956 年，布鲁纳访问欧洲时拜访了瑞士日内瓦发生认识论研究中心主任皮亚杰。1960 年，他与心理学家 G. 米勒一起创办了"哈佛大学认知研究中心"，并担任该中心主任，他虽然没有发明创造认知心理学，但他的确对促使认知心理学的系统化及其与科学规则的一致性起了很大作用。他汲取了瑞士著名心理学家皮亚杰关于"发生认识论"等研究成果，提出了不少具有独创性的见解，形成了以认知心理学研究为基础的教育思想。

布鲁纳不仅致力于心理学的研究，而且他对教育问题也表现出极大的兴趣和关切。他以其心理学家所具有的对事物观察的敏锐性，较早地看到美国社会的政治、经济及科技的迅猛发展对教育工作提出的种种新的挑战，及时地将他对心理学的研究运用到教育领域。他从结构主义哲学和认知心理学出发，以研究有学习障碍的儿童入手，对促进儿童的智力发展、学习与认知过程、培养优秀人才的有效途径、课程与教材的编制，以及教学方法的改革等问题进行了深入而广泛的研究。不过，他的研究受到普遍重视还是 50 年代末以后的事。

50 年代末期，处于苏美科技激烈竞争中的美国，为苏联的第一颗人造卫星上天而感到极大的震惊。认为自己在技术、军事和人才方面落后于苏联是教育落后所致。因而，国内开始普遍重视教育。正是在这种背景之下，布鲁纳所阐述的一系列对教育理论的独到见解和对学校课程改革的大胆设想才引起人们广泛的关注，特别是 1960 年出版的《教育过程》，使他名声大振，成为国内外知名学者。

1959 年，美国科学院在伍兹霍尔召开了有关教改的讨论会，美国科技学术界 35 位知名学者专家参加了会议，布鲁纳任大会主席。会议着重讨论了如何改进中小学学科，特别是数学和科学教学，以提高教学质量问题。在大会结束时，他做了总结性发言，发言稿名为《教育过程》。会议结束后，他以自己的结构论思想为主导，综合了专家们在会上发表的意见，最后写出了《教育过程》这本名著，于 1960 年出版。

这本重要的著作自 1960 年问世以来，已有俄文、日文、德文、法文等 23 种文字的译本。截至 1978 年已在美国重版 16 次之多，几乎每年重印一次。可见，这本著作不仅很快传遍美国，而且也迅速地传播于世界各国。它被列为"最重要和最有影响的教育著作之一"，并被誉为"教育理论的一个里程碑。"

由于布鲁纳的研究和卓越的贡献，先后荣获西比大学、谢菲尔德大学、坦普尔大学等九所大学的荣誉学位。从 1962 年起先后承担全美心理学联合会主席、美国社会问题心理研究会主席、美国科学促进会理事、美国教育研究院研究员，1962—1964 年任白宫教育委员会委员。1972 年后任英国牛津大学心理学教授。他还先后荣获美国优异科学奖（1962 年），美国教育研究联合会和教育出版社机构联合奖（1969 年），国际巴尔仁奖（1987 年）等。

布鲁纳从 1941 年获得博士学位以后的 30 多年间几乎平均每两个月就有一篇著作发表，他是一名多产作家。他的论著除了《教育过程》以外，主要的还有：《人民的委任》（1944 年）、《舆论与人格》（1956 年）、《思维的研究》（1956 年）、《论认识》（1962 年）、《关于学习的学习》（1963 年）、《教育理论》（1965 年）、《认知理论研究》（1966 年）、《教学论探讨》（1966 年）、《认识成长过程》（1968 年）、《教育的适合性》（1971 年）、《教育过程再探》（1971 年）、《论教学的若干原则》（1972 年）、《实作的心灵，可能的世界》（1986）、《意义的行动》（1990）等。其中的《教育过程》、《教学论探讨》和《教育的适合性》三本专著，一般被公认为是他的代表作。

教育思想

使学生掌握学科的基本结构是教育过程的核心。布鲁纳在皮亚杰的影响下，从事认识心理学、教育过程和学科结构的研究，提出了关于"学科基本结构"的理论，从心理学的角度阐明了学生掌握学科基本结构的必要性和重要性。布鲁纳认为，任何学科都有一个基本结构，即具有其内在的规律性。这种规律性反映了事物之间的联系，包含了"普遍而强有力的适用性"。它表现为各种定义、原理或法则。它不是一成不变的，也不是只能有一个模式。它可以随着学科基本知识和观念的不断扩大和加深而不断提高和完善。其理论根据就是"迁移"说。他和皮亚杰一样，强调儿童智慧发展的阶段性和连续性。他特别提出"再表现象"的概念，认为在儿童智慧发展过程中，再现表象一般都是由动作向意象再向符号转化，因而构成表演式再现表象、肖式象再现表象和象征式再现表象这三个主要阶段，而每个阶段的再现表象又都能恰当地按照周围环境中的特点复现出来。每一个再现表象都具有迁移的特性和作用，布鲁纳认为，这种类型的迁移是教育过程的核心。在布鲁纳看来，任何学科的基本知识和观念都可以用某种方式教给学生，各门学科的教师的根本任务就是要用该学科基本和普遍的知识和观念来不断扩大和加深学生的知识结构。所谓学科的基本结构，就是构成该学科的基本原理，就是把该学科的各种事实、零散知识联系成整体的基本观念、基本公式、基本准则。

设计课程和编写教材必须认真考虑学习的心理倾向、结构、序列和强化诸问题。布鲁纳指出，教学论是阐明有关最有效地获得知识与技能之方法的理论。在设计课程和编写教材时，应当注意：第一，一般学习和特殊学习的心里倾向。第二，知识结构。第三，材料的序列。第四，强化的形式和步调。布鲁纳概括说，如果要使一门课程的教材在教室里发挥作用，那就应当使学科教学在激起儿童的活动、呈现材料的序列提供材料的机会以及陈述事物等方面，都具有多种多样的方式为达到同一目标的不同轨道。

设计课程和编写教材应当重视一门学科的基本概念或原理的连续性。布鲁纳十分注重学科的基本概念或基本原理和它们的连续性。他说，教学的首要的和最明显的问题是如何使编制的课程和教材，既能由普通的教师教给学生，同时又能清楚地反映各学术领域和基本原理。为此，编制的课程和教材必须保证给予那些基本观念和基本原理以中心地位，并把它们分成不同水平和阶段，使之与不同年级和不同能力学生的吸收力相适应。

发现学习是使学生掌握学科基本结构的良好方法。布鲁纳认为，要掌握学科的基本结构，就必须掌握研习学科结构的基本方法。布鲁纳强调发现学习，不遗余力地为之提供理论说明，并予以广泛应用和宣传。他认为，人对外界作出的种种选择性行为都是人的意识的外在表现。人是作为一个主体参与获得知识的全过程的。不论是认识一个式样，还是掌握一个概念，不论是解决一个问题，还是发明一个科学理论，都是人主动地对进入感官的事物进行选择、转换、储存和应用的过程。因此，让学生利用所提供的材料，亲自去发现应得的结论或规律，成为一个"发现者"，这充分体现了人在学习过程中的主动性。

他提倡采用"发现学习"的方法。发现学习就是学生不是从教师的讲述中得到一个概念或原则的知识，而是从教师提供的学习情境中通过自己探究，发现知识。发现学习的基本程序是：掌握学习的课题制定设想提出假设验证假设发展和总结。布鲁纳认为发现学习的好处：有助于学生掌握知识的结构；有助于学生学会发现的探究方法；有助于提高学生对学习的自信心和学习的积极性；有助于培养学生发现与创造的态度。

布鲁纳对教育心理学有突出贡献。他主张："任何学科都可以用智力上的某种适当方式有效地教给处于任何发展时期的任何儿童。"由此在美国引起了一场声势浩大的课程改革运动。布鲁纳认为：学校应努力传授学科的一般性质或学科的结构，而不是传授学科的细节和具体事实，教育要促进儿童认知能力的发展；他提出要注重儿童的早期教育，认为发现法是儿童主要的学习方法，强调在学习上直观的重要性；他认为直观是解决问题的一种手段，儿童在直观中顿悟或直觉理解会比对知识有计划一步步地分析好得多。

布鲁纳以再现表象作为测量认知发展或智力发展的指标，把儿童的认知发展分为三个阶段：动作式再现表象阶段、肖像式再现表象阶段和符号式再现表象阶段。也就是说，儿童智力发展的形式，实际上就是三种不同发展水平的认知结构：动作的、肖像的和符号的认知结构。

布鲁纳在其认知发展说的基础上提出了一系列教学原则，认为教学的最终目标是"促进对教材结构的一般理解"，是儿童"对教材能有直觉的理解"并达到"学会如何学习"和"促进智力发展"。他认为教学论必须考虑人的天性、知识的本质和获得知识的过程的性质三个方面，并提出了四条教与学的原则：（1）动机原则，认为内部动机的激励效应比外部动机持久而强有力，教师要善于激发学生的内部动机；（2）结构原则，强调要教给学生各门学科最基本的和最佳的知识结构。教材结构的组织要注意再现的形式适应学生的年龄和认知基础，教材的组织要符合经济原则，应教给学生简明扼要而又有利于进一步学习的教材；（3）序列原则，布鲁纳根据对人的编码系统的研究，提出儿童智慧的发展是从动作性表象经肖像性表象模式再到符号性表象模式三个阶段的，教师传授新科目、新课题时，最初宜用"非语言的指导"，然后鼓励学生进行教学；（4）反馈原则，为掌握某个课题，学生必须获得反馈，知道效果如何。布鲁纳强调，"教"只是一种暂时状态，其目的是促使学生自力更生，教师必须指导学生学会如何学习，逐渐具备独立思考、探究发现和自我矫正的能力。

布鲁纳认为，学习一种学科不仅是"学会什么"，更重要的是"知道怎样处理"，即"学会如何学习"。他指出，"我们教一门科目，并不希望学生成为该科目的一个小型图书馆，而是要他们参与获得知识的过程。学习是一种过程，而不是结果。"在布鲁纳看来，学习的过程就是一个探索知识的过程。

他强调说:"人类学习中似乎有个必不可少的成分,它像发现一样,是尽力探索情景的机会。"因此,应该把发现学习作为儿童教学的主要方法,以鼓励儿童去发现知识的奥秘,去掌握学科的结构。

关于发现学习,布鲁纳指出,用自己的头脑亲自获得知识的一切形式都可以称为发现学习。但学校中的发现学习不局限于对未知世界的发现,更重要的是引导学生凭借自己的力量对人类文化知识的"再发现"。其实质就是把现象重新组织或转换,使人能超越现象进行再组合,从而获得新的领悟,包括寻找正确结构和意义。总之,在布鲁纳看来,发现学习就是在学校条件下,引导儿童从所见的事物的表面现象去探索具有规律性的潜在结构的一种学习途径。

布鲁纳进一步研究并提出了促进发现学习的方法,一是鼓励儿童积极思考和探索。布鲁纳认为,儿童是发现学习的主体,因此,应鼓励儿童相信并依靠"自己的头脑"去思考、发现和解决问题。二是激发儿童学习的内在动机。布鲁纳认为,内在动机,特别是能力,是儿童学习的推动力,应启发儿童把学习与日后的生活联系起来,以发现为奖励,自主地学习,逐步培养和形成学习的行为和习惯。三是注意新旧知识的相容性。布鲁纳认为,采用灵活多样的教学方法,创造良好的学习情景,促使学生发现新旧知识之间的内在联系,并把新知识纳入自己已有的知识结构,成为自己的知识。四是培养学生运用假设、对照、操作的发现技能。布鲁纳认为,培养学生发现的技能,不仅有助于学生对所学的知识进行有效的组织,有助于其运用所学的知识解决问题,而且有利于提高学生的思维能力,实现发现学习。

地位影响

布鲁纳认为,学习一间学科不仅是"学会什么",更重要的是"知道怎样处理","学会如何学习"。他指出,"我们教一门科目,并不希望学生成为该科目的一个小型图书馆,而是要他们参与获得知识的过程。学习是一种过程,而不是结果。"在布鲁纳看来,学习的过程就是一个探索知识的过程。他强调说:"人类学习中似乎有个必不可少的成分,它像发现一样,是尽力探索情景的机会。"因此,应该把发现学习作为儿童教学的主要方法,以鼓励儿童去发现知识的奥秘,去掌握学科的结构。

关于发现学习,布鲁纳指出,"用自己的头脑亲自获得知识的一切形式"都可以称为发现学习。但学校中的发现学习不局限于对未知世界的发现,更重要的是引导学生凭借自己的力量对人类文化知识的"再发现"。其实质就是把"现象重新组织或转换，使人能超越现象进行再组合，从而获得新的领悟，包括寻找正确结构和意义。"总之，在布鲁纳看来，发现学习就是在学校条件下，引导儿童从所见的事物的表面现象去探索具有规律性的潜在结构的一种学习途径。

布鲁纳进一步研究并提出了促进发现学习的方法，一是鼓励儿童积极思考和探索。布鲁纳认为，儿童是发现学习的主体，因此，应鼓励儿童相信并依靠"自己的头脑"去思考、发现和解决问题。二是激发儿童学习的内在动机。布鲁纳认为，内在动机，特别是能力，是儿童学习的推动力，应启发儿童把学习与日后的生活联系起来，以发现为奖励，自主地学习，逐步培养和形成学习的行为和习惯。三是注意新旧知识的相容性。布鲁纳认为，采用灵活多样的教学方法，创造良好的学习情景，促使学生发现新旧知识之间的内在联系，并把新知识纳入自己已有的知识结构，成为自己的知识。四是培养学生运用假设、对照、操作的发现技能。布鲁纳认为，培养学生发现的技能，不仅有助于学生对所学的知识进行有效的组织，有助于其运用所学的知识解决问题，而且有利于提高学生的思维能力，实现发现学习。

布鲁纳提出的一系列教育理论都是围绕如何促进儿童的"发现"展开的，对于发现法，很长一段时间里面我国的教育界是持否定态度的，很多人觉得发现法会使得学习过于强调直接经验，会使得知识不够系统、效率过低，而且认为发现法定义的直接经验获取夸大了探究的范围。

其实我觉得这几点正是布鲁纳的理论的长处，发现法注意让儿童在现有的条件下自我发现，自我建构，注意学习的过程，不是让儿童死记硬背。正是由儿童自己发现的知识对儿童自身的发展最有效，而且在教师的引导下，对知识的加工会较为简单，效率也会大大提高。

探究不仅仅发生在科学家身上，儿童未知的知识虽然是人类早就发现的，但是对于儿童来说却是未知的，所以他们在学习这些知识的过程与科学家发现新知识的探究过程本质上是一样的，只是程度不一样。我们不能要求孩子的认识达到科学家的高度，但是我们可以让孩子学会这种思维方式，使他们在以后的道路上能把探究、探索的精神和方法用到生活中，毕竟教育是为将来的生活服务的。

新的课程改革提出了课程要面向学生的生活世界和社会实践，教学活动必须尊重学生已有的知识与经验，提倡自主、合作、探索的学习方式，让学生参与教学是课程实施的核心等核心理念，这正是布鲁纳的发现法的继承和发展。新的课程改革借鉴了发现学习的核心思想，但是没有拘泥其中，在发现法的基础上加强基础知识的学习，更加完善了发现法，形成了一套有自己特色的理论。

苏霍姆林斯基

生平简介

苏霍姆林斯基（1918～1970年），苏联教育实践家和教育理论家。出生于乌克兰共和国一个农民家庭。1936至1939年就读于波尔塔瓦师范学院函授部，毕业后取得中学教师证书。1948年起至1970去世，担任他家乡所在地的一所农村完全中学——巴甫雷什中学的校长。自1957年起，一直是俄罗斯联邦教育科学院通讯院士。1968年起任苏联教育科学院通讯院士。1969年获乌克兰社会主义加盟共和国功勋教师称号，并获两枚列宁勋章和1枚红星勋章等。

苏霍姆林斯基的小学、中学生活，一直是在本村学校度过的。这是一座七年制的学校，虽然学校设施条件极为普通，但这里却有一批较好的师资力量。这对从小受到家庭良好熏陶的苏霍姆林斯基来说，是一个极好的环境。他的善良天性在这里得到了充分的发展，知识能力得到了迅速的拓宽。他在家经常主动帮助父母邻居做事，在学校里是位品学兼优的学生，得到了当时校长伊万·萨维奇和教务主任布师科夫斯基的重视和关怀。然而对他影响最大的要数启蒙女教师安娜·萨莫伊洛英娜。

这位女教师在教育工作中，不仅是孩子们的老师，也是孩子们亲密的伙伴。苏霍姆林斯基觉得这位女教师像一个女魔法师，她知道一切美的秘密。她讲课时学生们都有浓厚的兴趣，所教的知识常被学生铭刻在记忆之中。她常带孩子们到大自然中去，引导学生思考许多问题，学习了不少东西，明白了许多道理。我们摄下了这样的一个事件：

在山花烂漫、万物生机盎然的季节，有一天下午，安娜·萨莫伊洛英娜带学生们来到了森林，这对苏霍姆林斯基来说是再熟悉不过的地方了，他平时就到这里来玩。但女教师的解说，让他接触了许多过去没有注意到的新事物和很多使他感到惊奇的东西；看这颗盛开的椴树在帮助蜜蜂酿蜜；瞧那个蚁穴——过去是苏霍姆林斯基出自恶作剧曾用棍子去捅它，而现在老师说这个蚁穴有回廊和广场，有幼儿园和粮仓……原来是一个童话般的城市。他感到不和老师一起来，就不会发现世界上这么多美好的东西。当孩子们领略了这大自然美好的风光，急冲冲准备回家的时候，她还有一新招："孩子们，为爷爷、奶奶、爸爸、妈妈采集些鲜花吧。当孩子们关心长辈的时候，长辈会感到高兴，而鲜花——这是关怀和敬爱的标志。"苏霍姆林斯基接受的就是这样的教育。

这使幼小的苏霍姆林斯基不仅爱上了书本，爱上了同伴，爱上了大自然，而且他更尊敬这位老师。他向往着自己的知识能同老师一样渊博，向往能像老师一样。从这时起，苏霍姆林斯基逐步树立了从事教师这一神圣职业的志向。因此在七年制学校毕业时，他毅然决定报考师范院校，后来一步一个脚印，从一个普通的教师成长为一名伟大的教育家。

苏霍姆林斯基在他的教育实践中也曾有过这样的失误。

那时，他刚参加工作。一个名叫斯捷帕的男孩，由于过分活泼、顽皮，在一次玩耍中无意把教室里放着的一盆全班十分珍爱的玫瑰花给碰断了。对此，苏霍姆林斯基大声斥责了这个学生，并竭力使这个闯祸的孩子触及灵魂，吸取教训。事后班上孩子们又拿来了三盆这样的花，苏霍姆林斯基让孩子们用心轮流看护，唯独斯捷帕没有获准参加这项集体活动。不久这个学生变得话少了，也不那么淘气了。年轻的苏霍姆林斯基当时想，这倒也好，说明自己的申斥对这个学生起了作用。

可是不愉快的事件在他斥责这位学生的几周之后的一天发生了。这天放学后，苏霍姆林斯基因事未了，还留在教室里，斯捷帕也在这里，他准备把作业做完回家。当发现教室里只有老师和他俩人时，斯捷帕便觉得很窘，急忙准备回家。苏霍姆林斯基没有注意到这种情况，无意中叫斯捷帕跟自己一起到草地上去采花。这时斯捷帕表情迅速变化，先苦笑了一下；接着眼泪直滚了下来，随后在苏霍姆林斯基面前跑着回家了……

这件事对苏霍姆林斯基触动很大。此时，他才明白了，这孩子对于责罚，心里是多么难受。他开始意识到自己以前的做法，是不自觉地对孩子的一种疏远，使孩子感到了委屈。因为孩子弄断花枝是无意的，而且对自己的行为感到后悔，愿意做些好事来补偿自己的过失，而自己却粗暴地拒绝了他这种意愿。对这种真诚的、儿童般的懊悔，报之于发泄怒气的教育影响，这无疑是对孩子的当头一棒。

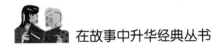

此后，苏霍姆林斯基吸取了这一教训，在以后的工作中很少使用责罚。通常，他对由于无知而做出不良行为后果的儿童，采取宽恕态度。他认为，宽恕能触及学生自尊心最敏感的角落。

教育思想

"不要死背"

苏霍姆林斯基担任校长之后，曾多次提出："要思考，不要死背"的口号，然而人们却很少知道，触发他产生这一思想的契机，却是在一次听小学低年级语文教师讲课的课堂上。

一天上午，苏霍姆林斯基同往常一样，去听一位小学低年级语文教师的课。课堂上的最初几分钟，学生们正紧张地思索着老师提出的一个个问题。这位青年教师开始叫学生回答问题，苏霍姆林斯基认真地记录下了学生的回答，可是学生们的回答，并不能让他感到满意。他发现学生使用的许多词和词组在他们的意识里，并没有很鲜明的表象，跟周围世界的事物和现象联系不起来。学生们仅仅是重复别人的思想，让人听到的仅仅是一些被学生硬挤出来的、笨拙的、背诵下来的句子和词组。它们的意思是什么，似乎学生并没有搞清楚，苏霍姆林斯基想："为什么学生的回答总是那样贫乏、苍白无力、毫无表情呢？为什么在这些回答里常常缺乏儿童自己的活生生的思想呢？"这时课正在进行中，只听见教师提示学生；"课后要复习，词意、句式一定要记住，下节课提问……"听到这里，苏霍姆林斯基皱起了眉头，思维再也集中不到听讲上了。

他想到，难道教学摆在学生面前的唯一任务就是识记、保持和再现？看来自己工作还存在缺陷，自己在实践中已经解决了的问题，还没有及时推广到广大教师中间。这时一年级学生娜塔莎的一篇作文，在他头脑中再次清晰地映现出来：

这是夏天的事儿，刮了一阵大风，大风把一粒长着毛茸茸翅膀的种子带到了草原上，种子落到了草原上的青草丛里，青草惊奇地问："这是谁呀？"种子说："这是带翅膀的花儿。我准备在这儿，在草丛里生长。"青草高兴地欢迎新来的邻居。冬去春来，草儿发青了。在种子原来落下的地方，露出了一根粗壮的茎，在它的顶上，开出一朵朵黄色的花儿，它是那么鲜艳，就像一个小小的"太阳"。"啊！这原来是蒲公英呀！"青草说。

这是带学生观察了花的形状，颜色，这种花与那种花不同的特点，引导学生把闪烁的阳光、白色的花瓣、忙碌的蜜蜂、颤动的树枝、悠闲的小蝴蝶等这些事物之间相互联系起来看，然后让学生充分想象，自编出各种有关花的故事。

学生能写出这样的作文，说明词已进入了学生的精神生活，虽然表达还带有给他们所讲的童话故事的影响，但这是他们自己的语言。会思考已成为这类孩子的显著特点。对于学习效果差的学生，总听到一些教师议论是"愚笨"、学习不努力，现在看来，不能不说教师惯用的传统教学思想造成了孩子智能的局限，从而导致学生不会学习——不会观察、思考、推论，只好依靠死记硬背。现代学校的整个教学体系需要加以科学的改进，应当建立在三根支柱上：鲜明的思想、活生生的语言和儿童的创造。看来教师在课堂上不仅要教给学生一定范围的知识，还要加强学生的思维训练……

"当！当！当！……"下课的铃声打断了苏霍姆林斯基的思考，可是现在他已想好了下次校务会议上的一个议题，这就是"如何让学生学会思考。"他将要向全校师生提出"要思考，不要死背"这个口号。

循循善诱

苏霍姆林斯基对小学生的教育，方法上灵活多样。他把运用民间童话故事作为自己在学校教育的方法之一，并且收到了良好的效果。我们仅从他运用这一方法的众多教育实例中撷取其中的一个片断。

这是暑假后的一天，苏霍姆林斯基所带的三年级甲班准备去野营训练。考虑到所带东西较多，其中一个学生建议，两个人结成一对，有的东西可以合用，这样可以减轻旅途负担。建议受到班主任苏霍姆林斯基的赞扬，孩子们开始自由组合，呈现一片欢乐的场面。大家都有了对子，唯独平时自以为是而妄自尊大的学生安德烈卡没有对子，他在一边哭泣着。

苏霍姆林斯基把安德烈卡叫到一边，问明情况，知道是同学都不愿和他组合成对。这孩子委屈地认为，是同伴们嫉妒他。苏霍姆林斯基深知这个学生的天性，认为这是一个很好的教育时机，便直截了当地对安德烈卡说："你要明白，安德烈卡，最困难的就是迫使自己去感觉。你迫使自己去感觉，那你就会以另一种目光看你的同学、去看人。如果你老是认为，你是最聪明的人、最有才能的人、最好的人，那么到头来你就会成一个最孤立的人……"

苏霍姆林斯基还能用什么语言再去解释呢？说教显然对这个孩子没有多大效果。他思索着如何对这位男孩子进行解释，才能让他懂得、认识并相信……

"安德烈卡，咱们找个荫凉的地方坐下，我给你讲一个故事，这个故事与我们这件事十分相似，愿意听吗？"安德烈卡点点头。他们来到大橡树的树荫下，坐在一条长凳上，苏霍姆林斯基讲了一个"菊花和葱头"的故事，"在一个获村老大娘的住处旁，长着一株菊花。菊花老是沾沾自喜：'你们瞧，我多美啊！在这地方我是最美的'，在菊花旁边长着一棵葱头，一颗普普通通的葱头。夏末，葱头熟了。绿色的茎叶蔫了，葱头散发出辛辣的气味。菊花扇动鼻子。'呸，你发出一股多难闻的味道呀！'它对邻居说到。'我真感到奇怪，人们干吗要种这种植物呢？想必是为了薰跳蚤。'葱头没有作声，它把自己视为灰姑娘。这时，大娘从屋子里走出来朝菊花走去。菊花屏住了呼吸。她想：大娘马上就会说，她的花多美啊。菊花由于心满意足，已经感到有点飘飘然了。大娘走近菊花却弯腰拔起了葱头。大娘端详着葱头，惊呼了一声：'多好看的葱头啊！'菊花感到困惑了：难道葱头会被认为是好看的吗？"听完了这个故事，安德烈卡眼泪已经干了，从这个故事中他好像悟出了一条道理：人各有所长，各有所用，不能自作聪明，看不起同学。他羞愧地低下了头，一言不发。

苏霍姆林斯基采用这种讲童话故事的方法，使小学生易于接受，并从类比中受到了应有的教育。这无疑是一个伟大的创造。

挽救"困难生"

在苏霍姆林斯基领导的巴甫雷什中学里，形成了这样一个观念：就是相信一切孩子都能被教育好。这里没有"差生"的概念，只存在"困难学生"或"难教育学生"的说法。在教育实践中，对这类学生一般不单纯由某个教师去进行教育，对他们进行教育往往是整个集体的义务。苏霍姆林斯基一生中就教育过178名"难教育的学生"，这178名学生都有一个艰难的教育过程。每周苏霍姆林斯基都要走访困难孩子的家庭，以便深入了解形成他们道德的最初环境，他跟家长们、家长的邻居们，教过这些孩子的老师们进行交谈。

这一天，他来到了小学生高里亚的家庭。这个家给他留下了这样一个印象：高里亚是个非常不幸的孩子，他从小失去了父亲，母亲在他刚满周岁时，又犯了严重的罪行，被判处十年徒刑。高里亚从小住在姨母家，姨母把他看成额外的负担。高里亚成了一个典型的难教育学生，这就是他的家庭背景。

原来，高里亚从上学一个月后，大家就对他产生了一个鲜明的形象：这是一个懒惰成性、常会骗人的学生。在短短的一段时间里，他就表现出了"难教育"的特点。秋天，当高年级学生植树时，他有意破坏了几株树苗的根部，并向全班同学夸耀自己的英雄行为。有一次课间，他把手伸进别人的书包，拿出课本，用墨水把它弄脏，再放回原处，并以天真无辜、泰然自若的态度来欺骗教师审视的眼光。还有一天，他们班去森林远足考察，他一路上撞这打那。当班主任一位女教师故意不理睬他，向其他学生讲解山谷、丘陵、山和冲沟的有关知识时，他走到全体学生面前，做出滑稽动作，还登上峭壁往下看。老师旁敲侧击地提醒："同学们，不能走近冲沟边缘，跌下去很危险！"他突然高声喊到："我不怕！这个冲沟我滚下去过！"说着就卷起身子滚了下去。

苏霍姆林斯基根据家访的情况，找来班主任等有关教师共同分析高里亚上述行为产生的原因。他提出了自己的看法：高里亚对自己的行为所抱的态度，是故意装出来的、不自然的。家庭环境的影响，使高里亚对人们失去了信心。对他来说，生活中没有任何神圣的、亲切的东西。苏霍姆林斯基的看法对教师们思想触动很大。大家一致认为，高里亚所以不好，是因为过去只看到他恶劣，放荡的一面，而没有主动关心、挖掘他身上闪光的地方。这个学生表现出来的缺点，是在向周围的人对他漠不关心、冷淡无情的态度表示抗议。这样的分析增强了教师们的同情心、关注之情、教育的敏锐性和观察力。

一次，苏霍姆林斯基发现这个孩子单独玩耍，好像很随便的样子，他把高里亚请进了生物实验室，要高里亚帮忙挑选苹果树和梨树的优良种子。虽然高里亚装出不屑栽培树苗的样子，可是孩子的好奇心还是占了上风，他们两人一起做了两个多种头，直到很累为止。这件事引起了高里亚的极大兴趣，当班主任再次去高里亚家时，已发现他正在施肥栽树。此后班主任老师因势利导，在班级栽树活动中，让高里亚指导别的孩子们。及时的发现和鼓励温暖着这个孩子的心灵。虽然后来高里亚曾多次反复出现不良倾向，老师们却着眼于长善救失，循循善诱。"功夫不负有心人"，在这个教师集体的共同教育下，这个孩子在三年级时，光荣地加入了少先队，以后还经常帮助有困难的其他同伴，为集体默默地做好事。高里亚好像重新变成了另一个人了。

从这里可以看到苏霍姆林斯基的一个教育信念：热爱孩子、关心尊重孩子，相信一切孩子在教育中能够向好的方面转变。

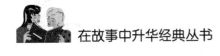

"特殊奖励"

苏霍姆林斯基在对学生的教育过程中，善于因势利导，进行积极的鼓励，激发学生心灵的火花。人们把这赞为"特殊奖励。"

一次，苏霍姆林斯基把12岁的儿子谢廖扎叫到眼前，给了儿子一把新铁锨，并对他说："儿子，你到地里去，量出一块长宽各一百个脚掌的地块，把它刨好。"儿子很高兴地拿了铁锨，来到地里就刨了起来。

在没有用惯铁锨之前，谢廖扎感到很费力。随后干得越来越轻松了。可是待到他用铁锨准备翻出最后一锨泥土时，铁锨把折断了。

谢廖扎回到家里，心里感到忐忑不安：父亲一旦知道铁锨坏了，会怎么说我呢？"爸爸，您可别怪罪我"，儿子说："我让家里失掉了东西。""什么东西？"父亲问。"铁锨坏了。"这时，苏霍姆林斯基并没有责怪孩子，而是问："你学会刨地了没有？刨到最后，是觉得越来越费劲，还是感到越来越轻松了呢？"

孩子回答："刨到最后，越来越轻松了。"这时苏霍姆林斯基说："看来你不是失，而是得"。孩子疑惑不解。他继续说："愿意劳动了，这就是最宝贵的收获。"这时孩子一颗忐忑不安的心顿时平静下来了。这不仅是精神上得到了一种愉悦，而且孩子从中看到了劳动的价值，树立起了良好的劳动观点。

还有一次，一年级女学生季娜的祖母病得很重。季娜想给祖母采一朵鲜花，使她在病中得到一些欢乐。但是，时值严冬，到哪里去找鲜花呢？这时她想到学校的暖房里有许多菊花，其中最美的一棵是全校师生都极为喜爱的那朵蓝色的"快乐之花。"季娜一心想着重病的祖母，忘记了学校的规定，她一清早就走进暖房，采下了那朵"快乐之花。"

这时，苏霍姆林斯基走进了暖房，当他看到季娜手里的菊花时，大为吃惊。但是，他很快注意到了孩子眼里那种无邪的、恳求的目光。他向季娜问明了情况后，非常感动地说："季娜，你再采三朵花，一朵给你，为你有一颗善良的心；另外两朵送给你的父母，为他们教育出了一个善良的人。"

地位影响

在西方教育思想发展史上，苏联的苏霍姆林斯基占有极其重要的地位。他的教育哲学的核心是以赫尔巴特为代表的欧洲大陆的教育思想。20世纪50年代末，苏霍姆林斯基提出让学生个性、和谐、全面发展的教育方针，成为世界素质教育的的发轫之论。

人的个性和谐、全面发展，一直是古今中外仁人志士所憧憬的社会理想。亚里士多德认为教育的基本目的是自我完善，文艺复兴时代理想是造就"全能的人"，卢梭等资产阶级思想家也把全面发展的人视作崇高的目标。但他们纯粹是一种教育的理想，并没有形成系统的教育思想和教育理论，当然更没有付诸教育实践之中。

在迈入 21 世纪的时候，我国进入了全面建设小康社会、加速推进现代化的新的历史阶段，教育面临前所未有的机遇和挑战。教育必须加快改革的进程，加大改革的力度，以适应社会发展的需要。教育改革和发展包含诸多方面的内容，但中心是全面实施素质教育，培养更多的高素质人才，培养更多的个性和谐、全面发展的社会主义的建设者和接班人。

在当今中国素质教育的最基本内涵，就是核化苏霍姆林斯基的让学生个性和谐、全面发展的教育思想，面向全体学生，促进学生全面发展。

新中国成立 50 多年来，我国教育事业取得了辉煌成就，为经济、社会发展作出了巨大贡献。然而，由于种种原因，我们的教育离全体学生的个性和谐、全面发展的要求还相距甚远。我们的教育侧重于应试教育、精英教育。这种教育，已经不能适应于形势发展的需要。首先是当代科技综合化，要求探索和运用科学技术的人全面发展；再者是经济全球化，要求参与经济活动的人具备合作与竞争的精神；第三是发展整体化，社会发展是以人为中心的发展。

苏霍姆林斯基提出的让学生个性和谐、全面发展的素质教育，适合于当今时代的需要，也是我国全面建设小康社会的本质要求。

苏霍姆林斯基认为，道德教育是塑造人的灵魂的工作，强调学校生活的核心是合作不是竞争，并且通过活动让学生体会到人与人之间的合作和集体主义对社会发展的意义。道德教育是如此的重要。由于我们处于新旧体制交替时期，中西文化相互激荡，市场经济事业来某些负面影响，使得每个人的道德不可避免地受到影响。在当今，一个人的道德水准如何，以及如何做人和做事，已经成为人的事业成败的最重要的因素。可当前我们的道德教育的现状并不尽人意，教书育人没有成为每一个教师的神圣职责。道德教育内容和方法较为陈旧单一，未能体现不同年龄的学生的身心特点和认知规律。对此，加强道德教育，切实提高学生的道德水平，是教育改革的当务之急。唯有如此，才能让学生个性和谐、全面发展。

苏霍姆林斯基认为，学生的学习是脑力劳动，必然具有研究性。他提出"脑力劳动的研究性"观点，即以研究创造为特征的学习。培养学生个性和谐、全面发展，是素质教育的基本目标，但素质教育的核心是创新能力。这个创新能力具体表现为培养学生的创新意识和实践能力。也就是说，创新能力表现为一种能力，同时更是一种人格特征和综合状态的综合素质，即个性和谐、全面发展的"全能的人"。我国的传统教育有自己的特色和优势，但也有明显的不足，其中一个方面就习惯于按照一个固定的模式，把千差万别的学生反复打磨，最后造成一个标准产品。这种教育的严惩缺陷，应予以纠伪补缺、创新精神和实践能力的培养，最重要的是鼓励和支持学生参加社会实践，开展研究性学习，亲自动手，亲自体验，在实践过程中培养提出问题、分析问题和解决问题的能力。

苏霍姆林斯基认为，作为教师应忠实于自己学校所进行的实验的，他指导教师特别是青年教育提高专业思想和专业水平，包括理论的和操作水平。培养学生个性和谐、全面发展，关键在于一批能胜任素质教育的新型教师。能胜任高素质教育的高素质的教师应具备如下几个条件：一是有强烈的求知欲望，二是具有创造力，三是能创设良好的学习环境，四是创造宽容、理解的班集体。为适应时代的需要，教师应提高对素质教育的认识，努力提高自身素质，使自身的能力水平符合素质教育的需求。但是就我国目前的师资队伍的素质状况看，还存在不少问题，主要表现为：教育观念滞后，许多教育仅仅在传授知识、而忽视学生能力、品格的培养，教学活动缺乏活力，教学年段和方法陈旧、落后。为适应时代的需要，教师应努力提高自身素质。首先，更新观念，深刻地了解素质教育对民族振兴的重要作用，以高度的事业心和责任感，积极探索培养学生个性和谐、全面发展的路子；其次，勇于实践，走教学改革新路，进行科研探索，更新教学内容和方法；最后是营造良好的氛围，建立和发挥素质教育的激励机制，激发教职工的主动性、积极性和创造性。

苏霍姆林斯基提出的使学生个性和谐、全面发展的教育思想，在当代中国推行素质教育中还是有强大的生命力，富有深远的指导意义。学生个性和谐、全面发展，才是一个人格健全的人，也是个性鲜明的人。总之，素质内含知识、能力、情感、道德。素质教育是在传授知识、培养能力的基础上提高学生的综合素养。从知识教育观到能力教育观，再到素质教育观，这是当代教育的重大进步。

皮亚杰

生平简介

皮亚杰（1896～1980 年），瑞士心理学家，1896 年 8 月 9 日生于瑞士的纳沙特尔（Nenchatel）。1918 年在纳沙特尔大学获得自然科学博士学位，当年去苏黎世，在烈勃斯（Lipps）和雷舒纳（Wreschner）的心理实验室工作，并在布鲁勒（Bleuler）精神病诊疗所学习精神分析学说。他听荣格（Jung）的讲课，并阅读弗洛伊德（Freud）的书籍。1919 年去巴黎大学，听过皮龙（piéron）的讲课，学习病理心理学，并学习科学的逻辑学和哲学。1921 年获得法国国家科学博士学位。继在巴黎任西蒙（Simon）助手，在一所小学的比纳（Binet）实验室研究儿童心理，受西蒙委托应用勃德（Burt）的推理测验测量巴黎儿童，并进行标准化。同年，经日内瓦大学克拉巴莱德（Claparède）的邀请，皮亚杰由巴黎回到日内瓦，任日内瓦大学卢梭学院"研究主任"。从 30 年代开始，把研究成果写成他早期的五本儿童心理学著作。他对自己三个孩子的研究，提供了他创立儿童心理发展理论的重要基础。根据研究结果，写成三本专著，主要论述儿童智慧行为的发生、儿童因果概念和儿童象征行为（模仿和游戏）的开始等问题。1929 年在日内瓦大学任科学思想史教授，兼卢梭学院助理院长。1929～1939 年的十年期间，坚持研究数学、物理和生物学中主要概念的形成和历史，并在卢梭学院以较大规模从事儿童的动作和思维活动的研究，进行了一系列的实验。1937 年在巴黎举行的国际心理学会议上，他提出了关于儿童的具体运算和运算的整体结构的论文。1924～1954 年他连任日内瓦大学教授，1940 年起任日内瓦大学卢梭学院（现改称教育学院）院长兼实验心理学讲座和心理实验室主任。瑞士成立心理学会，他连任学会主席三年。1939～1945 年间，从事两方面研究：第一方面，研究儿童到成年期的知觉发展，企图探索知觉与智慧的关系，借以验证格式塔心理学派的论点。第二方面，利用具体的实验技术和分析方法，开始研究儿童的时间、运动和速度概念以及与这些概念有关的行为的发展。1954 年在加拿大举行的第十四届国际心理学会议，被选为国际心理学会主席。1953—1956 年在日内瓦先后举行四届儿童发展问题国际讨论会，到会的有英、美、西德、瑞典、瑞士等国的代表，皮亚杰和英海尔德（B. Inhelder）应邀参加会议，并提出了关于儿童心理发展的论文。1955 年起，任日内瓦"发生认识论国际研究中心"（Intemational Center of Genetic Epistemoligy）主任。他创立的"发生认识论"主要研究作为知识形成基础的心理结构（即认识结构）和探讨知识发展过程中新知识形成的机制。该中心集合各国著名学者共同研究儿童认识的发生与发展问题，据 1970 年报道，已出版 22 卷专著。1972 年退休。

教育思想

为了致力于研究发生认识论，皮亚杰于 1955 年在日内瓦创建了"国际发生认识论中心"并任主任，集合各国著名哲学家、心理学家、教育家、逻辑学家、数学家、语言学家和控制论学者研究发生认识论，对于儿童各类概念以及知识形成的过程和发展进行多学科的深入研究。

皮亚杰将儿童思维的发展划分为四个大的年龄阶段。这四个阶段分别是：

一、感知运动阶段（从出生到两岁左右）。这一阶段是思维的萌芽期，是以后发展的基础。皮亚杰认为这一阶段的心理发展决定着未来心理演进的整个过程。

二、前运算阶段（两岁左右到六七岁左右）。这一阶段又称前逻辑阶段，这时儿童开始以符号作为中介来描述外部世界，表现在儿童的延缓模仿、想象或游戏之中。

三、具体运算阶段（从六七岁左右到十一二岁左右）。在这个阶段，儿童已有了一般的逻辑结构。

四、形式运算阶段（十一二岁左右到十四五岁左右）。此时儿童的智慧发展趋于成熟，思维能力已超出事物的具体内容或感知的事物，思维具有更大灵活性。

皮亚杰早期研究儿童语言和思维等认识的发展，并从此入手，最后创立了发生认识论，给后人留下了许多珍贵的文献。因其学识渊博和贡献卓越，他于 1968 年获得美国心理学会的心理学卓越贡献奖，1977 年又获该会桑代克奖以表彰他对教育心理学的贡献。1972 年于荷兰获得荣誉地位相当于诺贝尔奖的"伊拉斯姆士"奖金。

皮亚杰根据儿童对规则的理解和使用，对过失和说谎的认识和对公正的认识的考察和研究，把儿童道德认知发展划分为三个有序的阶段：

　　第一阶段：前道德阶段（出生～3岁）。皮亚杰认为这一年龄时期的儿童正处于前运算思维时期，他们对问题的考虑都还是自我中心的。他们不顾规则，按照自己的想象去招待规则。他们的行动易冲动，感情泛化，行为直接受行动的结果所支配，道德认知不守恒。例如，同样的行动规则，若是出自父母就愿意遵守，若是出自同伴就不遵守。他们并不真正理解规则的含义，分不清公正、义务和服从。他们的行为既不是道德的，也不是非道德的。

　　第二阶段：他律道德阶段或道德实在论阶段（3～7岁）。这是比较低级的道德思维阶段，具有以下几个特点：

　　第一，单方面地尊重权感，有一种遵守成人标准和服从成人规则的义务感。也就是说，他律的道德感在一些情感反应和作为道德判断所特有的某些显著的结构中表现出来。其基本特征是：一是绝对遵从父母、权威者或年龄较大的人。儿童认为服从权威就是"好"，不听话就是"坏"。二是对规则本身的尊重和顺从，即把人们规定的规则，看作是固定的，不可变更的。皮亚杰将这一结构称为道德的实在论。

　　第二，从行为的物质后果来判断一种行为的好坏，而不是根据主观动机来判断。例如，认为打碎的杯子数量多的行为比打碎杯子数量少的行为更坏，而不考虑有意还是无意打碎杯子。

　　第三，看待行为有绝对化的倾向。道德实在论的儿童在评定行为是非时，总是抱极端的态度，或者完全正确，或者完全错误，还以为别人也这样看，不能把自己置于别人的地位看问题。皮亚杰与英海尔德在谈到这个时期的儿童特点时说："道德实在主义引向客观的责任观，反而对一种行为的评定是看它符合法律的程度，而不管是出于恶意的动机违反这个原则，还是动机好却无意违反了规则。例如，儿童在理解不准撒谎的社会价值之前很外（因为缺乏充分的社会化），在对有意的欺骗与游戏或纯粹的愿望有失真实区别之前，成人就告诉他们不要撒谎。结果说真话就成了儿童主观人格之外的东西，并引起了道德实在论和客观责任观，从而使儿童认为一切诺言的严重性似乎并不是看有意欺骗的程度，而是看实际上跟真实性相差的程度。"

　　第四，赞成来历的惩罚，并认为受惩罚的行为本身就说明是坏的，还把道德法则与自然规律相混淆，认为不端的行为会受到自然力量的惩罚。例如，对一个7岁的孩子说，有个小男孩到商店偷了糖逃走了，过马路时被汽车撞倒，问孩子"汽车为什么会撞倒男孩子"，回答是因为他偷了糖。在道德实在论的儿童看来，惩罚就是一种报应，目的是使过失者遭遇跟他所犯的过失相一致，而不是把惩罚看作是改变儿童行为的一种手段。

第三阶段：自律或合作道德阶段（7～12岁）皮亚杰认为儿童大约在7～12岁期间进入道德主观论阶段，这个阶段的道德具有以下几个特点：

第一，儿童已认识到规则是由人们根据相互之间的协作而创造的，因而它是可以依照人们的愿望加以改变的。规则不再被当作存在于自身之外的强加的东西。

第二，判断行为时，不只是考虑行为的后果，还考虑行为的动机。研究表明，12岁的儿童都认为，那些由积极和动机支配但损失较大的儿童，比起怀有不良动机而只造成小损失的儿童要好些。由于考虑到行为的动机，因而在惩罚时能注意照顾弱者或年幼者。

第三，与权威和同伴处于相互尊重的关系，儿童能较高地评价自己的观点和能力，并能较现实地判断他人。

第四，能把自己置于别人的地位，判断不再绝对化，看到可能存在的几种观点。

第五，提出的惩罚较温和，更为直接地针对所犯的错误，带有补偿性，而且把错误看作是对过失者的一种教训。

达到自律性道德阶段的儿童，在游戏时不再受年长者的约束，能与同年龄儿童平等地参加游戏，彼此明白自己的立场与对方的立场，共同制定规则，遵守规则，独立举行游戏比赛。

皮亚杰认为儿童道德发展的这些阶段的顺序是固定不变的，儿童的道德认识是从他律道德向自律道德转化的过程。他律道德阶段的儿童是根据外在的道德法则进行判断，他们只注意行动的外部结果，不考虑行为的动机，他们的是非标准取决于是否服从面人的命令或规定。这是一种受自身之外的价值标准所支配的道德判断。后期儿童的道德判断已能从客观动机出发，用平等或不平等、公道或不公道等新的标准来判断是非，这是一种为儿童自身已具有的主观的价值所支配的道德判断，属于自律水平的道德。皮亚杰认为只有达到了这个水平，儿童才算有了真正的道德。

第四阶段：公正阶段（11～12岁以后）。

这个阶段，儿童的道德观念开始倾向于公正。皮亚杰认为，当可逆的道德观念从利他主义角度去考虑时，就产生了关于公正的观念。公正观念不是一种判断是或非的单纯的规则关系，而是一种出于关心与同情的真正的道德关系。也就是说，儿童不再刻板地按固定的规则去判断，在依据规则判断时隐含考虑到同伴的一些具体情况，从关心和同情出发去判断。皮亚杰认为公正观念是一种高级的平等关系，这种道德观念已经能够从内部对儿童的道德判断起着决定性的作用。

地位影响

皮亚杰的理论产生于 20 年代，到 50 年代已完全成熟，并风行于全世界。很多儿童心理学工作者对皮亚杰理论进行了研究，并对他的实验进行了重复性的检验。据估计，仅仅关于"守恒"一项内容的重复，验证实验就达 3000 次以上。这种情况就使得皮亚杰理论有了新的进展。

促使皮亚杰理论获得新的进展的主要原因及其表现有三个，这三个均可成为新皮亚杰主义。

（一）对皮亚杰的研究方法和研究结果进行修订，是促使皮亚杰理论发展的第一原因

目前，西方儿童认知发展理论的一个新趋势，就是对皮亚杰儿童发展阶段理论的两种质疑。

一是近年来，在西方认知发展心理学的研究中，越来越多的人提出，儿童认知能力的发展并不是以皮亚杰的年龄阶段论所描述的那种"全或无"的形式进行的。他们通过实验发现，许多重要的认知能力在儿童十分年幼时就已经存在，只是程度有限，这些能力将随着个体知识和经验的增长，一直发展到成年期。心理学家们提出这种批评是以下面观点为依据的：（1）认为皮亚杰发展阶段论的事实根据不足。传统的皮亚杰理论认为，幼儿缺乏某种认知能力，这种结论是依据非常有限的实验结果而推导出来的。但现已有科学研究表明，在比较复杂的课题任务中，各种认知结构的相互作用和动力变化常使某些重要的认知能力时而表现时而隐蔽，因此，仅通过少量的实验，就来概括儿童的认知能力，根据不够充分。（2）认为皮亚杰的实验过于困难，不适合年幼儿童去做，因而不能挖掘表现出幼儿的应有能力。最近的研究结果已表明，如果研究者能设计出难度适当的课题任务，如果事先引入训练程序，再做皮亚杰的实验时，年幼儿童就能表现出原认为缺乏的认知能力。

二是提出成人思维发展的模式。威廉·佩里（William Perry）等人，对皮亚杰的将 15 岁定为思维成熟期的理论提出了质疑。他们认为，15 岁不一定是

思维发展的成熟年龄，形式运算思维也不是思维发展的最后阶段。佩里把大学生的思维概括为如下三种水平：（1）二元论（dualism）水平；（2）相对论（relativism）水平；（3）约定性（commitment）水平。第一章提到的里格，他明确地提出辩证运算是思维发展的第五个阶段，此阶段正是成人思维发展的特征。

上述两种观点的提出者都表示自己是新皮亚杰主义者，但是他们在思维发展的模式上却和皮亚杰的学说有着不同的看法。

（二）信息加工理论与皮亚杰理论相结合是促使皮亚杰理论发展的第二个原因

信息加工论者对皮亚杰的理论。大体上有两种态度：一种是"非发展理论"，即认为儿童的认知能力的发展之所以与成人不同，只是由于知识和经验的贮存不够，如果够了，就与成人的认知能力没有本质的区别。另一种则是"发展论"，这种理论认为应当把皮亚杰理论与信息加工理论结合起来，研究儿童智力的发展。因为，儿童心理与成人心理有本质的不同：（1）儿童是不成熟的，如儿童的脑结构（神经细胞体积、突触联系、髓鞘化等）；（2）儿童没有足够的信息贮存；（3）儿童的决策能力差，因为决策过程需要复杂的信息分析、综合的能力。鉴于儿童这几方面的特点，如果能用信息加工理论来建立一个不同年龄阶段儿童智力发展的程序模式，就可以对儿童的智力发展设计出比皮亚杰的抽象描述更为确切、更为科学的具体模式。虽然这方面的工作还不成熟，但这却是一个良好的开端。持这种主张的人，常常将自己命名为"新皮亚杰理论"学派，以示对皮亚杰主义的修正和发展。

近年来，皮亚杰理论不仅在理论方面有了新的发展，而且在实践领域，特别是在教育实践领域也获得了日益广泛的应用。在西方和日本等许多国家，根据皮亚杰理论框架和最近的有关研究成果，心理学工作者与教育工作者一起，设计出了一些教育程序，将此应用于婴儿、学前和中小学教育中。在婴儿教育方面，他们根据皮亚杰的感知运动智力理论，采取各种方法，指导婴儿摆弄物体，操作智力玩具等，帮助孩子形成对物体的特性（如色、形状、体积、质地等）的认识；在幼儿教育方面，设计了各种智力玩具和教具（如图片、积木等），为儿童能提早形成数概念、空间概念及时间概念打下基础；也有人研究了如何运用皮亚杰理论，培养小学儿童的思维能力，甚至有人研究了青春期形式运算思维形成的一些具体过程，并将此与教育工作联系起来。

（三）日内瓦学派本身的变革是促使皮亚杰理论发展的第三个原因

在瑞士日内瓦大学，即皮亚杰长期工作过的地方，在皮亚杰晚年和他去世以后，他的同事和同学们的研究工作，对皮亚杰的理论也有了新的变革性的发展。这种发展是在保持皮亚杰理论的基础框架或模式的前提下，调整了研究的方向，扩大了研究的范围和课题。其表现是，或者是补充和修正皮亚杰的某些观点，或者是从广度和深度上充实并提高了皮亚杰理论，或者是为皮亚杰理论加进某些新的成分。他们也打出"新皮亚杰学派"的旗号，但与信息加工论的"新皮亚杰学派"完全不一样。

日内瓦新皮亚杰学派的产生，是以本世纪 60 年代日内瓦大学建立"心理与教育科学院"为契机的。1976 年，蒙纳德（P. Moun – doud）发表的《儿童心理学的变革》一文，标志着走向新皮亚杰学派的第一步。1985 年，发表了这个学派的第一本文集《新皮亚杰理论的发展：新皮亚杰学派》（The future of Piagetion Theory：The New – Piagetians），比较系统地阐述了他们的观点和一些主要研究成果。

日内瓦新皮亚杰学派的主要特点，可以概括为如下几点：

1. 恢复了日内瓦大学重视教育研究的传统。认为，教育不仅是社会发展的需要，而且也是个体人格完满发展的需要。因此，在他们的研究中，特别强调社会关系、交往、社会文化、社会性发展的研究。在他们关于"智力的社会性发展"研究中，虽然使用了皮亚杰的概念，但他们是更多从社会认知或发生社会心理学的观点来加以阐释的。即同化、顺应、平衡等过程发展的线索是由社会环境（包括教育）来提供的。

2. 不仅仅追求心理学理论研究的科学价值，而更重要的是重视应用的研究。在这一点上，新皮亚杰学派与皮亚杰后期纯理论的研究方向是相对立的。他们不赞成在心理学中只是抽象地研究心和物、心和身、感觉和思维等这些对立命题的关系，而是主张综合地、全面地研究这些对立命题之间在实际上的密不可分的联系。

3. 不赞成只研究认知的发展，而是要求把儿童心理发展当做一个整体来研究。除了认知之外，还有情绪、自我意识、人格发展等等。

4. 试图创设几个变量相互作用的情境，给儿童提供分析、抽取、鉴别客体属性的机会，从而强调被试在实验过程中的作用。此外，新皮亚杰学派还注意采用现代技术（电子计算机、微电脑等）来对皮亚杰研究中未包括的方向进行新的探索。例如，他们关于婴儿视觉系统的感觉运动的本质的研究，大大扩展和丰富了皮亚杰的研究。

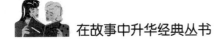

当然，日内瓦新皮亚杰学派还在形成中，还没有一个明确的体系。正如他们自己所说的："要回答新皮亚杰学派提出的种种问题，是不容易的，也不是立刻可以办到的，这是一个广阔的、需要雄心壮志的、长期的研究计划。"

罗伯特·加涅

生平简介

加涅（1916～2002年）出生在美国麻省的北安多弗。1933年入耶鲁大学主修心理学，受到了新行为主义的严格训练，1937年获学士学位。毕业后进布朗大学攻读实验心理学，于1939年和1940年分别获理科硕士学位和哲学博士学位。随即在康涅狄克学院任教。第二次世界大战期间应征入伍，作为航空心理学家从事测量、选拔和训练飞行员的研究工作。战后曾在宾西法尼亚州立大学和康涅狄克学院短期任教，后又在美国空军从事实验技术方面的研究。1958年离开部队，1959年在普林斯顿大学任心理学教授，1962至1965年出任美国科研工作协会研究主任，1966年在加利福尼亚大学贝克莱分校任教，1969年以后一直在佛罗里达州立大学任教。

加涅在教育心理学方面作出了很大贡献。他所关注的重点，是把学习理论研究的结果运用于教学设计。他曾当选为美国心理学会教育心理学分会主席、美国教育研究会主席。曾获美国心理学会颁发的桑代克教育心理学奖和杰出科学贡献奖。

教育思想

加涅的兴趣集中在学习理论、教学设计乃至教育技术学基础理论的研究和构建上，并因其教学理论而闻名。他在心理学上的研究，采用折中主义兼取行为、完形及认知三方面的学习理论，并配合教学实践构建了他的教学理论。教学理论是指在学校教学情境裏如何教与学生如何学，从而达到预定教学目标的理论。以下三点是其教学理论的基本要义：

1. 设定教学目标教学目标是教师教学之前根据教材性质和学生条件所预

定的目标，希望经过教学活动后学生在知识、技能及身心等各方面可能产生的改变。他将教学目标分为5方面：

发展智力技能。智力技能（indellectual skill）是指学生学到在学习情境裹如何运用符号去获取知识的能力。

学习认知策略。认知策略（cognitive strategy）指个人学习时在心理上运用他以前学得得知识经验，凭记忆去辨别、选择、思维、分析、归纳，从而获得新知识得一切方法。

获得语文知识。语文知识（verbal information）指借由口语获文字所表达的知识。这是成功接受教育的前提。

学到运动技能。运动技能（motor skill）指学得的一种能力，此种能力由肌肉活动时所显示的速度、准确、力量、平衡等特征表现。

培养良好态度。态度（attitude）指个体对人、对己、对事在心理上所存有的认知和情感倾向，态度是习得的。

2．分析学习阶层。加涅认为学生在校学习的知识，在性质上包括不同学习阶层。学习阶层（1earning hierarchy）指从学生学习能力发展的观点，说明学习行为是由简而繁，由基层到高层逐渐建立的，每一阶层是低级阶层的延伸和高级阶层的基础。1968年，他按学习复杂性程度把学习分为8个阶层：

信号学习（signal learning）：指经由经典条件作用学到的一些反应。

刺激——反应联结学习（stimulus—response learning）：指经由操作条件作用学到的一些条件反应。此类学习将是动作学习与语文学习的基础。

连锁化（chaining）：指将数个刺激反应联结成较为复杂行为的历程。

语文联结（verbal association）：指将多个单字联结成语句表达完整意义的历程。

多重辨别（multipie discrimination）：指对相异的刺激能够辨别，对不同刺激表现出不同的反应。

概念学习（concept learning）：指对不同事物能够根据自己的标准予以分类处理，并给予各类别不同名称。

规则学习（rule learning）：指能够理解由数个概念构成的规则（如四边四角相等者为正方形）。

问题解决（problcm solving）：指能灵活运用概念与原则解决问题的历程。

八个学习阶层的前四个是在幼儿期自行学得的，后四个则与学校教学有密切关系。教师应了解学生在学习阶层上的个别差异。

3. 掌握教学历程教学是教师教学生学的互动历程。根据教学目标教学，学生的知识、技能、态度等学习，都产生在教学历程之中。传统教学的缺点是教学后才检查学生成绩，此种做法只能评定学生成绩高低，对教学改进无大助益。针对此加涅提出掌握教学历程八阶段的建议：

提示教学目标引起学生学习动机；

引导学生主义使之理解所学教材的意义；

确认学生已经学到相当程度；

提供联系机会使学生将所学得者输入长期记忆；

以问答方式检查学生能否将记忆中的知识检索使用；

设计新的问题情境考验学生的学习迁移能力；

课后根据教学目标综合检查；

最后以回馈方式让学生知道自己的成绩并予以鼓励，借以对其学习产生强化作用。

加涅从学习和记忆的信息加工理论中推论出九个重要而有序的阶段，他称之为学习过程。这九个阶段可以分为三个部分，即准备、操作和迁移。加涅认为，将学习过程与教学事件相联系对有效的教学设计来说，有深远的意义。"准备"包括注意、预期目标和提取原有知识。对应的教学事件是指引注意、告知目标和提示回忆原有知识。"操作"包括选择性知觉、语义编码、反应和强化。对应的教学事件是呈现教材、提供学习指导、引出作业和提供反馈。"学习迁移"包括提取知识和技能一般化。对应的教学事件就应该是评估作业和促进保持与迁移。

注意（attending）：使学生注意刺激；

预期（expectancy）目标：使学生预设学习目标；

提取原有知识（retrieval to working memory）：使学生回忆起过去所学的知识和技能；

选择性知觉（selective perception）：使重要之刺激特征暂存于运作记忆（短期记忆））中；

语义编码（semantic encoding）：将刺激特征和相关信息转移至长期记忆；

反应（responding）：要求学生反应；

强化（reinfotcement）：证实学生之学习目标达成；

提取知识（retrieval clues）：为日后学习结果的回想提供额外线索；

技能一般化（generalize）：增进学习迁移至新的情境。

在加涅以前的教育心理学，多半是将心理学上根据动物实验所得学习原理直接用于学校教学，结果证明是不切实际的。加涅的教学理论纠正了这一缺点。他的教学理论是根据教学目标及学生如何学、教师如何教三者的交互关系而构建的。因此一般公认加涅的教学理论使教育心理学的发展向前迈进了一大步。

他曾当选为美国心理学会教育心理学分会主席，美国教育研究会主席。他曾于 1972 年获美国教育研究协会杰出教育研究奖，1974 年获桑代克教育心理学奖章，1982 年获美国心理学会应用心理学史密斯纪念奖章。

地位影响

罗伯特·加涅是美国当代著名心理学家，后半生将主要精力集中于学习理论、教学理论、教学设计乃至教育技术学基础理论的研究和构建中，并成为心理学、教学论、教育技术学等多个研究领域公认的大师级人物。加涅原是一位受过严格的行为主义心理学训练的心理学家。在他学术生涯的中后期，他既吸收了信息加工心理学的思想，也吸收了建构主义的心理学思想，逐渐形成了一个能解释绝大部分课堂学习的新的学习论体系，后又在其学习论基础上提出了一个新的教学论。为了使他的学习论和教学论转化为教学实践，他又与布里格斯（L. J. Briggs）和瓦格（W. W. wager）提出了一系列教学设计原理和技术。他为教育技术学的形成与发展做出了杰出的贡献，留下了不可磨灭的足迹。

加涅学术生涯长达 60 余年，分析加涅的研究成果对教育技术学的影响，可以从中了解和把握他学术思想发展的轨迹及其对教育技术学理论与实践发展的贡献，是本学科基础理论建设中不可缺少的基础性工作。但是目前我国对加涅思想的研究多数都是从教育心理学角度出发，而从教育技术学视野中考察加涅思想及其研究成果在教育技术学发展中的重要地位及其理论价值、现实与未来意义的研究工作，尚未得到充分的重视。本文着重就加涅思想及其研究成果对教育技术学发展的影响谈谈看法。

一、加涅在教育技术学发展中的重要作用与贡献

（一）促进了教育技术学基础理论——学习理论的深化和发展

教育技术学是一门综合的应用教育学、心理学、生理学以及理工学的知识和技术，研究实现教育目标的最优化手段、方法的一门学科。即在教育学、心理学、生理学及理工学（包括计算机科学）等各门学科的结合下，探讨教

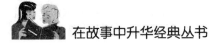
学效果最优化的理论和技术。

学习理论是教育科学中最核心的理论，它是指导人类怎样学习的理论。学习理论旨在阐明人们行为变化怎样产生，并揭示学习过程依据心理、生理机制的规律，它对教育技术的产生、发展和应用具有重要的指导意义。在学习理论发展过程中，对教育技术影响较大的主要是行为主义和认知主义两大学习理论。

行为主义心理学家以桑代克（E. L. Thorndike）和斯金纳（B. F. Skinner）为代表，虽然当时他们已经开始用心理学的研究成果来解释人类的学习，但是他们研究的对象集中在机械的无意义材料的学习和记忆、人类和动物的条件反应、动物的学习和人的心理测量等领域。用这些成果来解释人类的复杂学习和教育显然是困难的。

20 世纪 60 年代，随着信息科学和计算机科学的兴起，出现了所谓"认知心理学革命"。60 年代后的认知心理学分为两派，一派是强调学习者原有知识结构在新的学习中的作用的建构主义心理学，另一派是侧重分析信息从外部输入人的大脑所经历的加工阶段的信息加工心理学。

加涅将行为主义学习理论与认知主义学习理论结合起来，成为兼取行为主义学习理论和认知主义学习理论二者之长的联结——认知主义学派（也称折中主义）的重要代表。加涅认为：学习可以改变行为，学习是否发生可以通过行为表现的改变来推断；学习离不开内部和外部条件，人的学习固然与外界刺激分不开，但人是有认知机能的，在学习时，他总是利用这一机能，为实现一定的目标，主动地去寻找外部刺激进入内部认知过程，因而学习既要重视外部事物的刺激作用，又要重视学习者内部机制的中介作用，强调有机体的内部状态。加涅还提出了认知结构的新观念，认为人的各种认知因素，如知识、策略、感知、记忆、反应等，相互之间不是孤立的，而是一个相互作用、有机联系在一起的完整结构。学习就是在原有认知结构的基础上，经内部认知活动而扩大原有认知结构的认识过程。这些理论得到了很多教师和学习者的认同，为确定教学内容、教学起点和教学策略及其学习过程的阶段的划分、学习结果的描述，以及获取反馈信息的教学技术提供了更加科学的理论基础。例如现在的计算机多媒体网络教学环境支持下的发现式教学法，就是根据学习者已有的认知结构特点设定问题，引导学习者自己寻求解决问题的思路和方法。

在加涅之前，学习心理学家们都试图找到一个可以解释所有学习的理论，

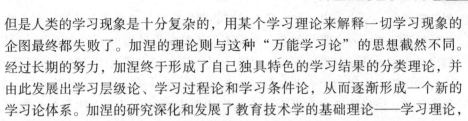

但是人类的学习现象是十分复杂的，用某个学习理论来解释一切学习现象的企图最终都失败了。加涅的理论则与这种"万能学习论"的思想截然不同。经过长期的努力，加涅终于形成了自己独具特色的学习结果的分类理论，并由此发展出学习层级论、学习过程论和学习条件论，从而逐渐形成一个新的学习论体系。加涅的研究深化和发展了教育技术学的基础理论——学习理论，并促成了以行为主义为基础理论的教学设计到认知主义的根本转变。

（二）促进了教学设计理论的形成与发展

加涅在学习论、教学论方面的研究成果，促进了学习理论、教学理论与教学实践的"桥梁学科"——教学设计的形成与发展，并提出了一整套教学设计原理与技术。

加涅认为，对人类学习研究的目的，就是为了丰富教学理论的知识，教学理论与学习原理是联系在一起的。他所关注的重点就是把学习理论研究的结果运用于教学实践。因此，加涅在其学习理论的基础上，提出了一个教学论新体系，并将其运用于教学实践，提出了一整套教学设计原理与技术。

（三）确定了教育技术学研究的逻辑起点——学习起点论

对于任何一门成熟的学科来说，逻辑起点的选择和确立都是十分重要的，因为不同的逻辑起点不仅决定着理论体系的出发点和立足点，而且决定着贯穿整个理论体系的逻辑主线，并形成不同学派独特的研究范式。

美国教育技术学界对逻辑起点的认识存在着两大主流学派：一派是媒体起点论，此派形成较早，美国印第安纳大学是此派的主要代表；另一派是学习起点论，此派最有影响的代表人物就是加涅。在加涅主编的《教育技术学基础》一书中，学习范畴不仅是逻辑起点，而且是贯穿全书的逻辑主线。加涅认为，教育技术学的所有问题都是基于学习而展开的，为学习设计教学（Design Instruction for Learning），人类的学习是教育技术理论源泉的中心，促进人类有效学习是教育技术学的主旨。他希望通过描述教育技术学的所有领域，构建起以"促进人类有效学习"为核心的教育技术学基础理论的框架体系。

二、加涅对教育技术学未来发展的影响

随着基于网络的教育、教学活动研究的进一步拓展，以及对建构主义、情景认知等学习理论的热切关注，一些人陷入对"新"的过度偏爱而导致对"旧"的简单抛弃，对加涅思想也提出了质疑。面对教学设计研究的不断发展，丽塔·里奇（Rita. C. Richey）在《加涅对未来教学设计理论与实践发展的影响》一文中指出：加涅是将教育心理学应用于教育技术学的重要人物，是教学设计领域的主要开创者。加涅不仅为教学设计提供了理论原则，而且提出了相应的设计方法和技巧。丽塔·里奇结合加涅理论体系对以学习者为中心和以学习内容为中心两种教学观的关系、学习者特征、学习者参与、个性化教学、情景脉络在教学设计中的作用等方面进行了深入的分析与探讨，最后指出加涅的学习条件、基于学习结果的设计、教学事件等理论为促进学习者的学习提供了一个创建学习条件的有效框架，将伴随建构主义学习理论、情景认知理论等继续影响教学设计领域的理论研究与实践探索。

教育技术学理论与实践的诸多领域如教学设计原理、教学设计模型、硬件的选择、软件的设计、智能导师系统等，都直接或间接的受到加涅思想的影响。例如，加涅学习层级理论可以直接应用于为教学而设计的超媒体系统。按照层级组织的信息可以保障学习者获得必要的先决知识和技能。加涅的信息加工模式也可以为网络教学、远距离教学提供坚实的理论依据，以适合于学生的学习过程和认知结构。因此，在教学中应用新技术的设计与开发，加涅思想仍然起着重要的指导作用。

加涅对教育技术学的形成与发展做出了重大贡献，他的理论研究成果在教育技术学领域产生了相当大的影响，大大地推进了 20 世纪教学设计的水平。加涅不愧于被授予美国"应用心理学杰出科学奖"。由丽塔·里奇编辑的《罗伯特·加涅的思想财富》（The Legacy of Robert M. Gagné）一书的出版，反映了当代美国教育技术学界对加涅所作贡献的极高评价，正如编者里奇所言："加涅的工作影响着几乎教育技术学的所有领域，包括理论与实践、教学与研究、学校环境与非学校环境等"，"我们很容易地认识到如果没有加涅的工作，教育技术学领域的今天将会完全的不同。"

班杜拉

生平简介

班杜拉（Albert Bandura）1925 年出生在加拿大艾伯特省的蒙达。1949

年，他在加拿大不列颠哥伦比亚大学获学士学位，1951 年在美国衣阿华大学获心理学硕士学位，翌年获哲学博士学位：1953 年，他到维基台的堪萨斯指导中心，担任博士后临床实习医生，同年应聘在斯丹福大学心理学系执教，1964 年升任正教授。在这期间，受赫尔派学习理论家米勒（N. Miller）、多拉德（J. Dollard）和西尔斯（R. R. Sears）的影响，把学习理论运用于社会行为的研究中。此后，除了 1969 年任行为科学高级研究中心研究员一年外，一直在该校任教。其中，1976 年至 1977 年间出任心理学系系主任。由于班杜拉的奠基性研究，导致了社会学习理论的诞生，从而也使他在西方心理学界获得了较高的声望。他在 1972 年获美国心理学会授予的杰出科学贡献奖；1973 年获加利福尼亚心理学会杰出科学成就奖；1974 年当选为美国心理学会主席。

教育思想

教育理论

班杜拉的社会学习理论对心理和教育领域有重要贡献。首先，班杜拉明确区分了人类学习的两种基本过程，即直接经验的学习和间接经验的学习。班杜拉提出的观察学习等都是属于间接经验的学习。这两种不同性质的学习过程的区分有着重要的实践指导意义。它能使广大教师有选择地运用学习规律和教学规律，而不至于把直接经验学习研究中得出的规律生搬硬套地用于课堂教学。也不能用直接经验学习的理论解释学生的间接经验的学习。其次，班杜拉提出的观察学习是人类间接经验学习的一种重要形式，它普遍地存在于不同年龄阶段和不同文化背景的学习者中。班杜拉的社会学习理论最有说服力地解释了学生的行为模式的学习。所以，班杜拉的观察学习模式在学习理论中具有不可替代的独特作用。第三，班杜拉的社会学习理论进一步发展了传统的强化理论。在传统的强化理论中，赫尔和斯金纳等人都强调强化在条件作用中的即时效果。班杜拉认真探讨了人类学习中奖和惩的作用机制。他认为强化的作用在于人对其行为结果的预期，在于人对各种强化的认知调节。第四，托尔曼在他的认知期待学习理论中提出了对行为结果的预期。班杜拉却提出了另一种没有被托尔曼所说的预期，这就是人确信自己能够成功地完成某种任务的预期，他将这种预期称作"功效预期"。第五，班杜拉的社会学习理论有着重要的教育实践意义。

社会学习理论

一、社会认知理论

班杜拉认为儿童通过观察他们生活中重要人物的行为而学得社会行为，这些观察以心理表象或其他符号表征的形式储存在大脑中，来帮助他们模仿行为。班杜拉的这一理论接受了行为主义理论家们的大多数原理，但是更加注意线索对行为、对内在心理过程的作用，强调思想对行为和行为对思想的作用。他的观点在行为派和认知派之间架起一座桥梁，并对认知——行为治疗作出了巨大的贡献。

二、交互决定观

这一观点认为个体、环境和行为是相互影响、彼此联系的。三者影响力的大小取决于当时的环境和行为的性质。

在社会认知理论中，行为和环境都是可以改变的，但谁也不是行为改变的决定因素，例如攻击性强的儿童期望其他儿童对他产生敌意反应，这种期望使该儿童的攻击行为更有攻击性，从而又强化了该儿童的最初的期望。

三、观察学习的过程

观察学习不要求必须有强化，也不一定产生外显行为。班杜拉把观察学习分为以下四个过程：

（一）注意过程

注意和知觉榜样情景的各个方面。榜样和观察者的几个特征决定了观察学习的程度：观察者比较容易观察那些与他们自身相似的或者被认为是优秀的、热门的和有力的榜样。有依赖性的、自身概念低的或焦虑的观察者更容易产生模仿行为。强化的可能性或外在的期望影响个体决定观察谁、观察什么。

（二）保持过程

记住他们从榜样情景了解的行为，所观察的行为在记忆中以符号的形式表征，个体使用两种表征系统——表象和言语。个体贮存他们所看到的感觉表象，并且使用言语编码记住这些信息。

（三）复制过程

复制从榜样情景中所观察到的行为。个体将符号表征转换成适当的行为，个体必须：①选择和组织反应要素。②在信息反馈的基础上精炼自己的反应，即自我观察和矫正反馈。自我效能感是影响复制过程的一个重要因素，所谓自我效能感，即一个人相信自己能成功地执行产生一个特定的结果所要求的行为。如果学习者不相信自己能掌握一个任务，他们就不能继续做一个任务。

（四）动机过程

因表现所观察到的行为而受激励。社会学习论区别获得和表现，因为个体并不模仿他们所学的每一件事，强化非常重要，但并不是因为它增强行为，而是提供了信息和诱因，对强化的期望影响观察者注意榜样行为，激励观察者编码和记住可以模仿的、有价值的行为。

除了这种直接强化外，班杜拉还提出了另外两种强化：替代性强化和自我强化。

1. 替代性强化

替代性强化指观察者因看到榜样受强化而受到的强化。例如当教师强化一个学生的助人行为时，班上的其他人也将花一定时间互帮互助。此外替代性强化还有一个功能，就是情绪反应的唤起。例如当电视广告上某明星因穿某种衣服或使用某种洗发精而风度迷人时，如果你直觉到或体验到因明星受到注意而感觉到的愉快，对于你这是一种替代性强化。

2. 自我强化

自我强化依赖于社会传递的结果。社会向个体传递某一行为标准，当个体的行为表现符合甚至超过这一标准时，他就对自己的行为进行自我奖励。例如，补习了一年语言的学生为自己设立了一个成绩标准，于是他们将根据对他成绩的评价而对自己行为进行自我奖赏或自我批评。

此外，班杜拉还提出了自我调节的概念。班杜拉假设，人们能观察他们自己的行为，并根据自己的标准进行判断，并由此强化或惩罚自己。我们都有过这样的经验，我们有时知道自己干得不错并因此而自我欣赏，无视别人说了些什么，同样有时我们也知道自己做得并不是最好。要作出这些判断我们不得不对我们自己的行为有一个期望。例如，在一次测验中一个学生可能得了 90 分而沾沾自喜，而另一个学生则可能感到大失所望。

在课堂中，最明显的教学莫过于新技能的教学。当然，教师本身也可当作如何解决问题、如何进行逻辑思维的榜样，如说出他们的思维过程、好奇心、情绪控制、对其他人的尊重和兴趣、良好的倾听和交流习惯等，这些行为可引导学生具有相同的品质。相反，教师也可能以消极的社会行为误导学生。

班杜拉的社会学习论不回避人的行为的内部原因，相反，它重视符号、替代、自我调节所起的作用。因此，班杜拉的社会学习论被称之为认知行为主义。

地位影响

首先，班杜拉的社会学习理论提出榜样具有替代性强化的作用，这使人们对榜样在儿童品德教育中的重要性有了更进一步的认识。他曾说道：很多父母为了防止孩子打架，就在他们斗殴时打他们，这样做往往使孩子间的格斗变本加厉了，这就是消极示范的影响。这提醒我们，品德教育中应尽量多提供正面、积极的榜样，少提供反面、消极的榜样。

教育者应该要求自己的行为举止合乎道德规范，不但注意言传，更应该注意身教，使儿童的身心健康成长。另外，我们从班杜拉的实验中也看到年幼儿童易于模仿地位高的人（如父母、教师、英雄模范人物）；对受奖行为比受惩行为模仿的可能性大；敌对的攻击性行为最易被模仿，因此电视、电影中提供过多攻击性场面，是不利于儿童健康发展的，即使是好的影片，教师与家长也应该加强指导，以免儿童模仿与社会道德相悖的思想行为。

其次，班杜拉的观察学习理论对我们有效地传授知识、培养技能也有启发作用。比如：教学中教师认真作好示范，突出知识技能的主要特征，吸引学生的注意；提供详细的言语解释，使学生建立良好的表象系统和符号编码；在学生运用知识或具体操作过程中，教师要及时进行指导，纠正或改正学生的错误，并调动学生的自主性，使之通过自我调节来改进自己的学习。

再次，社会学习理论突破了传统行为主义学习理论的框架，把强化理论和信息加工观点有机地结合起来，既强调了行为的操作过程，又重视行为获得过程中的内部活动，是对行为主义学习理论的重要发展，使解释人类行为的理论参照点又发生了一次重要的变革。

福禄培尔

生平简介

福禄培尔（1782～1852 年）是德国著名学前教育家。两次访问裴斯泰洛齐的伊佛东学院。1837 年在勃兰根堡开办学前教育机关，并于 1840 年命名为"幼儿园"。认为教育的目的就在于揭露潜存于人体内的"神的本原"，儿童具有活动、认识、艺术和宗教的本能，教育就是促进这种本能发展的过程。以这种思想为指导，建立了他的学前教育理论。把游戏、作业和劳动等活动作为培养教育幼儿的基本形式，创制了一套名为"恩物"的玩具。在 20 世纪初叶以前，影响了欧美等国幼儿学校的改善，推动了幼儿教育事业的发展，也影响了欧美小学教育、教学的演变。

福禄培尔 1782 年出生在德国一个乡村牧师的家庭。父亲是个思想正统、对自己要求极严格的人，整日为 5000 名教区居民中的各种问题而奔忙，根本无暇照料自己的家庭，也不了解孩子们的需要。生母在福禄培尔还是婴儿的时候就去世了，他的童年很不幸。继母对他虐待、苛刻。他没有受过系统的良好的家庭教育，这使他的身心受到了很大的影响。福禄培尔后来在自传中说："母亲的死给我很大的打击，影响了我整个生命的环境和发展。我认为母亲的死，多少决定了我整个人生的外在环境。"福禄培尔 10 岁才入小学。他不善读书，总是班级中的差等生，被父母和教师认为是蠢笨的孩子。这使他对家庭、学校以及社会产生了一种强烈的反抗情绪。不久，他被送到舅舅家，一直生活了 5 年。在那里他获得了自由、慈爱和同情，享受到正常的学校生活，从不适应环境的状态中恢复了过来，开始像一个正常儿童那样学习，和小伙伴们相处得很好。15 岁时，福禄培尔回到家乡，给一个林务官做学徒，打算学习一门适合于自己智力与兴趣的技能。可是，两年后他弃职回家，因学业失败而受到责难。父亲和继母根本对他没有丝毫同情。旧时的恐惧、对抗和遭受挫折的情绪，重新笼罩了他的生活。他的幻想破灭了，他又悲观失望了。福禄培尔的一个哥哥是耶拿大学的学生。有一次哥哥需要一笔钱用，家里人派福禄培尔去送钱。来到耶拿，他发现大学对自己有很大的激励作用，于是就设法得到允许，在学校中和哥哥一起学习了 8 周。18 岁生日时，福禄培尔从生母的遗产中得到了一大笔款子，于是回到耶拿。1800 年入学，福禄培尔成为这个大学的正式学生。当时耶拿大学周围居住着一批德国文化知识界的知名人士。这些人经常在那里讲学、演讲、演出，福禄培尔投身于这个环境中。两年之内，他一边学习哲学、数学、物理、建筑学、测量学和化学等课程，一边吸收着教师们的精神与热情。对于他这样一个因早年经历逼得性格内向、甚至不能自信的青年，这两年真是一个辉煌的时期。这样的日子，不久就结束了。好心的福禄培尔把自己继承的遗产借给了一个兄弟，可这个兄弟却拒绝偿还，因而使他债务沓至，被关在学校的拘留所里。最后父亲把他保释出来，强迫他回到家里，重新陷入旧日那种生活动荡、屡遭挫折、沮丧失望的羞耻之中。这既增加了他的失败感，也进一步燃起他的反抗情绪。1803 年，父亲去世，福禄培尔在家中的情况越来越糟。他不愿意再呆下去，于是独自一人流浪于德国各地。

为了养活自己，他先后做过农民、职员、测量员、私人秘书、籍记员和建筑工人，但没有一样工作能够使他感到满意或发生兴趣，就这样过了 4 年飘浮不定的生活。有一次，他偶然访问了一所裴斯泰洛齐的学生管理的学校，被强烈地吸引住了，对儿童、对教书产生了极大的兴趣。23 岁那年，由于朋友的引荐，福禄培尔担任了这所学校的教师，从此开始了他的教育生涯。他说："从第一个小时起，这个职业对我来说就显得是不生疏的……我感到自己很久以来就已经成为一个教师了……我在从事教学工作时，发现自己很适合于做这一职业。"福禄培尔知道自己天性适宜于教学。但他感到，要想真正获得教育上的成功，还需要大量的训练。为此他专门到裴斯泰洛齐的学校，学习裴斯泰洛齐的教育经验。他一面做裴斯泰洛齐的学生，一面在这所学校担任一定的教学，同时还继续钻研动物、植物、物理、化学、矿物等自然科学。1817 年，福禄培尔在他的故乡创办了一所学校，实验裴斯泰洛齐的教育原则，其教育目的是使学生的各种能力得到均衡的发展。他采用盲动的方法学习各门学科，大部分教学活动采用游戏的方式，让学生自我表现、自由发展和参与社会生活，他极力反对教给儿童不能理解的概念，反对让学生呆读死记。当时德国反动势力猖獗、压制、摧残福禄培尔的教育实验，封闭了他办的学校，他被迫流亡瑞士。1826 年，他写作了著名的教育代表作《人的教育》。这本书系统地阐述他的关于教育与教学的主张。1837 年，福禄培尔回到德国，在风景优美的勃兰根堡设立了一所"幼童活动学校"，招收 3～7 岁的幼儿，以实施他的教育理想。他有两个重大的观点：第一，他坚信，幼儿需要一种特别设计的连续的经验来唤醒他们的能力，刺激智力活动，组成本性的内部结构。第二，母亲在孩子的基础教育中起着十分重要的作用，因此，为使儿童正确发展，母亲就必须接受一定的教育训练。他的《母亲的游戏和儿歌》由此而诞生。这是一本帮助母亲正确进行儿童教育的著作。幼儿园之父福禄培尔在实施自己的教育理想时，认为学校应该建在风景优美的环境里，儿童就像植物，教师就是园丁，学校像座花园。1840 年，他把自己办的"幼童活动学校"正式命名为"幼儿园"，这是国外历史上最早创立的幼儿园之一。为了训练幼儿园教师，他同时开办了训练班，出版了《慈母曲》、《歌曲和游戏一百种》等学前教育的各种著作。福禄培尔在外国教育史上被誉为"幼儿教育之父"，他把学前教育放在极其重要的地位。他认为，幼儿时期是人的发展中一个非常重要的阶段，"人的整个未来生活，直到他将要离开人间的时刻，其根源全在于这一生命阶段……主要取决于他在这一年龄阶段的生活方式，"假如儿童在这一年龄阶段遭到损害，假如存在于他身上的他的未来生命之树的胚芽遭到损害，那么，他必须付出最大的艰辛和最大的努力才能成长为强健的人。"他还特别强调了游戏在学前教育中的独特地位，认为游戏是人在早期发展阶段上最纯洁的精神产物，给人以欢乐、自由、满足等。儿童早期的各种游戏是"整个未来生活的胚芽"。（《人的教育》第 67 至 68 页）一个能干地、平心静气地、坚忍不拔地坚持游戏的儿童，必然会成为一个能干的、平心静气的、坚忍不拔的、能够以自我牺牲来增强别人和自己的幸福的人。福禄培尔高度评价学前教育和游戏的作用，并制定了一个完整的儿童游戏体系，这是他的巨大功绩。幼儿园成了福禄培尔的象征。晚年他一方面努力兴办幼儿园，解释它的基本原理，制作游戏玩具，编写适应儿童唱的歌曲；另一方面他到德国各地推广幼儿园运动并培训幼儿教师，到处办学校、搞教学、做讲演，向所有愿意倾听的人解释自己的观点。他在克伊尔霍经营了一所师范学校，第一批学生是四个青年小伙子，第二年又有三位姑娘入学，后者的成就使他确信，受过良好训练的年轻女子将是幼儿的最好教师，于是他着力培养年轻的女幼儿园教师。

福禄培尔不仅到处推行自己的幼儿园教育思想，他的助手们也努力在欧美大陆推广这位大师的思想和实践。然而当时的德国政府对幼儿园运动的态度并不友好。因为统治者对渗透于幼儿园中的自由主义精神与自主活动感到恐惧。但是，其他欧洲国家都相继建立了幼儿园，特别是美国对福禄培尔的思想与方法表示了最大的欢迎。在不长的一个时期，美国各地纷纷建立起幼儿园。福禄培尔的幼教思想传遍了整个世界。1852 年夏天，福禄培尔安祥而宁静地逝去。在为他修建的墓碑上镌刻着诗人席勒的话："来吧，为我们的儿童生活吧！"

教育思想

论教育与人的发展

福禄培尔接受了裴斯泰洛齐的主张，认为儿童生而具有各种能力，儿童天赋能力的发展是有其内在规律的，教育的目的就在于发展儿童的天赋。一切教育都必须遵循自然法则进行，既要适应儿童的内在发展规律，又要考虑儿童生长的自然环境。在福禄培尔看来，儿童好比花木，教师如同园丁，学校就是儿童自由活动的园地，教师要像园丁一样为儿童提供合适的生活环境，使其天性得到自然的发展。

福禄培尔进一步指出，儿童的生长是一个持续不断的过程，是由不同的阶段组成的。他把儿童的发展分为三个时期，即婴儿期、幼儿期、少年期。福禄培尔强调指出，儿童的发展既有阶段性，又有连续性，二者是相互联系的；前一阶段是后一阶段的基础，后一阶段是前一阶段的延续，儿童的发展必须循序渐进。

福禄培尔又说，儿童的自我活动是发展的基础和动力；这种自我活动是由儿童的个人兴趣、愿望所引起的，而不是来自外界的刺激。教师不应束缚、压制儿童的天性，而应唤起儿童的学习兴趣，使其主动地参与活动，充分表现自我。

根据上述发展理论，福禄培尔认为三个时期的儿童应当接受不同的教育。他特别重视幼儿期的教育，并在理论和实践上为幼儿教育的发展作出了巨大贡献。

论学前教育

（一）学前教育的意义

学前教育的对象是幼儿期的儿童。福禄培尔极为重视儿童的教育。他认为，婴儿期是生活的时期，幼儿期则是学习和教育的时期；这个时期的教育影响人的一生，儿童对自然、社会及家庭的初步认识是在这个时期形成的；如果儿童的发展在这个时候受到伤害，则以后的弥补就异常困难。因此真正的人的教育在这个时期就开始了。

福禄培尔认为，家庭在幼儿期的教育中具有重要作用，因为儿童的教育此时完全托付给了父母和家庭。家长应特别努力，从小培养儿童的活动本能。为了指导母亲们正确地教育自己的子女，福禄培尔特意为她们编写了《慈母曲及唱歌游戏集》。但是，鉴于大多数父母或成人没有受过教育的训练，不懂得教育方法，难以胜任幼儿教育的工作，福禄培尔建议将儿童送到专门的学前教育机构——幼儿园中接受教育。

（二）学前教育的内容

1．游戏

福禄培尔认为，儿童的天性是在活动中发展的，因而活动在儿童的生活和教育中居重要地位。幼儿活动的主要表现形式为游戏，它是儿童生活的一个重要组成部分，因而，游戏也是学前教育的一个主要内容。

在福禄培尔看来，游戏并不仅仅是一种消遣，而且可以增强幼儿的体质，开发儿童的智力，培养儿童优秀的品质。经过长期的实践和探索，福禄培尔设计了一系列游戏活动，并借助他为儿童特制的玩具——恩物来进行。

福禄培尔认为，自然界是上帝对人类的恩赐，要让儿童认识大自然，就必须以大自然为基础制作各种玩具。恩物就是成人恩赐给儿童的玩具物品。

福禄培尔制作的恩物主要有六种。前两种是最基本的，是供 3 岁以前的儿童使用的，由六个不同颜色的小球和立方体、球体、圆柱体组成，借此让儿童认识事物的颜色、形状及其关系。后四种为积木式的立方体，供 3 ~ 7 岁儿童使用，旨在训练儿童对各种几何图形的认识，发展他们的想像力和创造力。

此外，福禄培尔还设计了一些辅助性的游戏材料，包括形状各异的彩板、纸片、小棒、金属环等，让儿童学习计算和造型。

根据福禄培尔的观点，几何形体反映了事物之间相互联系统一的关系，是儿童认识世界的最好媒介；儿童在玩弄按各种几何图形制作的恩物的过程中，便渐渐地认识世界。可以说，恩物是儿童认识世界的一种工具，而游戏则是儿童认识世界的最自然合理的途径。

2．作业与劳动

作业是福禄培尔学前教育的又一重要内容，是儿童进行的各种手工制作活动。福禄培尔为儿童设计了一系列作业，如纸工、厚纸工、模型制作等，并为儿童提供了各种作业材料，如针、剪、刀、纸等，让儿童利用这些作业材料制作某种物件。

劳动也是学前教育的一项内容。福禄培尔指出，儿童的劳动除了自我服务活动以外，还应让他们参加一定的家务劳动，分担父母的一部分工作；父母尤其不要打击儿童的劳动积极性，要从小培养孩子爱劳动的习惯；应当为儿童开辟一块劳动园地，让儿童在这里种植作物，从中观察和认识大自然。

地位影响

福禄培尔不仅是一位教育思想家，也是一位教育实践家。他一生从事在教育工作，亲自办学，登台授课。在长期的教学实践过程中，积累了一套行之有效的幼儿教学方法，并形成了自己独特的学前教育思想和学校教育理论。福禄培尔的思想受裴斯泰洛齐的影响较深，但他在自己的实践中又有所创新，以其幼儿园和幼儿教育理论确立了自己在教育发展史上的重要地位。

福禄培尔重视儿童在教育过程中的作用，把儿童的自我活动看作教育的出发点，因此他充分肯定游戏和活动的重要性，并为儿童的游戏活动设计了一系列恩物；他首次创办了幼儿园，使学前儿童从此有了专门的教育机构，并且一直沿用至今，遍布世界各地；他重视早期教育和家庭教育的作用，呼吁父母关心子女的教育；他把劳动作为一项重要的教学内容，主张为儿童提供适当的劳动机会。由于福禄培尔对学前教育的特殊贡献，他被世人誉为"幼儿教育之父"，他的名字和幼儿园也紧紧地联系在一起。

但是福禄培尔的教育思想具有浓厚的宗教色彩，他的世界观的基础是有神论。因此他的教育论述中处处可见上帝的存在，教学内容和方法等都蒙上了一层神秘主义的面纱，这使他的教学理论的意义受到了一定的限制。